MODERN
GROWTH
MARKETING

모던 그로스 마케팅

비용은 최소화하고 매출은 극대화하는
생존 마케팅 전략

MODERN
GROWTH
MARKETING

모던 그로스 마케팅

비용은 최소화하고 매출은 극대화하는
생존 마케팅 전략

지은이 최지연, 조은태

펴낸이 **박찬규** 엮은이 **전이주, 윤가희** 디자인 **북누리** 표지디자인 **Arowa & Arowana**
펴낸곳 **위키북스** 전화 031-955-3658, 3659 팩스 031-955-3660

주소 경기도 파주시 문발로 115, 311호(파주출판도시, 세종출판벤처타운)
가격 24,000 페이지 260 책규격 175 x 235mm

판 발행 2024년 03월 21일
ISBN 979-11-5839-501-8 (13000)

등록번호 제406-2006-000036호 등록일자 2006년 05월 19일
홈페이지 wikibook.co.kr 전자우편 wikibook@wikibook.co.kr

MODERN GROWTH MARKETING

모던 그로스 마케팅

최지연, 조은태 지음

비용은 최소화하고 매출은 극대화하는
생존 마케팅 전략

위키북스

'모던 그로스 마케팅'은 '어떻게 하면 현실적으로 그로스 마케팅을 하는 데 도움이 될까'에 대한 답을 찾기 위해 시작되었습니다.

기존의 데이터 마케팅, 그로스 해킹 관련 서적을 읽다 보면 대부분 제품 중심의 사례가 많고 이론 중심이기 때문에 마케팅 실무자 입장에서 인사이트를 얻기에는 한계가 있는 경우가 많았습니다. 또한, 거창한 용어와 복잡한 설명에 실무자인 저조차 어렵게 느껴지는 경우가 간혹 있었습니다.

그래서인지 여전히 데이터 마케팅, 그로스 해킹, CRM이라고 하면 많은 분이 막연하게 어렵고 아무나 할 수 없는 일이라고 생각하는 경우가 많은 것 같습니다. 하지만 다음과 같이 최근 급변하는 시장 환경 속에서 비용을 효율적으로 사용하고 외형이 아닌 실질적인 성장을 이뤄내기 위해 데이터 마케팅, 그로스 해킹, CRM은 이제 선택이 아닌 필수가 되고 있습니다.

- 개인 정보 보호 이슈로 인해 퍼포먼스 마케팅 성과 측정이 어려워지는 외부 환경
- 경기 침체로 인한 마케팅 비용 지출의 부담이 커지고 효율적으로 사용하려는 니즈가 커지는 내부 환경
- MAU, 거래액 등 외형 확대가 아닌 실질적으로 서비스 수익 증대에 도움이 되는 지표 성장을 우선적으로 생각하는 투자 시장

이런 환경 속에서 기존의 덩치 키우기 식 마케팅 방법론은 서비스 가치를 저하시키고 서비스 생존에까지 영향을 미칠 수 있기 때문에 이제 새로운 방법론이 그 어느 때보다 필요한 시점이라고 생각합니다. 실제로 우리가 한때 사랑했던 서비스들이 투자 실패, 구조조정 같은 어려움을 겪거나 심지어 서비스를 중단하는 마음 아픈 일이 곳곳에서 벌어지고 있습니다.

이런 환경 속에서도 꾸준히 지속적으로 성장해 나가는 서비스들은 도대체 뭐가 다를까? 마케팅 비용을 적게 쓰고서도 성장하는 게 정말 가능한 일일까? 물론, 그로스 마케팅으로 모든 비즈니스 문제를 해결할 수는 없습니다. 하지만 적어도 KPI를 달성하기 위한 고객 우선순위를 알 수 있고 집중할 수 있습니다. 또한, 불필요한 마케팅 비용의 사용을 중단하고 서비스의 가치를 높이는 고객에게 마케팅 비용을 효율적으로 사용할 수 있습니다.

이 책에서는 여러 성장하는 서비스에서 직접 경험한 내용을 바탕으로 실무자 입장에서 최대한 쉽게 이야기하려고 노력했습니다. 야놀자, 지그재그, 쿠팡에서 CRM 마케터로서 이력을 쌓아온 저와, 캐시 슬라이드, 째깍악어 서비스에서 퍼포먼스 마케터의 이력을 쌓아온 은태 님의 경험과 지식이 이 책을 보는 여러분에게 현실적으로 도움이 되면 참 기쁠 것 같습니다.

영어 단어가 많이 등장하고 용어가 다소 어렵고 생소하게 느껴질 수 있지만, 실무에서 실제로 사용하는 단어만 담으려고 노력했습니다. 여러분도 알다시피 실무에서 사용하는 단어는 매우 한정적이기 때문에 계속해서 읽어나가다 보면 금방 적응될 거라고 믿습니다. 부디 포기하지 말고 끝까지 읽기를 바랍니다.

≪모던 그로스 마케팅≫을 통해 처음의 열정으로 돌아가 함께 조금 더 성장해 나갈 수 있기를 진심으로 바랍니다.

마케터라면 누구나 한 번쯤 해봤을 고민을 이해하기 쉽게 풀어놓은 책입니다.

주요 사례가 다양하게 제시되어 있어 당장 실무에서 사례별로 대입하여 활용하기에도 좋습니다

특히, 그로스 마케팅 입문자에게 생존형 실무 그로스 마케팅 서적으로 이 책을 강력히 추천합니다.

연은정(오늘의집 커머스 마케팅 본부장)

읽으면서 바로 적용할 수 있는 유익하고 필수적인 그로스 마케팅 실용서!

주니어에게는 지금 바로 적용할 수 있는 스마트한 실용서로, 시니어에게는 날카롭게 진단할 수 있는 유익한 실용서가 될 것 같다.

조미선(야놀자 데이터 마케팅실 실장)

'더, 더, 더', 쿠팡, 토스, 당근마켓, 로블록스에 초기 투자해 수조 원을 회수한 알토스벤처스 한 킴 대표의 말이다.

더 성장하고 싶은데, 방법이 없어 보이고 막막한가?

지금 당신의 눈앞에 성장을 이루어 내기 위해 마케팅 리더, 창업자, 그리고 경영진 모두가 필수적으로 점검해야 하는 이론과 실전 지침서가 놓여있다.

이예겸(카카오벤처스 자문)

01장 그때는 맞고, 지금은 틀린 그로스 전략

02장 경고! 증분 없는 캠페인을 즉시 중단하라

05장 퍼포먼스 마케팅은 정말 끝났을까?

06장 광고로 고객 1명을 데려오는 데 드는 비용

01장

그때는 맞고, 지금은 틀린 그로스 전략

1.1 왜 모던 그로스인가?

지난 10년간 스타트업 업계는 '축제'라는 말이 떠오를 정도로 참으로 호황기였습니다. 스타트업에서 일하는 마케터로서 상상도 못할 만큼 큰 규모의 마케팅 비용을 집행해 보기도 했고, 그만큼 놀랄 만한 성과를 만들어 내기도 했던, 말 그대로 '다시 없을 좋은 시절'이었습니다.

설령 적자를 보더라도 공격적으로 마케팅 비용을 집행해 트래픽을 늘리고, 거래액 규모를 키워 최대한 빠르게 J 커브를 만들어내야 한다는 게 오랜 시간 스타트업 업계의 보편화된 상식이었고 실제로 그 전략은 꽤나 효과적이었습니다. 덩치 키우기식 '스케일업(scale up)' 전략으로 수많은 유니콘 기업(기업가치 1조 원 이상의 비상장 스타트업)이 생겨난 것이 그 결과입니다. 팬데믹 시대를 거치며 시장의 유동성은 더더욱 커지게 되었고, 갈 곳 없는 자본은 계속해서 급격히 성장하는 스타트업에 쏟아졌습니다. 자본이 계속해서 시장에 넘쳐났기 때문에 스타트업 기업들은 성장에 대한 가능성만 보여줘도 어렵지 않게 대규모 투자금을 계속 유치할 수 있었습니다. 이렇게 쉽게 유치된 투자금은 유명한 연예인을 앞세운 TV 브랜드 광고, 대규모 매스(MASS) 프로모션 등 막대한 마케팅 비용을 집행하는 데 사용되었습니다.

이렇게 영원할 것만 같았던 유니콘 시대는 예상치 못한 고금리 시대가 열리면서 급격하게 상황이 반전되고 맙니다.

- "유니콘의 시대가 저물었다." (베세머 벤처 파트너스)

- "스타트업 10년 호황기가 끝났다." (라이트스피드)

- "공짜 자본이 있는 무조건적인 성장은 끝났고 투자사는 빠른 성장이 아닌 현금을 창출할 수 있는 수익성 있는 회사를 찾고 있다." (세콰이어캐피탈)

코로나 버블, 경기 침체, 얼어붙은 자본시장, 실리콘밸리 구조조정, 스타트업의 위기, 투자 유치 실패 등 매일 신문 기사에는 스타트업의 앞날에 대한 부정적인 뉴스가 쏟아지고 있습니다. 호황이었던 스타트업 업계에 급격하게 불어닥친 변화의 분위기를 누구나 쉽게 느낄 수 있게 됐습니다. 특히 투자 시장의 분위기는 더욱더 급격하게 얼어붙고 있습니다. 스타트업 얼라이언스[1]에 따르면, 2023년 상반기 벤처 투자 건수는 전년 같은 기간 대비 41% 감소했으며, 투자 금액 또한 68.3%나 축소됐습니다.

급격히 냉각된 시장 환경에서 투자자는 기업에 지속적인 현금 창출 능력과 수익성 개선을 요구하기 시작했고, '적자를 보더라도 성장하기만 하면 된다'라는 기존의 덩치 키우기식 그로스 전략은 더 이상 통하지 않게 됐습니다. 투자 시장의 요구에 따라 MAU(Monthly Active User, 월간 활성 사용자), 거래액 등 외형을 키우는 것이 아닌 실질적으로 서비스 수익에 도움이 되는 지표를 키우는 것이 기업의 중요한 과제가 됐고, 기업 내부적으로도 경기 침체로 인해 마케팅 비용 지출의 부담이 클 수밖에 없는 환경이 됐습니다. **극단적으로 마케팅 비용을 효율화하고, 수익성을 개선하는 방향으로** 마케팅 전략을 바꾸지 않으면 신규 투자 유치의 어려움은 물론, 서비스의 생존까지 위태로워질 수 있는 상황이 된 것입니다.

 톱데일리

샐러드 배송 '프레시코드' 결국 파산

샐러드 배송 스타트업 프레시코드가 파산했다. 손익분기점(BEP)을 맞추지 못해 매년 영업적자가 누적된 데다 후속 투자유치에 난항을 겪으며 결국 문…

2023. 7. 7.

머니투데이

SVB 파산에 돈줄 마른 초기 스타트업…벤처대출 1년만에 반토막

[글로벌 스타트업씬] 7월 3주차 핫뉴스 '글로벌 스타트업씬'은 한주간 발생한 주요 글로벌 벤처캐피탈(VC) 및 스타트업 소식을 전달하는 코너입니다.

2023. 7. 15.

한겨레

"무려 40% 싸게"…SVB 파산에 돈줄 막힌 스타트업들 패닉

40년 간 스타트업 생태계의 중요한 축이었던 곳이 36시간 만에 사라졌다." 미국 스타트업의 주요한 자금줄이던 실리콘밸리은…

2023. 3. 12.

1　스타트업 얼라이언스는 대한민국 스타트업 생태계의 건강한 발전을 목적으로 하는 비영리 민간 협력 단체다.

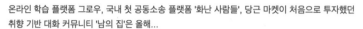

전자신문

2023년, 스타트업들이 사라지고 있다 [지브라도의 #트렌드로그]

온라인 학습 플랫폼 그로우, 국내 첫 공동소송 플랫폼 '화난 사람들', 당근 마켓이 처음으로 투자했던
취향 기반 대화 커뮤니티 '남의 집'은 올해...

Jul 20, 2023

매거진한경

"스타트업쟁이는 웁니다"...투자중단·구조조정 IT 보릿고개 [비즈니스 포커스]

[비즈니스 포커스]. "스타트업쟁이는 웁니다"...투자중단·구조조정 IT 보릿고개. "콜라비 팀은 현실적
인 벽 앞에 서비스를 종료하게 되었습니다.

Oct 16, 2023

그림 1.1 스타트업의 위기에 관한 뉴스(출처: 구글)

실제로 이미 많은 서비스가 수익화에 실패하고 추가 투자를 받지 못해 파산하는 일이 빈번하게 벌어지고 있으며, IPO(기업공개, 기업의 자본금을 확충하기 위한 목적으로 공개 시장으로부터 투자금을 유치하는 방법)가 예정되어 있던 기업들도 하나둘 상장 계획을 연기한다는 소식이 들려오고 있습니다. 또한 구조조정, 명예퇴직에 대한 업계 동료들의 안타까운 소식을 매일 같이 들으며 시장의 어려움을 나날이 실감하고 있습니다.

엎친 데 덮친 격으로 마케팅 환경 또한 계속해서 급변하고 있습니다. 개인정보 보호 이슈, 서드파티 쿠키의 종말로 인해 퍼포먼스 마케팅의 효율이 크게 저하됐고, 광고 성과조차 제대로 측정하기 어려운 상황이 되었습니다. 한정된 온라인 노출 지면에 대한 경쟁이 치열해지면서 신규 고객 유입 비용이 상승하는 데 반해 효율은 감소하고 개인정보 이슈로 정교한 타기팅, 정확한 효율 측정까지 보장할 수 없게 되면서 그동안 막강한 신규회원 획득 수단이었던 온라인 광고를 제대로 활용하기 어려워졌습니다.

이렇게 급변하는 환경에서 현업에서 마케터에게 요구하는 역량 또한 변화하고 있음을 체감합니다. 수익성을 고려하지 않은 기존의 공격적인 마케팅 방법론은 서비스의 가치를 저하하고, 서비스의 수익성 악화, 생존 문제에까지 영향을 미칠 수 있기 때문에 이제 새로운 그로스 방법론이 그 어느 때보다 절실합니다. **모던 그로스**는 이러한 상황에서 **서비스에 현실적으로 당장 필요한 마케팅이 무엇일까에 대한 답**을 찾기 위해 시작됐습니다. 모던

그로스는 **마케팅 비용을 최소화하고 효율을 극대화하는 생존형 그로스 마케팅에 대한 방법론을 제시**하고자 합니다. '퍼포먼스 마케팅의 종말'이라는 말이 나올 정도로 위기인 온라인 광고 영역에서 어떻게 하면 광고 성과를 높이고 효율적으로 고객을 획득할 수 있는지, CRM(Customer Relationship Management, 고객 관계 관리) 마케팅의 중요성이 나날이 커지는 시점에서 과연 CRM 마케팅을 어떻게 시작해야 하고 어떤 지표와 활동에 집중해야 하는지 판단하는 데 실용적인 도움이 될 것입니다.

이처럼 어려운 환경에서도 꾸준히 지속해서 성장해 가는 서비스들은 도대체 뭐가 다를까요? 마케팅 비용을 적게 쓰고 성장하는 것이 정말 현실적으로 가능한 일일까요? 그리고 실질적인 성장을 위해 지금 바로 실행 가능한 방법은 어떤 것이 있을까요? ≪모던 그로스 마케팅≫은 이러한 질문에 답을 얻고 싶은 모든 분에게 훌륭한 지침서가 될 것입니다.

1.2 LTV를 측정할 필요가 있을까?

고객 한 명의 가치를 측정할 수 있을까요? 고객의 가치를 측정하는 가장 대표적인 지표는 LTV(Lifetime Value, 고객 생애 가치)로, CLV(Customer Lifetime Value)라고도 합니다. LTV는 고객 한 명이 서비스에서 평생 발생시킬 것으로 예상되는 전체 수익입니다. 많은 서비스에서 LTV를 산출하는 것을 굉장히 중요한 과제로 여깁니다. 그렇다면 왜 LTV를 구하는 것이 그토록 중요할까요? LTV는 고객이 서비스에 기여하는 가치를 수치로 산출한 것이기 때문에 비즈니스에서 마케팅 비용을 어느 수준으로 집행해야 할지 판단하는 데 도움이 됩니다. 마케팅 비용이 LTV보다 크다면 어떻게 될까요? 당연하게도 서비스의 수익성이 악화될 것입니다. LTV는 마케팅 비용 중에서도 특히 CAC(Customer Acquisition Cost, 고객 획득 비용)를 결정하는 데 주로 사용되는 지표입니다. 우리 서비스에 신규 고객을 데려오는 데 얼마를 써야 할지 판단하는 것은 매우 어려운 문제입니다. 하지만 LTV를 알고 있으면 이 비용보다는 신규 고객 획득 비용을 적게 쓰는 것이 서비스의 수익성에 긍정적인 영향을 준다는 것을 쉽게 알 수 있습니다. 이처럼 LTV는 마케팅 비용에 대한 합리적인 의사결정에 도움을 줍니다.

하지만 해당 지표를 계산하는 방식이 워낙 다양하고, 스타트업처럼 사업을 지속해온 기간이 짧은 기업에서는 고객의 평생 사용 기간이나 미래 리텐션(retention, 서비스 재사용률. 잔존율)을 예측하기 힘든 경우가 많으므로 실제로 해당 지표를 제대로 측정하고 있는 서비스는 매우 드뭅니다. 또한 이런저런 방법으로 LTV 또는 CLV를 측정할 수 있다고 해도 이 지표에 맞춰 마케팅 비용을 집행한다는 것은 현실에서는 거의 불가능합니다. 매월 비즈니스의 목표(KPI)와 투자 상황, 경쟁사 대응 등 예측할 수 없는 변수가 많기 때문입니다. 물론 가장 이상적으로는 해당 지표들을 측정하고 그 지표를 기반으로 마케팅 예산을 효율적으로 집행하는 것이지만 현실에서는 LTV를 제대로 활용하기란 매우 어렵습니다.

그러한 이유로 저는 LTV를 구하기 어려운 분들께는 과감하게 LTV 산출을 포기해도 아무런 일도 일어나지 않는다는 것을 이야기하고 싶습니다. 오히려 LTV를 억지로 산출하려고 하다가 이상한 데이터를 조합해서 현실과 동떨어진 LTV를 산출하는 경우를 보기도 합니다. 그렇다면 어떤 지표를 통해 마케팅 의사결정을 할 수 있을까요?

먼저 근본적으로 고객의 가치를 측정하는 이유가 무엇인지 생각해 봐야 합니다. LTV 또는 CLV를 측정하는 이유는 궁극적으로 고객이 평생 서비스에 가져다주는 순이익을 높이기 위함입니다. 이는 결국 **고객의 매출을 극대화하고 비용은 최소화하는 것과 동일한 의미**라고 볼 수 있습니다. LTV를 산출하는 방식은 다양하지만 그림 1.2의 LTV 산출 공식을 보면 조금 더 이해하기가 쉽습니다.

$$LTV = \frac{\text{고객 1명당 평균 매출} \times \text{총마진 (\%)}}{\text{이탈률}}$$
$$\frac{\text{Average Revenue Per User (ARPU)} \times \text{Gross Magin (\%)}}{\text{Churn Rate (\%)}}$$

그림 1.2 LTV 산출 공식

LTV를 높이려면 ①고객 1명당 평균 매출을 상승시켜야 합니다. 매출을 상승시키는 방법은 주문 1건당 단가를 높이는 방법과 구매 빈도를 높이는 방법이 있습니다. 또한 ②총마진을 상승시켜야 합니다. 총마진을 상승시키려면 고객에게 드는 마케팅 비용을 줄여야 합니다.

아울러 ③이탈률을 감소시켜야 합니다. 이탈률을 감소시키려면 고객의 구매 전환율을 상승시키고, 리텐션을 극대화해야 합니다.

궁극적으로 해당 목표를 달성할 수 있는 좀 더 단순한 방법 두 가지를 추천합니다.

첫째, 1명의 고객을 구매 전환하는 데 실제로 발생하는 비용을 제대로 측정하는 것입니다. 여기서 필수적으로 알아야 하는 개념은 인크리멘탈리티(incrementality)입니다. 이 개념에 대해서는 2장에서 자세히 다룰 예정이지만 간략하게 설명하자면 마케팅 활동을 통해 발생한 순증분을 의미합니다. 예를 들어, 아무런 할인 행사가 없을 때 서비스의 오가닉 구매 전환율이 20%라고 가정하겠습니다. 반면 5,000원 쿠폰을 지급하는 마케팅 캠페인을 진행했을 때 구매 전환율은 30%입니다.

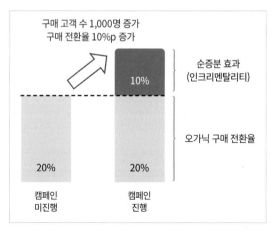

그림 1.3 인크리멘탈리티 예시

이 경우 캠페인의 구매 전환율 순증분 효과는 30%가 아니라 30%에서 20%(오가닉 구매 전환율[2])를 뺀 10%입니다(그림 1.3 참조). 그렇다면 비용 관점에서는 어떨까요? 그림 1.4를 보면 이해하기가 쉽습니다.

---

2 아무런 마케팅 활동도 하지 않았을 때 자연적으로 발생하는 구매 전환율

그림 1.4 인크리멘탈리티 관점에서의 비용 측정 예시

고객이 1만 명이라고 가정할 때, 1만 명의 30%는 3,000명, 20%는 2,000명입니다. 모든 고객에게 5천 원 쿠폰을 지급했고 이 캠페인을 통해 총 1,000명의 구매자가 증가했습니다. 여기서 비용 관점으로 고객 1명당 1장씩 5천 원짜리 쿠폰을 지급했으니 1명당 5천 원씩 총 5천만 원을 썼다고 착각할 수 있습니다. 하지만 순증분 관점으로 보면 1천 명의 구매자를 늘리는 데 5천만 원을 사용했기 때문에 추가 구매자 1명당 5만 원의 비용이 사용된 것입니다.

따라서 캠페인 성과의 비용 효율을 판단하려면 1명당 추가 구매자를 발생시키는 데 5만 원이 드는 것이 효율적인지 따져봐야 합니다. 조금 감이 오셨나요? 이처럼 인크리멘탈리티 관점으로 비용을 측정해야 1명의 추가 고객을 발생시키는 데 드는 비용을 정확하게 측정할 수 있습니다. 따라서 순증분, 즉 인크리멘탈리티를 측정하면 서비스의 전체 수익성을 증대시키기 위해 어떤 세그먼트에 얼마의 비용을 투입해야 하는지 합리적인 의사결정을 할 수 있습니다.

인크리멘탈리티 개념이 없으면 마케팅 캠페인 예산을 늘려도 전체 매출이 늘지 않는 문제를 겪을 가능성이 높습니다. 실제로 여러 스타트업 관계자를 만나보면 공통으로 **예산을 늘리거나 줄여도 전체 매출에 변화가 없어서 어떤 것이 문제인지 모르겠다**는 고민을 듣곤 합니다. 신규 고객, 기존 고객, 이탈 고객 각각의 세그먼트에서 마케팅 활동을 통해 발생하는 순증분과 비용을 파악하고, 어디에서 증분이 일어나지 않는지 파악하여 증분이 발생하는 방향으로 마케팅 활동을 개선해야만 마케팅 활동이 전체 매출 증가로 이어질 수 있습니다. 또한 고객 1명당 전환 비용을 최적화하여 수익을 극대화할 수 있습니다.

둘째, 당월 순이익 증대 목표에 집중하는 것입니다. LTV 상승은 단순하게 당월 순이익을 높이는 데 집중하면 자연스럽게 달성할 수 있습니다.

> 당월 순이익 = ① 당월 구매 고객 수 × ② 구매 빈도 × ③ 객단가 − ④ 마케팅 비용(고객 획득 비용 + 고객 유지 비용)

비용으로 마케팅 비용만 든다고 가정할 때, 당월 매출을 높이려면 ①당월에 구매하는 고객 수를 높이거나 ②한 명이 구매하는 빈도를 늘리거나 ③한 번만 구매하더라도 더 비싼 것을 구매하게 하면 됩니다. 여기에서 ④마케팅 비용을 뺀 것이 순이익인데, 마케팅 비용에는 신규 고객을 유입시키는 데 필요한 고객 획득 비용(CAC)과 쿠폰, 포인트, 할인 등 기존 고객이 재구매하도록 하는 데 필요한 고객 유지 비용이 있습니다. 즉, 당월 순이익을 높이려면 위와 같은 단순한 공식에 집중하면 됩니다. 이 공식에 리텐션(retention)이나 이탈률(churn rate)이 빠져 있어 너무 단기적인 지표가 아닌가, 라고 우려하는 분도 있을 텐데, 당월 구매 고객을 더 세분화하여 목표를 가져가면 이 문제를 해결할 수 있습니다.

> 당월 구매 고객 수 = ① 당월 첫 구매 고객 + ② 기존 고객 중 당월 유지 고객 + ③ 기존 고객 중 이탈 후 당월 재진입(재구매) 고객

당월 구매 고객 수를 늘리려면 ①신규 고객 수를 늘리거나 ②기존 고객 중 당월 구매 전환 고객 수를 늘리거나 ③이탈한 고객 중 다시 돌아오는 고객 수를 늘려야 합니다. 따라서 자연스럽게 당월 순이익을 높이는 목표를 달성하는 데 집중하면 LTV와 CLV, 즉 고객의 가치는 높아질 수밖에 없습니다. 이 책은 당장 누구나 적용할 수 있는 생존형 실무 그로스 마케팅을 다루기 때문에 고객 가치 측정 단계부터 어려움을 겪고 있는 분에게는 우선 이렇게 당월 고객 지표에 집중하는 그로스 마케팅 전략을 추천합니다.

1.3 AARRR은 이제 그만

전통적인 그로스 해킹 방법론에서 가장 널리 알려진 이론 중 하나가 바로 데이브 매클루어(Dave McClure)의 **AARRR 퍼널 이론**입니다. 그로스 해킹에 관심이 있는 분이라면 그림 1.5의 AARRR 퍼널 분석 개념에 대해 들어본 적이 한 번쯤 있을 것입니다. 고객의 라이프 사이클을 크게 5가지 큰 퍼널인 **고객 획득**(acquisition), **활성화**(activation), **리텐션**(retention), **추천**(referral), **수익화**(revenue)로 나누고, 이를 기반으로 지표를 분석하고 개선해야 한다는 유명한 그로스 해킹 이론입니다.

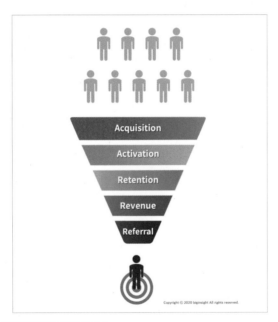

그림 1.5 AARRR 퍼널 프레임워크(출처: 빅인사이트)

아직까지도 많은 기업에서 그로스 마케터나 CRM 마케터를 채용할 때 AARRR 퍼널 기반의 마케팅 캠페인을 실행해 본 경험을 선호하고, 잘 팔리는 그로스 해킹 책에서도 AARRR 퍼널 이론을 중요하게 다루는 것으로 보아 해당 이론이 여전히 그로스 해킹에서 큰 부분을 차지한다고 볼 수 있습니다. 물론 저 또한 이 이론 자체는 핵심적인 고객 퍼널에 집중하여 고객 여정을 구분하고 분석할 수 있다는 점에서 굉장히 탁월하다고 생각합니다.

다만 현업에 종사하는 마케터 입장에서 과연 이 퍼널 이론을 마케팅 캠페인에 제대로 적용하고 있는 서비스가 얼마나 될까, 라는 회의감이 드는 것은 사실입니다. 우선 퍼널 이론은 '마케팅 관점'보다는 '제품(프로덕트)' 관점에서 활용도가 더 높습니다. 제품 관점에서는 고객 획득, 활성화, 리텐션, 추천, 수익화에 대한 기준이 상대적으로 명확합니다. 고객 획득은 앱 설치, DAU, MAU 같은 활동 지표가 기준이 될 수 있고, 활성화는 찜하기, 즐겨찾기, 장바구니 담기 등 고객이 구매하는 데 큰 영향을 미치는 중요한 액션이 기준이 될 수 있을 것입니다. 리텐션은 재방문 전환율과 이탈률, 수익은 구매 전환이 기준이 될 수 있습니다. 마찬가지로 추천은 친구 초대, 공유하기, 리뷰 작성 등의 액션이 기준이 될 수 있습니다. 제품 관점에서는 앱 설치 또는 웹사이트 방문 → 탐색 및 찜하기, 장바구니 담기 등 → 재방문 → 구매 → 추천이라는 고객 여정으로 명확하게 AARRR 깔때기 순서대로 퍼널을 나눌 수 있습니다.

하지만 여기에도 예외는 많습니다. 예를 들어, 제가 어떤 서비스를 처음 이용하는 고객이라고 가정해 보겠습니다. 저는 SNS에서 인플루언서가 쓴 모자와 동일한 상품을 사고 싶었고, 해당 제품명을 인터넷에서 검색해 검색 결과의 최상단에 노출되는 'C사'라는 커머스에 방문하여 모자를 구매했습니다. 이 과정을 두고 'C사'의 고객 퍼널 데이터에 'AARRR'을 명확하게 대입할 수 있을까요? 이렇게 간단히 생각해 봐도 이 이론을 적용하기에 애매한 부분이 있습니다. 이 과정에는 다른 퍼널이 생략된 방문 → 구매의 퍼널만 존재하기 때문입니다. 이 사례만 보더라도 고객의 행동을 AARRR 깔때기 순서로 해석하기 어려운 부분이 있음을 알 수 있습니다.

마케팅 관점에서 고객을 관리하기 위해 AARRR 퍼널 이론을 활용하려고 하면 문제가 좀 더 어려워집니다. 보통 CRM 마케팅에서는 고객을 크게 신규 고객, 기존 고객, 이탈 고객으로 분류하여 관리합니다. 따라서 신규 고객을 '고객 획득' 또는 '활성화' 퍼널, 기존 고객을 '리텐션' 또는 '수익화' 퍼널로 구분할 수 있습니다. 이 경우 신규 고객이 서비스에 유입되자마자 높은 구매 횟수, 높은 매출을 발생시킨다면 어떻게 정의해야 할까요? 마찬가지로 기존 고객 중에서 '추천'에 전혀 참여하지 않지만 높은 매출을 발생시키고 있다면 그 고객은 어떻게 정의할 수 있을까요? 또한 더 이상 해당 서비스를 사용할 필요가 없어서 이탈했지만 주변에는 추천하고 싶어서 '추천'을 계속하고 있는 고객은 어떻게 정의할 수 있을까요? 이처럼 고객 관리 관점에서 AARRR 깔때기를 현실에서 딱 맞게 적용할 수 있는 경우는 많지 않습니다. 이러한 이유 때문인지 최근에는 'AARRR'의 순서를 뒤바꾼 'RARRA'라는 개념도 등장했습니다. 그림 1.6을 보면 AARRR을 구성하는 각각의 의미는 같지만 깔때기 순서가 바뀐 RARRA 퍼널을 볼 수 있습니다.

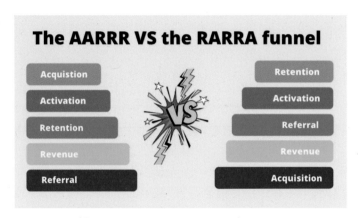

그림 1.6 RARRA 퍼널 프레임워크(출처: koenvanlysebetten.medium.com)

그림 1.6을 보면 알 수 있듯이 AARRR은 고객 획득을 깔때기 가장 상단에 두고, RARRA는 고객 유지(리텐션)를 가장 상단에 둔 모델입니다. AARRR이 고객 획득(acquisition)에 집중하는 신규 서비스에 적합하다면 RARRA는 재구매율이 낮은 서비스나 이미 어느 정도 고객을 확보한 서비스에서 기존 고객의 리텐션(retention) 극대화를 통해 서비스의 가치를 상승시키는 데 좀 더 집중하는 서비스에 적합합니다.

하지만 궁극적으로 AARRR이든 RARRA든 현실에서 마케팅 전략을 세우는 데 이 순서대로 고객 지표를 끼워 맞추려고 한다면 현실적인 전략보다는 이론적인 전략이 도출될 가능성이 높습니다. 물론 어떤 서비스냐에 따라 서비스 고객이 가진 특성에 따라 해당 이론에 대한 실용성은 천차만별일 것입니다. 따라서 AARRR, RARRA같은 프레임워크가 굉장히 매력적인 이론은 맞지만, 해당 이론에 고객 데이터를 억지로 끼워 맞추기보다는 우선 서비스의 특성을 제대로 이해하고 핵심 목표를 세운 다음, 이 이론이 과연 적합한지 냉철하게 판단하는 것이 중요합니다.

1.4 퍼포먼스 vs. CRM 마케팅, 뭐가 더 중요할까?

'지는 퍼포먼스 마케팅, 떠오르는 CRM 마케팅'이라는 키워드가 최근 그로스 마케팅에서 큰 화두로 떠오르고 있습니다. 일반적으로 퍼포먼스 마케팅이란 온라인 광고를 의미하는데, 구글, 페이스북, 네이버, 카카오, 틱톡 등 외부 매체를 통해 자사 브랜드 인지를 강화하고 상품을 판매하는 일련의 마케팅 활동을 총칭합니다. 아마 인스타그램과 페이스북을 이용해 보셨다면 피드에서 그림 1.7과 같은 광고를 본 경험이 있을 것입니다. 누구나 기본적으로 하루에 몇 번, 많게는 수십 번씩 온라인 광고를 보고 접할 정도로 퍼포먼스 마케팅은 우리 생활 곳곳에 밀접하게 자리 잡고 있습니다.

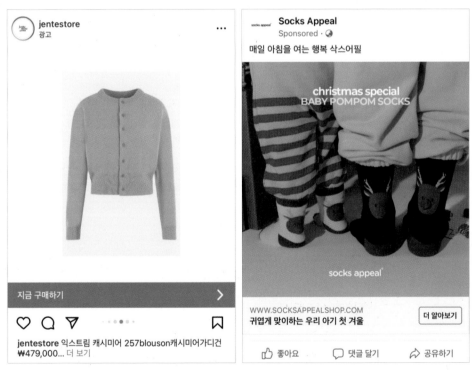

그림 1.7 퍼포먼스 광고 예시(출처: 젠테스토어, 삭스어필)

퍼포먼스 마케팅이 이처럼 자사 서비스 고객이 아니더라도 외부 매체를 통해 불특정 다수를 타깃으로 서비스에 유입시키는 활동을 한다면, CRM 마케팅은 이미 자사 서비스에 유입된 고객을 타깃으로 마케팅 활동을 펼치는 것을 말합니다. 이해를 돕기 위해 '아고다'라는 숙소 예약 서비스를 방문해 보겠습니다. 아고다 앱을 처음 실행하면 그림 1.8처럼 배너를 통해 회원 가입을 유도하고, 신규 사용자 전용 쿠폰을 통해 첫 예약을 유도하는 것을 볼 수 있습니다.

그림 1.8 CRM 마케팅 예시 – 회원 가입 및 첫 구매 유도(출처: 아고다)

첫 예약 이후에는 그림 1.9와 같이 다양한 쿠폰 및 캐시백 지급을 통해 재구매를 유도합니다.

그림 1.9 CRM 마케팅 예시 – 재구매 유도(출처: 아고다)

또한 그림 1.10처럼 VIP 프로그램을 통해 누적 예약 건수에 따라 레벨을 부여하고 차등화한 혜택을 부여함으로써 고객을 서비스에 락인(lock-in)시키고 충성 고객으로 만들기 위해 정기 프로그램을 통해 관리하는 것을 볼 수 있습니다.

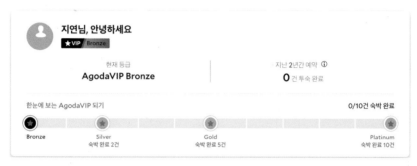

그림 1.10 CRM 마케팅 예시 – VIP 프로그램(출처: 아고다)

또한 그림 1.11처럼 앱 푸시, 이메일, 문자 등 자사 채널을 이용한 고객과의 커뮤니케이션을 통해 다양한 고객 관리 활동을 합니다.

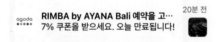

그림 1.11 CRM 마케팅 예시 – 푸시 메시지(출처: 아고다)

이렇게 CRM 마케팅은 서비스에 유입된 고객을 대상으로, 고객이 서비스에서 이탈하지 않고 충성 고객이 되도록 관리하는 일련의 마케팅 활동을 총칭합니다.

퍼포먼스 마케팅이 온라인 광고를 통해 외부 매체에서 고객을 자사 서비스로 유입시키는 **신규 고객 획득**에 집중되어 있다면, CRM 마케팅은 이미 유입된 고객을 구매 전환시키고 충성 고객이 되도록 관리하는 **고객 유지**에 집중한 마케팅 활동입니다. 이렇게 보면 퍼포먼스 마케팅과 CRM 마케팅은 명확히 활동이 구분되고 우선순위를 따질 수 없는 상호보완적인 관계처럼 보이는데, '지는 퍼포먼스 마케팅, 떠오르는 CRM 마케팅'이라는 키워드가 등장한 이유는 무엇일까요?

여기에는 크게 두 가지 원인이 있습니다. 첫 번째 원인은 앞서 다뤘듯이 최근 경제 침체가 찾아오며 마케팅 비용을 예전처럼 공격적으로 집행하기 어려운 서비스가 많아졌기 때문입니다. 일반적으로 신규 고객을 획득하는 데 드는 비용보다 기존 고객을 유지하는 데 드는 비용이 훨씬 적습니다. 이로 인해 많은 서비스가 외부 광고를 집행하여 신규 고객을 획득하여 매출을 높이는 방법보다 기존 고객의 구매 전환을 극대화하여 비용을 줄이면서 매출을 상승시키는 방법의 CRM 마케팅을 선호하게 된 것입니다.

두 번째 원인은 퍼포먼스 광고 효율의 하락입니다. 사실 페이스북, 인스타그램 초창기만 해도 온라인 광고를 집행하기만 해도 광고 성과가 좋던 시절이 있었습니다. 예산을 투입하는 만큼 서비스의 성장으로 이어졌던 과거와 현재 상황은 너무나 다릅니다. 실제로 최근 퍼포먼스 마케팅을 중단해도 서비스 지표에 아무런 영향이 없었다는 스타트업 대표들의 말이 굉장히 의미심장하게 다가온 경험이 있습니다. 사실 광고 지면은 한정돼 있는데 거의 모든 서비스가 온라인 광고를 집행하기 때문에 과거보다 광고 경쟁이 훨씬 더 심해졌고, 이로 인해 고객들은 큰 피로감을 느끼고 광고에 더욱 예민해지고 있습니다. 이러한 악순환이 온라인 광고 효율을 전반적으로 낮아질 수밖에 없게 만듭니다.

이뿐만 아니라 최근에는 더 큰 문제가 발생했는데, 앞서 언급했듯이 퍼포먼스 광고는 자사 채널이 아닌 외부 매체를 통해 진행하는 활동이기 때문에 외부 데이터 의존도가 높습니다. 이런 상황에서 최근 운영체제(OS) 비중의 90% 이상을 차지하는 구글(Android), 애플(iOS)이 개인정보 보호 이슈로 제3자의 데이터 수집을 제한하기 시작했습니다. 이로 인해 그림 1.12와 같이 '개인정보 추적 허용'에 동의한 고객의 데이터만 마케팅에서 활용할 수 있게 되는 등 예전보다 개인정보 수집 및 활용이 훨씬 더 까다로워졌습니다.

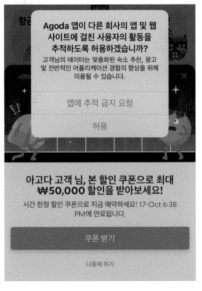

그림 1.12 앱 투명성 정책(ATT) 팝업 예시(출처: 아고다)

이로 인해 온라인 광고의 정교한 타기팅과 성과 분석의 어려움이 커졌고 퍼포먼스 종말론까지 등장하기에 이르렀습니다.

그렇다면 이러한 상황에서 퍼포먼스 마케팅을 줄이고, CRM 마케팅에 집중하는 것이 최선일까요? 지금 이러한 문제를 두고 고민하는 분들이 많습니다. 기존 고객이 많은 서비스라면 CRM 마케팅에만 집중해도 충분히 성장할 수 있겠지만, 그렇지 않은 서비스라면 신규 고객을 확보하는 것이 여전히 서비스 생존에 직결된 중요한 문제입니다. 그렇다면 과거의 성장 공식이 더이상 통하지 않는 이 상황에서 우리는 지속적으로 성장해 나가기 위해 어떤 전략을 취해야 할까요?

우선 서비스의 가치를 높이는 방향, 생존에 도움이 되는 방향으로 고객 획득 및 고객 관리 전략을 수립해야 합니다. 이 책에서는 성장하는 서비스에서 얻은 실무 경험을 기반으로 고객의 획득부터 잔존까지 모든 고객 여정에서 전환을 높이고, 마케팅 성과를 최적화하는 방법을 깊이 있게 다룰 예정입니다.

또한 인크리멘탈리티 관점에서 진짜 성과와 가짜 성과를 구분하고 비용 잠식 없이 전체 매출을 효율적으로 높이는 방법, 급변하는 환경에서 제대로 데이터를 수집하고 활용해 성과를 극대화하는 방법에 대한 가이드를 제공할 예정입니다. 이 방법으로 고객 획득부터 잔존까지 모든 여정을 최적화하면 같은 비용으로 효과적으로 비즈니스의 목표를 달성할 수 있습니다.

아래 체크리스트에 해당하는 고민을 하고 있다면 이 책에서 도움을 얻을 수 있습니다.

✓ 한 달에 마케팅 예산을 얼마나 써야 할지 막막하다.

✓ 마케팅 예산을 늘려도 매출이 안 늘어난다.

✓ CRM 마케팅 시작하고 싶은데 어떻게 해야 할지 모르겠다.

✓ 어차피 구매할 고객에게 괜한 쿠폰 비용을 쓰고 있는 것 같다.

✓ A/B 테스트를 왜 하는지, 어떻게 하는 건지 모르겠다.

✓ 인크리멘탈리티(순증분)의 개념을 알지 못한다.

✓ 쿠폰 금액을 감으로 정하고 있다.

✓ 어떻게 해야 이탈 고객을 서비스에 다시 돌아오게 할지 잘 모르겠다.

✓ 쿠폰을 주는 게 나을지 마일리지를 주는 게 나을지 고민이다.

✓ 어떤 메시지로 고객에게 커뮤니케이션하는 것이 효과적인지 모르겠다.

✓ 플친을 늘리고 싶은데 어떻게 해야 할지 모르겠다.

✓ 퍼포먼스 마케팅은 이제 망한 것 같기도 하다.

✓ 개인정보 보호 이슈가 왜 퍼포먼스 성과를 떨어뜨리는지 모른다.

✓ 퍼포먼스 마케팅 성과를 분석하려면 데이터 팀이나 개발 팀의 도움이 필요하다.

✓ 적절한 신규 고객 획득 비용이 얼마인지 잘 모른다.

✓ 광고 반응은 좋은데 매출이 오르지 않는다.

✓ '광고 소재를 많이 만들면 하나쯤은 터지겠지'라고 생각한 적이 있다.

✓ 광고 매체별 예산을 감으로 분배한다.

✓ 대행사에만 의존해서 인플루언서 마케팅을 하고 있다.

02장

경고! 증분 없는 캠페인을 즉시 중단하라

최근 많은 스타트업 관계자와 이야기를 나누다 보면 공통으로 고민하는 문제가 있습니다. 바로 **마케팅 비용을 늘이거나 줄여도 전체 매출에는 변화가 없다**는 것입니다. 경기 침체가 찾아오고 스타트업 투자 시장이 얼어붙으면서 마케팅 비용을 줄였더니 매출이 늘지 않는 것 같아서 마케팅 비용을 다시 늘려도 봤지만 전체적인 서비스 성장에는 영향을 미치지 않는 것 같은데, 이 문제의 원인이 무엇인지 모르겠다는 고민을 털어놓는 분이 많습니다.

마케팅 비용을 늘이거나 줄여도 전체 매출에 미치는 영향이 미미하다면 **해당 마케팅 비용이 '어차피 구매할 고객'에게 쓰인 것**이라고 볼 수 있습니다. 근본적으로 기업에서 마케팅 비용을 집행할 때 바라는 것은 고객에게 혜택을 지급함으로써 구매할 확률이 낮은 고객을 구매 전환시키는 것입니다. 어차피 구매할 확률이 높은 고객에게 계속 혜택을 지급한다면 매출에서 마케팅 비용이 차지하는 비중은 계속해서 높아질 테고, 이는 서비스의 수익 구조를 악화시키는 문제를 일으킵니다. 더 큰 문제는 마케팅 비용을 늘리더라도 전체 매출이 제자리걸음인 상황이 발생한다는 것입니다. 2장에서는 이러한 문제를 겪지 않기 위해 필수적으로 알아야 하는 순증분, 즉 '인크리멘탈리티'의 개념과 방법론을 다룹니다. 또한 마케팅 비용을 순증분 관점에서 최적화하기 위해 어떻게 해야 하는지 실제 사례를 바탕으로 자세히 알아보겠습니다.

2.1 진짜 성과, 진짜 비용 측정하기

최근 몇 년 사이에 스타트업에서 '그로스해킹'이라는 키워드가 유행처럼 번지면서 A/B테스트가 큰 화두가 됐습니다. 하지만 흔히 이야기하는 'A/B 테스트'는 제품(product)에 국한된 경우가 많습니다. A 화면과 B 화면 중 어떤 화면(UI)이 더 고객 경험(UX)에 좋은가, 화면에서 버튼을 어디에 배치하는 것이 클릭 혹은 구매 전환율 상승에 도움이 되는가에 대한 실험이 일반적인 예시입니다. 이렇게 제품 관점의 A/B 테스트는 대체로 친숙하게 느껴지지만, 여전히 마케팅에서의 A/B 테스트는 다소 생소할 수 있습니다. 저는 CRM 마케터로서 현업에서 A/B 테스트를 일상적으로 반복하고 있습니다. 따라서 이를 무척 자연스럽게 받아들이고 있었는데, 최근 업계의 다양한 분들과 만나 이야기를 나눠보니 정확히 A/B

테스트를 어떻게 하는 건지, 꼭 해야 하는 건지에 대해 의문을 표하는 분이 많아서 조금 놀랐던 경험이 있습니다.

A/B 테스트라고 하면 A 고객과 B 고객에게 다른 배너를 보여주거나 다른 쿠폰을 주고 어떤 것이 더 효과적인지 비교하는 것이 가장 먼저 떠오를 것입니다. 네, 맞습니다. 근본적으로 A/B 테스트를 하는 목적은 '어떤 것이 효과가 좋은지 비교하고, 더 효과가 좋은 것을 취하기 위함'입니다. 하지만 이렇게 단순하게만 생각한다면 A/B 테스트를 통해 마케팅 성과를 개선하는 데 한계가 있을 수 있습니다. 아니, 사실 한계가 명확합니다.

예를 들어, A 고객에게는 1,000원 쿠폰을 주고 B 고객에게는 2,000원 쿠폰을 줬을 때 높은 확률로 B 고객의 구매 전환율이 우수할 것입니다. 그렇다면 고객에게 2,000원 쿠폰을 주는 것이 마케팅 성과를 개선했다고 말할 수 있을까요? **그럴 수도 있고, 아닐 수도 있습니다.** 궁극적으로 A/B 테스트를 하는 목적은 '마케팅 활동이 얼마나 실질적으로 서비스의 성장에 기여하고 있는지'를 명확하게 측정하고, 실질적으로 성장에 얼마나 기여했는지 알기 위함입니다. A/B 테스트를 통해 마케팅 성과를 정확하게 측정할 수 있기 때문에 마케팅 비용이 효율적으로 사용됐는지 판단할 수 있습니다. 또한 마케팅 비용을 쓰지 않아도 구매할 고객에게 마케팅 비용을 낭비한 건 아닌지 판단할 수 있습니다. 만약 다음과 같은 고민을 해 본 경험이 있다면, 혹은 현재 이런 고민을 하고 있다면 이번 장에서 이야기하려는 '인크리멘탈리티', 즉 순증분의 개념이 서비스의 실질적인 성장을 견인하는 데 도움이 될 것입니다.

이런 고민을 하고 있다면 인크리멘탈리티 개념을 반드시 알아두세요!

- ✓ 마케팅 비용을 줄이거나 늘여도 전체 매출에는 영향이 미미하다.
- ✓ 캠페인 각각의 성과는 좋은데 전체 매출은 제자리걸음이다.
- ✓ 쿠폰 금액을 감으로 정하고 있다.
- ✓ 어차피 구매할 고객에게 괜한 쿠폰 비용을 쓰고 있는지 우려된다.
- ✓ 마케팅 비용을 매달 얼마나 써야 KPI를 달성할 수 있을지 가늠이 안 된다.
- ✓ 고객 세그먼트별로 추가 주문 1건당 어느 정도의 마케팅 비용을 쓰는 게 적당한지 모르겠다.

✓ 인사이트 없는 A/B 테스트를 반복하고 있다는 생각이 든다.

고객에게 1,000원 쿠폰을 지급하는 것이 구매 전환에 도움이 될까요? 5,000원 쿠폰을 지급하는 것이 구매 전환에 도움이 될까요? 당연히 대부분 5,000원 쿠폰을 지급하는 것이 구매 전환에 도움이 된다고 답할 것입니다. 그렇다면 무작정 고객에게 큰 금액의 쿠폰을 지급해야 할까요? 무조건 마케팅 비용을 많이 사용하여 구매 전환율을 높이는 것이 마케팅 성과를 개선하는 것일까요?

마케팅 성과를 판단하려면 두 가지 기준이 필요합니다. 첫째, 마케팅 활동이 전체 목표 달성에 얼마나 영향을 주었는지 알아야 합니다. 단순히 캠페인 자체의 성과 측정도 중요하지만, 해당 캠페인이 전체 목표를 달성하는 데 실제로 도움이 됐는지를 판단해야 합니다. 여기에서 필요한 개념이 바로 **순증분**(incrementality, **인크리멘탈리티**) 개념입니다. 캠페인을 하지 않아도 자연스럽게 발생하는 매출과 캠페인을 통해 증가한 매출을 명확하게 구분해서 **진짜 성과**를 측정하는 것입니다.

둘째, 투입 비용 대비 유의미한 성과인지 판단할 수 있어야 합니다. 마케팅 활동을 통해 목표를 달성했다고 하더라도 마케팅 비용을 지나치게 비효율적으로 사용했다면 그 캠페인은 실패한 캠페인일 수 있습니다. 그렇다면 비효율에 대한 판단을 어떻게 할 수 있을까요? 이를 위해서는 캠페인을 통해 증가한 매출을 만들어 내는 데 투입된 **진짜 비용**을 측정해야 합니다.

캠페인의 성과에 대해 '진짜 성과'와 '진짜 비용'을 어떻게 측정하는지 알아보기 위해 간단한 A/B 테스트를 실행해 보겠습니다. 총 3,000명의 고객에게 캠페인을 진행해 보겠습니다. 3,000명에 해당하는 고객군의 모든 속성이 동일하다고 가정하고, 1,000명씩 A, B, C 그룹으로 각각 분배합니다. A 그룹에 속한 고객에게는 1,000원 쿠폰, B 그룹에 속한 고객에게는 2,000원 쿠폰을 지급하고, C 그룹에 속한 고객에게는 쿠폰을 지급하지 않습니다. 그림 2.1처럼 테스트 그룹과 컨트롤 그룹을 나누어 테스트를 진행합니다.

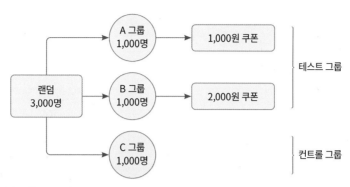

그림 2.1 진짜 성과를 측정하기 위한 쿠폰 테스트

캠페인 결과는 다음과 같습니다.

A 그룹 캠페인 결과

- 타깃 고객 수: 1,000명

- 구매한 고객: 200명

- 구매 전환율: 200명 / 1,000명 = 20%

- 쿠폰 비용: 200명 x 1,000원 = 200,000원

B 그룹 캠페인 결과

- 타깃 고객 수: 1,000명

- 구매한 고객: 300명

- 구매 전환율: 300명 / 1,000명 = 30%

- 쿠폰 비용: 300명 x 2,000원 = 600,000원

C 그룹(쿠폰을 지급하지 않은 컨트롤 그룹) 캠페인 결과

- 타깃 고객 수: 1,000명

- 구매한 고객: 160명

- 구매 전환율: 160명 / 1,000명 = 16%

- 쿠폰 비용: 0원

표 2.1을 살펴보면 그룹별 성과를 쉽게 비교할 수 있습니다.

표 2.1 진짜 성과를 측정하기 위한 쿠폰 테스트 결과

그룹	쿠폰 금액(원)	타깃 고객 수(명)	구매 고객 수(명)	구매 전환율(%)	쿠폰 비용(원)
A 그룹	1,000	1,000	200	20%	200,000
B 그룹	2,000	1,000	300	30%	600,000
C 그룹	–	1,000	160	16%	0

1차적으로 쿠폰을 지급하지 않은 C 그룹보다 쿠폰을 지급한 A 그룹과 B 그룹의 구매 전환율이 더 높은 것을 알 수 있습니다.

그렇다면 1,000원 쿠폰을 제공한 A 그룹과 2,000원 쿠폰을 제공한 B 그룹 중에서 어떤 그룹의 캠페인 성과가 더 우수할까요? B 그룹의 구매 전환율이 높기 때문에 B 그룹의 성과가 더 좋다고 할 수 있을까요? 아니면 A 그룹의 쿠폰 비용이 적기 때문에 A 그룹의 성과가 더 좋다고 할 수 있을까요?

A 그룹과 B 그룹의 캠페인 성과를 비교하기 전에 우선 각 캠페인의 진짜 성과를 살펴보겠습니다. 그림 2.2를 보면 진짜 성과가 무엇인지 이해하기 쉽습니다.

그림 2.2 테스트 결과의 성과 구분

여기서 필요한 개념이 앞서 언급했던 **순증분 개념**입니다. 1,000원 쿠폰 또는 2,000원 쿠폰을 주지 않더라도 자연스럽게 발생하는 구매 전환율(오가닉 구매 전환율)은 아무런 쿠폰을 지급하지 않은 C 그룹의 구매 전환율인 16%입니다. 따라서 이 부분은 각 캠페인의 성과에

서 제외돼야 합니다. 즉, A 그룹과 B 그룹의 구매 전환율에서 아무것도 하지 않아도 발생하는 오가닉 구매 전환율 16%를 뺀 값이 캠페인의 **진짜 성과**입니다. 그리고 이것을 순증분 구매 전환율(incremental CVR)이라고 합니다.

그림 2.3을 참고하면 이해하기가 쉽습니다.

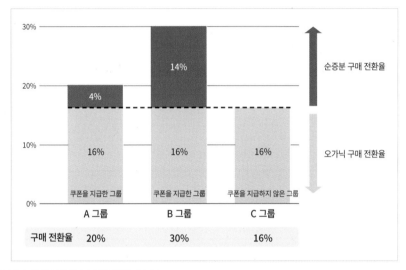

그림 2.3 진짜 성과를 측정하기 위한 쿠폰 테스트

C 그룹은 쿠폰을 지급하지 않았기 때문에 여기에서 발생한 구매 전환율은 해당 쿠폰을 지급하지 않아도 자연스럽게 발생하는 오가닉 구매 전환율로 판단할 수 있습니다. 쿠폰을 지급한 A 그룹과 B 그룹의 구매 전환율에서 오가닉 구매 전환율을 뺀 만큼을 쿠폰으로 발생한 순증가분으로 측정해야 합니다. 즉, A 그룹의 캠페인 성과는 구매 전환율 20%이지만, 순증분 구매 전환율은 20%에서 16%를 뺀 4%p입니다. 마찬가지로, B 그룹의 캠페인 성과는 구매 전환율 30%이지만, 순증분 구매 전환율은 30%에서 16%를 뺀 14%p입니다. 이를 통해 1차적으로 B 그룹을 대상으로 진행한 캠페인의 순증분 구매 전환율이 A 그룹을 대상으로 진행한 캠페인의 순증분 구매 전환율보다 크다는 것을 확인했습니다.

다음으로 캠페인의 순증분 구매 전환율을 기반으로 순증분 구매자 1명당 실제 쿠폰 비용이 얼마가 발생했는지 확인해 보겠습니다.

A 그룹의 실제 쿠폰 비용

- 쿠폰을 통해 실제 발생한 증분 구매 전환 고객: 1,000명 x 4% = 40명

- 1명 증분을 위해 발생한 쿠폰 비용: 200,000원 / 40명 = 5,000원

B 그룹의 실제 쿠폰 비용

- 쿠폰을 통해 실제 발생한 증분 구매 전환 고객: 1,000명 x 14% = 140명

- 1명 증분을 위해 발생한 쿠폰 비용: 600,000원 / 140명 = 4,286원

A 그룹과 B 그룹의 혜택을 단순하게 비교하면 1,000원 쿠폰과 2,000원 쿠폰으로 B 그룹의 비용이 1,000원 더 든다고 생각할 수 있습니다. 하지만 실제로 추가 1명의 구매 고객을 얻기 위한 캠페인 비용은 A 그룹 5,000원과 B 그룹 약 4,300원으로 B 그룹이 약 700원 저렴합니다. 실험 결과를 통해 2,000원 쿠폰을 지급하는 편이 1,000원 쿠폰을 지급하는 것보다 실제 구매 전환율 증분에 효과적이고, 비용 측면에서도 훨씬 더 효율적이라는 점을 알 수 있습니다. **더 높은 할인 금액을 제공하더라도 오히려 비용이 절약된다는 사실이 놀랍지 않나요?** 이처럼 A/B 테스트를 함으로써 캠페인의 진짜 비용을 측정할 수 있습니다.

이렇게 A/B 테스트를 통해 "어차피 구매할 고객에게 쿠폰을 주고 있는 건 아닐까?", "이번에 진행한 캠페인이 마케팅 전체 성과에 얼마나 기여했을까?"라는 의문의 답을 얻을 수 있습니다. 또한 **캠페인이 전체 매출에 얼마나 기여했는지 측정**할 수 있고, 1개의 추가 주문을 발생시키기 위해 들어가는 진짜 비용을 알 수 있기 때문에 **마케팅 의사결정을 효율적으로 할 수 있습니다.**

사실 마케팅 A/B 테스트는 이미 규모가 큰 서비스에서는 굉장히 빈번하게 사용되고 있지만 스타트업에서는 다소 생소한 개념일 수 있습니다. 하지만 예전처럼 마케팅 비용을 많이 투입하기 어렵고 비용 효율화가 점점 중요해지는 시장 상황에서는 오히려 마케팅 예산 규모가 상대적으로 작은 스타트업에서 꼭 알아야 하는 개념입니다. 감에 의존해서 쿠폰 금액을 결정하거나 자사 서비스 환경을 고려하지 않고 무작정 경쟁사와 비슷하게, 혹은 더 큰 혜택을 남발하는 마케팅은 서비스의 수익성을 악화시킵니다. 또한 전체적인 서비스 성장에 도움이 되지 않는 쓸데없는 비용 낭비로 이어질 수 있습니다. 지금부터 본격적으로 다

양한 예제를 통해 순증분, 즉 인크리멘탈리티의 개념과 현업에서 어떻게 이 개념을 활용하는지 조금 더 자세히 알아보겠습니다.

건강 기능 식품을 다루는 서비스 'S'를 예시로 살펴보겠습니다. S라는 서비스에서 충성 고객에게 어떤 쿠폰을 주는 것이 전체 매출 증대에 가장 큰 도움이 되는지 쿠폰 테스트를 진행해 본다고 가정하겠습니다. 그림 2.4와 같이 서비스의 충성 고객 중 랜덤으로 5만 명을 추출하여 각각 1만 명에게 5천 원, 7천 원, 8천 원, 1만 원 쿠폰을 7일 사용기한으로 지급했습니다.

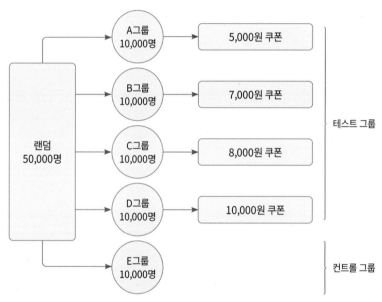

그림 2.4 쿠폰 실험 예제

캠페인 결과는 다음과 같습니다.

A 그룹의 캠페인 결과

- 타깃 고객 수: 10,000명

- 구매한 고객: 3,700명

- 구매 전환율: 3,700명 / 10,000명 = 37%

- 구매한 고객 중 캠페인 쿠폰을 사용한 고객 비중: 52%

- 쿠폰 비용: 10,000 x 37% x 52% x 5,000원 = 9,620,000원

  * 쿠폰 비용: 타깃 고객 수 x 구매 전환율 x 쿠폰 사용률 x 쿠폰 금액

B 그룹의 캠페인 결과

- 타깃 고객 수: 10,000명

- 구매한 고객: 4,200명

- 구매 전환율: 4,200명 / 10,000명 = 42%

- 구매한 고객 중 캠페인 쿠폰을 사용한 고객 비중: 57%

- 쿠폰 비용: 10,000 x 42% x 57% x 7,000원 = 16,758,000원

C 그룹의 캠페인 결과

- 타깃 고객 수: 10,000명

- 구매한 고객: 5,500명

- 구매 전환율: 5,500명 / 10,000명 = 55%

- 구매한 고객 중 캠페인 쿠폰을 사용한 고객 비중: 60%

- 쿠폰 비용: 10,000 x 55% x 60% x 8,000원 = 26,400,000원

D 그룹의 캠페인 결과

- 타깃 고객 수: 10,000명

- 구매한 고객: 5,700명

- 구매 전환율: 5,700명 / 10,000명 = 57%

- 구매한 고객 중 캠페인 쿠폰을 사용한 고객 비중: 65%

- 쿠폰 비용: 10,000 x 57% x 65% x 10,000원 = 37,050,000원

E 그룹(쿠폰을 지급하지 않은 컨트롤 그룹)의 캠페인 결과

- 타깃 고객 수: 10,000명

- 구매한 고객: 2,900명

- 구매 전환율: 2,900명 / 10,000명 = 29%

- 쿠폰 비용: 0원

캠페인 결과를 조금 더 이해하기 쉽게 표 2.2로 살펴보겠습니다.

표 2.2 쿠폰 테스트 결과

그룹	쿠폰 금액(원)	타깃 고객 수(명)	구매 고객 수(명)	구매 건수(건)	구매 전환율(%)	쿠폰 사용률(%)	쿠폰 비용(원)
A 그룹	5,000	10,000	3,700	4,329	37%	52%	9,620,000
B 그룹	7,000	10,000	4,200	4,956	42%	57%	16,758,000
C 그룹	8,000	10,000	5,500	6,490	55%	60%	26,400,000
D 그룹	10,000	10,000	5,700	6,726	57%	65%	37,050,000
E 그룹	–	10,000	2,900	3,364	29%	–	0

각 테스트 그룹(A~D그룹)의 순증분 구매 전환율(incremental CVR)은 얼마일까요? 각 테스트 그룹의 구매 전환율(CVR)에서 컨트롤 그룹(E 그룹)의 구매 전환율을 빼면 순증분 구매 전환율을 알 수 있습니다. 결과는 다음과 같습니다.

표 2.3 테스트 그룹의 순증분 구매 전환율

그룹	캠페인 구매 전환율(%)	오가닉 구매 전환율(%)	순증분 구매 전환율(%p)
A 그룹	37%		8%
B 그룹	42%	29%	13%
C 그룹	55%		26%
D 그룹	57%		28%

결과에서 순증분 전환율이 가장 큰 D 그룹의 성과가 가장 좋았다고 할 수 있을까요? 앞서 말씀드렸듯이 마케팅 캠페인은 항상 비용 효율도 고려해야 합니다. 이를 위해 추가 1명의 고객을 전환하는 데 필요한 비용, 추가 1건의 주문이 발생하는 데 드는 비용, 캠페인으로 인해 매출이 실제로 얼마나 늘었는지를 추가로 살펴보겠습니다.

그림 2.5처럼 타깃 고객 수에 순증분 구매 전환율(%p)을 곱하면 순증분 구매자 수를 구할 수 있습니다. 그렇다면 순증분 구매 건수는 어떻게 구할까요? 각 그룹의 구매 빈도를 순증분 구매자 수에 곱하면 됩니다.

$$\text{순증분 구매자 수} = \text{타깃 고객 수} \times \text{순증분 구매 전환율 (\%p)}$$
Incremental Purchaser = Cohort size × Incremental CVR

$$\text{순증분 구매 건수} = \text{순증분 구매자 수} \times \text{구매 빈도 (구매자 수/구매 건수)}$$
Incremental Order = Incremental Purchaser × Frequency

그림 2.5 순증분 구매자 수, 순증분 구매 건수 산출 공식

해당 공식으로 다음 표와 같이 캠페인으로 발생한 순증분 구매자 수와 순증분 구매 건수를 산출했습니다.

표 2.4 테스트 그룹의 순증분 구매자 수, 구매 건수

그룹	타깃 고객 수(명)	구매 고객 수(명)	구매 건수(건)	구매 빈도(건)	순증분 구매 전환율(%p)	순증분 구매자 수(명)	순증분 구매 건수(건)
A 그룹	10,000	3,700	4,329	1.2	8%	800	936
B 그룹	10,000	4,200	4,956	1.2	13%	1,300	1,534
C 그룹	10,000	5,500	6,490	1.2	26%	2,600	3,068
D 그룹	10,000	5,700	6,726	1.2	28%	2,800	3,304

이제 순증분 구매자 1명을 전환시키는 데 발생한 실제 쿠폰 비용과 순증분 구매 1건을 발생시키는 데 드는 실제 쿠폰 비용을 알아볼까요? 각 그룹의 쿠폰 비용을 순증분 구매자 수와 순증분 구매 건수로 나누면 간단하게 비용을 구할 수 있습니다.

표 2.5 순증분 구매자 1명을 전환시키는 데 발생한 실제 비용과 실제 쿠폰 비용

그룹	순증분 구매자 수(명)	순증분 구매 건수(건)	쿠폰 비용(원)	순증분 구매자 1명당 비용(원)	순증분 구매 1건당 비용(원)
A 그룹	800	936	9,620,000	12,025	10,278
B 그룹	1,300	1,534	16,758,000	12,891	10,924
C 그룹	2,600	3,068	26,400,000	10,154	8,605
D 그룹	2,800	3,304	37,050,000	13,232	11,214

여전히 순증분 전환율이 가장 큰 D 그룹의 성과가 가장 좋았다고 할 수 있을까요? 그림 2.6을 보면 조금 더 쉽게 감이 올 겁니다.

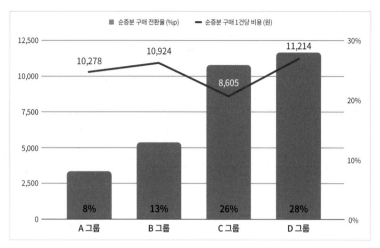

그림 2.6 순증분 전환율과 순증분 구매 1건당 비용

순증분 전환율은 D 그룹이 28%p로 가장 크지만, 추가 1건의 주문을 발생시키는 데 드는 비용도 약 11,200원으로 해당 그룹이 가장 큰 것을 볼 수 있습니다. 저라면 순증분 전환율은 두 번째로 높지만, 추가 1건 발생당 쿠폰 비용이 A~D 그룹 중 가장 낮은 C 그룹의 성과가 가장 좋았다고 판단할 것입니다. 즉, 8천 원 쿠폰을 지급한 것이 효율이 가장 좋기 때문에 앞으로도 충성고객을 대상으로 1만 원 쿠폰보다는 8천 원 쿠폰을 발급할 것입니다. 여러분은 어떻게 생각하시나요? 캠페인 효율을 어떤 관점에서 측정해야 할지 감이 오시나요?

지금까지 순증분에 대해 알아봤습니다. 이제 캠페인 기여도에 대한 개념을 추가로 살펴보겠습니다. 표 2.6은 위의 예제 결과를 기반으로 산출한 데이터입니다.

표 2.6 순증분과 캠페인 기여도

그룹	순증분 구매 전환율(%p)	순증분 구매 전환율(%)	캠페인 기여도(%)
A 그룹	8%	28%	21.6%
B 그룹	13%	45%	31.0%
C 그룹	26%	90%	47.3%
D 그룹	28%	97%	49.1%

앞에서 살펴본 순증분 구매 전환율(%p)을 % 수치로 변환한 것이 컨트롤 그룹 대비 테스트 그룹의 구매 전환율 증가분입니다. 즉, 캠페인의 컨트롤 그룹 대비 테스트 그룹에서 얼마나 증가분이 발생했는지 %로 나타낸 것이라고 보면 됩니다.

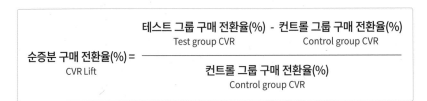

그림 2.7 순증분 구매 전환율(%) 산출 공식

그렇다면 기여도는 뭘까요? 단순합니다. 그림 2.8의 공식에서 볼 수 있듯이 캠페인 타깃이 **캠페인 기간에 발생시킨 총 구매 건수 중 순증분 구매 건수가 얼마나 되는지**를 살펴본 것입니다. 그림 2.7의 공식에서 분모만 테스트 그룹의 구매 전환율로 바꾸면 기여도를 간단히 구할 수 있습니다.

그림 2.8 캠페인 기여도(%) 산출 공식

특정 기간 동안 총 구매 건수에서 캠페인을 통한 증분 구매 건수의 비중이 바로 캠페인의 기여도입니다. 캠페인의 기여도가 클수록 순증분 효과가 크다고 판단할 수 있습니다. 그림 2.8의 ①과 ②의 식은 같은 의미이기 때문에 둘 중 더 쉬운 방식으로 계산하면 됩니다. 그림 2.9에서 두 계산식이 왜 같은 의미인지 보여주기 위해 공식을 풀어봤습니다.

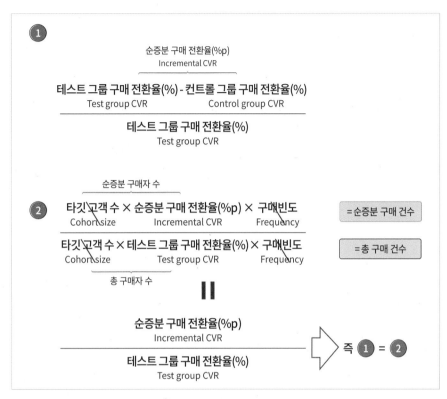

그림 2.9 캠페인 기여도(%) 산출 공식의 의미[1]

수학 공식이 나와서 벌써부터 포기하는 사람도 있지 않을까 걱정됩니다. 이 부분은 이해하면 좋지만 어렵게 느껴진다면 완벽히 이해할 필요는 없습니다. 사실 실무를 하다 보면 자연스럽게 체득하는 개념이기 때문에 지금부터 미리 겁먹을 필요가 전혀 없습니다. 뒷부분에서 실무에서 캠페인 성과를 정리하는 방법을 아주 쉽게 정리할 테니 그 부분을 활용하면 업무를 진행하고 의사결정을 하는 데 전혀 지장이 없을 겁니다.

저 역시 처음에는 공식이 막연히 어렵게 느껴지고 이해하기가 쉽지 않았기 때문에 지금 여러분의 마음이 어떨지 너무나 공감됩니다. 인크리멘탈리티라는 개념은 처음부터 완벽히 이해하기에는 다소 어려운 개념일 수 있습니다. 하지만 앞에서도 강조했듯이 인크리멘탈리티 관점의 사고 방식은 앞으로 마케터가 필수적으로 갖춰야 요건이 될 것이라고 확신합

---

1 구매빈도(Frequency) = 구매 건수 / 구매 고객 수

니다. 처음에는 조금 어렵더라도 차근차근 예제를 따라 하다 보면 그렇게 어려운 개념이 아니라는 점을 금방 알게 될 것입니다.

이해를 돕기 위해 추가 예제를 살펴보겠습니다. A/B 테스트를 통해 단순히 쿠폰 금액뿐만 아니라 할인 유형 중 어떤 것이 가장 효율적인지도 실험해 볼 수 있습니다. 30일 이내 미구매자를 대상으로 정액 할인 쿠폰, 정률 할인 쿠폰, 적립금 중 어떤 유형의 할인 지급 방식이 증분을 발생시키는 데 가장 효율적인지 실험을 기획해 보겠습니다. 그림 2.10과 같이 테스트 그룹과 컨트롤 그룹을 나눠 테스트를 진행했습니다.

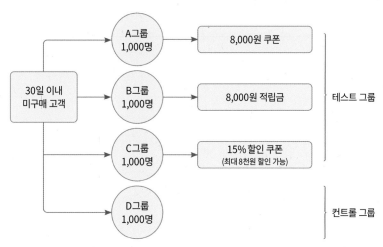

그림 2.10 할인 유형 실험 예시

캠페인 결과는 표 2.7과 같습니다.

표 2.7 할인 유형별 실험 결과

그룹	타깃 고객 수(명)	구매 고객 수(명)	구매 건수(건)	구매 전환율(%)	발생 매출(원)	비용(원)
A 그룹	1,000	300	336	30%	8,400,000	2,400,000
B 그룹	1,000	350	392	35%	10,192,000	2,800,000
C 그룹	1,000	250	280	25%	9,800,000	2,000,000
D 그룹	1,000	200	224	20%	5,600,000	0

순증분 관점에서 결과를 살펴보겠습니다.

표 2.8 할인 유형별 순증분 결과

그룹	순증분 구매 전환율(%p)	순증분 구매 전환율(%)	순증분 구매자 수(명)	순증분 구매 건수(건)	순증분 구매자 1명당 비용(원)	순증분 구매 1건당 비용(원)
A 그룹	10%	50%	100	112	24,000	21,429
B 그룹	15%	75%	150	168	18,667	16,667
C 그룹	5%	25%	50	56	40,000	35,714

그림 2.11로 살펴보면 조금 더 이해하기가 쉽습니다.

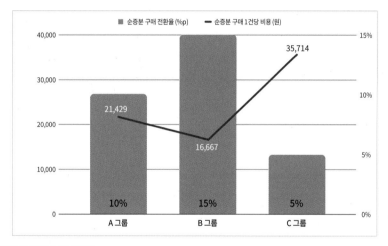

그림 2.11 할인 유형별 순증분 결과

순증분 관점에서 구매 데이터를 살펴보면, 앞의 그림에서 볼 수 있듯이 혜택이 적립금 유형인 B그룹의 전환율이 가장 우수하고, 순증분 구매 1건당 발생하는 비용도 가장 낮기 때문에 비용 측면에서도 가장 효율적이라는 것을 알 수 있습니다. 그렇다면 캠페인 기여도는 어떨까요?

표 2.9 캠페인 기여도

그룹	구매 건수(건)	순증분 구매 건수(건)	캠페인 기여도 (%)
A 그룹	336	112	33%
B 그룹	392	168	43%
C 그룹	280	56	20%

앞에서 다뤘듯이 캠페인 타깃이 캠페인 기간에 발생시킨 총 구매 건수 중 순증분 구매 건수가 얼마나 되는지를 살펴보면 캠페인 기여도를 산출할 수 있습니다. 기여도 또한 B그룹이 가장 높기 때문에 해당 실험 결과에서 적립금 유형이 모든 측면에서 가장 효율적인 혜택 지급 방식이라는 결론을 내릴 수 있습니다.

예제를 이해하기가 어렵다면 우선 다음 공식을 사용해 좀 더 쉽게 실무에서 순증분(인크리멘탈리티)의 개념을 활용해 캠페인 성과를 측정할 수 있습니다. 개념을 완벽히 이해하지는 못했더라도 우선 이 공식으로 캠페인 성과를 산출해 보세요. 예제로 살펴보는 것보다 실무에 직접 한 번 적용해 보는 것이 순증분의 개념을 습득하는 데 훨씬 더 큰 도움이 될 것입니다. 표 2.10의 공식을 습득하면 더 빠르게 적용할 수 있습니다.

표 2.10 오늘부터 실무에 바로 적용 가능한 순증분 측정 공식

그룹	타깃 고객 수	구매 고객 수	구매 건수	구매 전환율 (%)	쿠폰 비용
테스트 그룹	A	B	C	D	E
컨트롤 그룹	F	G	H	Q	–

항목	항목 표시	공식
순증분 구매 전환율(%p)	J	$D - Q$
순증분 구매 전환율(%)	K	$D/Q - 1$
순증분 구매자 수	L	$A * J$
순증분 구매 건수	M	$A * J * (C/B)$

항목	항목 표시	공식
기여도	N	M/C
순증분 구매자 1명당 비용	O	E/L
순증분 구매 1건당 비용	P	E/M

회사마다 조금씩 다를 수 있지만, 인크리멘탈리티의 개념이 국내에서는 아직 생소한 개념이기 때문에 주로 영어를 사용합니다. 해당 용어를 실무에서 어떻게 사용하는지도 참고 삼아 살펴보면 좋습니다.

표 2.11 순증분 관련 용어의 영문 표현

타깃 고객 수	Cohort size
구매 고객 수	Purchaser
구매 건수	Order
구매 전환율(%)	CVR
쿠폰 비용	Cost
순증분 구매 전환율(%p)	Incremental CVR (inc.CVR)
순증분 구매 전환율(%)	Lift CVR
순증분 구매자 수	Incremental Purchaser (inc.Purchaser)
순증분 구매 건수	Incremental Order (inc.Order)
기여도	Incrementality
순증분 구매자 1명당 비용	Cost Per Incremental Purchaser
순증분 구매 1건당 비용	Cost Per Incremental Order

2.2 A/B 테스트 어떻게 해야 할지 모르겠다면?

1장에서 다룬 A/B 테스트를 해야 하는 진짜 이유를 읽고 '당장 A/B 테스트해 봐야지!'라고 생각한 분도 많을 것 같습니다. 하지만 '고객에게 1000원 쿠폰과 2000원 쿠폰을 줘 봐야지!' '다른 메시지를 보내서 뭐가 더 클릭율이 좋은지 봐야지!' 같은 식의 접근 방식은 자칫 테스트를 위한 테스트를 만들어낼 수 있습니다. 많은 서비스에서 이런 식으로 A/B 테스트를 설계하기 때문에 "아! A, B 중에 A가 낫구나! 테스트 끝!"과 같은 의미 없는 일회성 실험을 자주 반복하게 됩니다. 하지만 궁극적으로 A/B 테스트의 목적은 테스트를 통해 **서비스에 직면한 문제를 알아내고 목표를 달성하는 것이지, 개인이나 팀의 궁금증을 해소하는 것이 아닙니다.** 즉, A/B 테스트는 현재 상황의 **문제를 해결하기 위한 하나의 수단일 뿐, 목적 그 자체가 될 수 없습니다.** 이번 장에서는 A/B 테스트를 할 때 주의할 점을 다룹니다.

A/B 테스트의 프로세스는 일반적으로 다음과 같습니다.

> 문제 의식 〉 가설 수립 〉 핵심 성과 지표(Key Metric) 설정 〉 A/B 테스트 설계 〉 실행 〉 결과 분석 〉 다음 액션 아이템 도출

위의 프로세스에 따라 단순한 A/B 테스트를 예시로 설계해 보겠습니다.

서비스: E-book 판매 서비스
서비스 KPI: E-book 판매량 3,000개

문제 의식

당월 매출 KPI를 달성하지 못할 것 같은데, 매출을 늘리려면 어떻게 해야 할까? 마케팅 예산은 한정되어 있는데 어떤 고객에게 쿠폰을 줘야 KPI를 달성할 수 있을까?

가설 수립

1. 금액이 큰 쿠폰을 기존 고객의 N%에게 지급하면 마케팅 예산 안에서 판매량을 극대화할 수 있을 것이다.
2. 금액이 작은 쿠폰을 여러 장 쿠폰팩으로 만들어 기존 고객의 N%에게 지급하면 마케팅 예산 안에서 판매량을 극대화할 수 있을 것이다.

핵심 성과 지표 설정

구매 전환율(CVR), 구매자 수, 주문 수, 순증분 구매 전환율(Incremental CVR), 순증분 구매자 수 (Incremental Purchaser), 순증분 주문 수(Incremental Order), 순증분 1개 주문에 필요한 쿠폰 비용 (Cost Per Incremental Order)

A/B TEST 설계

- 타깃: 쇼핑몰 기존 고객 30,000명 중 3,000명만 랜덤으로 선정하여 각각 1,000명씩 A, B, C그룹 으로 설정 (* A, B 그룹을 테스트 그룹, C 그룹을 컨트롤 그룹으로 설정)

- 혜택:

  A 그룹(1,000명): 5,000원 쿠폰 1장 지급

  B 그룹(1,000명): 3,000원 + 2,000원 쿠폰 1장씩 총 2장 지급

  C 그룹(1,000명): 쿠폰 지급하지 않음

- 실행: 5/10 ~ 5/15까지 사용 가능한 쿠폰을 A, B그룹에게 지급

결과 분석

사전에 설정해 둔 Key Metric을 기반으로 5/10 ~ 5/15까지 각 그룹의 전체 구매 데이터 추출

그림 2.12와 같이 테스트 그룹과 컨트롤 그룹을 나눠 테스트를 진행했습니다.

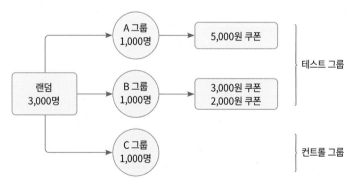

그림 2.12 A/B 테스트 프로세스 이해를 위한 쿠폰 테스트 예시

캠페인 결과는 다음과 같습니다.

A 그룹 캠페인 결과

- 타깃 고객 수: 1,000명

- 구매한 고객: 300명

- 구매 전환율: 300명 / 1,000명 = 30%

- 쿠폰 비용: 300명 x 5,000원 = 1,500,000원

B 그룹 캠페인 결과

- 타깃 고객 수: 1,000명

- 구매한 고객: 400명

- 구매 전환율: 400명 / 1,000명 = 40%

- 쿠폰 비용: 200명 x 5,000원(3,000원 + 2,000원 모두 사용) + 200명 x 3,000원(3,000원 1장 사용) = 1,600,000원

C 그룹(쿠폰을 지급하지 않은 컨트롤 그룹) 캠페인 결과

- 타깃 고객 수: 1,000명

- 구매한 고객: 100명

- 구매 전환율: 100명 / 1,000명 = 10%

- **쿠폰 비용**: 0원

A 그룹의 캠페인 성과는 구매 전환율 30%이지만, 순증분 구매 전환율은 30%에서 10%를 뺀 20%p입니다. 마찬가지로, B 그룹의 캠페인 성과는 구매 전환율 40%이지만, 순증분 구매 전환율은 40%에서 10%를 뺀 30%p입니다. 따라서 B 그룹의 순증분 구매 전환율이 높기 때문에 3천 원+2천 원 쿠폰팩이 5천 원 단일 쿠폰보다 순증분 효과가 우수한 것을 알 수 있습니다.

그렇다면 캠페인의 실제 순증분으로 발생한 주문 1건당 발생하는 실제 비용은 얼마일까요?

A 그룹 실제 쿠폰 비용

- 쿠폰을 통해 실제 발생한 증분 구매 전환 고객: 1,000명 x 20% = 200명

- 쿠폰을 통해 실제 발생한 증분 판매량: 200명 x 1(구매 빈도) = 200건
  * 구매 빈도: 구매 주문 수 / 구매 고객 수

- 증분 판매량 1건당 쿠폰 비용: 1,500,000원 / 200건 = 7,500원

B 그룹 실제 쿠폰 비용

- 쿠폰을 통해 실제 발생한 증분 구매 전환 고객: 1,000명 x 30% = 300명

- 쿠폰을 통해 실제 발생한 증분 판매량: 300명 x 1.5(구매 빈도) = 450건

- 증분 판매량 1건당 쿠폰 비용: 1,600,000원 / 450건 = 3,556원

A 그룹의 증분 판매량 1건당 실제 비용은 7,500원이며, B 그룹의 증분 판매량 1건당 실제 비용은 약 3,600원입니다. 즉, 해당 A/B 테스트의 결과로 5,000원 쿠폰 1장을 지급하는 것보다 3,000원, 2,000원으로 구성된 2장의 쿠폰팩으로 지급하는 편이 증분 전환율이 높고, 비용 효율적이라는 점을 알 수 있습니다.

그럼 다음 액션 플랜은 무엇일까요? 3,000원, 2,000원 쿠폰팩을 더 많은 고객에게 지급하는 의사결정을 할 수도 있을 것이고 이보다 더 비용을 낮추기 위해 3,000원, 2000원 쿠폰팩 조합과 2,000원, 2000원 쿠폰팩 조합 중 어떤 것이 더 효율적인지 비교하는 추가 실험을 해 볼 수도 있을 것입니다.

이처럼 실험하기 전에 문제의식을 가지고 가설을 수립하는 단계가 반드시 필요합니다. 또한 어떤 지표를 핵심 성과 지표로 설정하느냐에 따라 실험에 대한 성공 여부가 달라질 수 있기 때문에 반드시 사전에 어떤 지표를 성공 지표로 볼 것인지 정해야 합니다. 또한 실험 결과 분석을 통해 다음 액션 플랜을 정할 수도 있지만, 결과에 따라 어떤 액션을 추가로 진행할지 미리 계획을 세워두는 편이 일관성 있는 의사결정과 빠른 실행에 도움이 됩니다.

2.3 그냥 '막' 하면 안 된다

앞 절에서는 A/B 테스트를 할 때의 마음가짐에 있어 주의할 점을 다뤘습니다. 이번 절에서는 좀 더 기술적인 측면에서 주의할 점을 다룹니다. A/B 테스트를 할 때 아주 기본적이지만 많은 분이 간과하고 있는 것이 있습니다. 테스트를 수행할 때는 반드시 두 가지 확인작업이 필요합니다.

1. 각 실험군과 대조군에 속한 고객의 모든 속성이 골고루 섞였는지 확인하는 작업

2. 실험 결과가 통계학적으로 유의미한지 확인하는 작업

1) 바이어스 체크(bias check): 각 실험군과 대조군에 속한 고객의 모든 속성이 골고루 섞였는지 확인하는 것을 실무에서는 '바이어스 체크'라고 합니다. 만약 특정 그룹에 구매 전환율이나 구매 빈도가 높은 고객이 편향되어 있다면 실험 결과 또한 특정 그룹에 유리할 수밖에 없습니다. 따라서 마케팅 수신 동의 상태(Y/N), 첫 구매 여부, 첫 구매 시점, 최근 구매 시점, 객 단가, 구매 빈도 등 다양한 요인(factor)을 기반으로 고객을 그룹별로 균등하게 분배해야 합니다. 이 작업은 단순하게는 random 함수를 이용해 진행하기도 하지만, 더 확실한 작업을 위해서는 간단한 쿼리로 고객을 나누는 작업을 수행할 수 있습니다.

2) 통계학적 유의미성 계산: 해당 실험이 통계학적으로 유의미한지 살펴봐야 합니다. 통계학이라는 말에 지레 겁을 먹는 분도 있을지 모르겠습니다. 다행히도 A/B 테스트 결과가 유의미한지 무료로 계산해 주는 서비스가 많이 있기 때문에 걱정하지 않아도 됩니다. 구글에서 'A/B TEST Calculator'라고 검색해서 자기에게 편한 서비스를 사용하면 됩니다. 개인적으로 저는 evolytics를 애용합니다(https://evolytics.com/).

그림 2.13은 evolytics의 'A/B TEST Calculator'가 어떻게 작동하는지 보여줍니다.

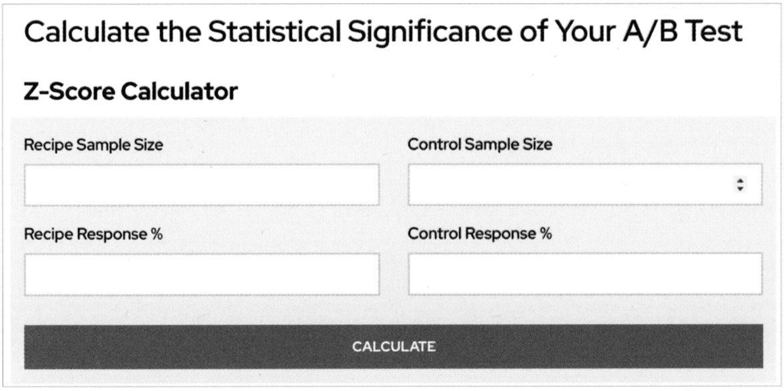

그림 2.13 evolytics에서 제공하는 A/B 테스트 계산기

Recipe Sample Size란에 테스트 그룹 크기를 입력하고, Recipe Response란에는 테스트 그룹의 전환율을 입력합니다. 마찬가지로 Control Sample Size란에는 컨트롤 그룹 모수를 입력하고, Control Response란에 컨트롤 그룹의 전환율을 입력하면 자동으로 테스트 결과가 통계학적으로 유의미한지 YES/NO로 알려줍니다.

예시로 한 번 캠페인 결과를 입력해 볼까요? 캠페인 결과를 입력해서 계산을 실행한 결과는 그림 2.14와 같습니다.

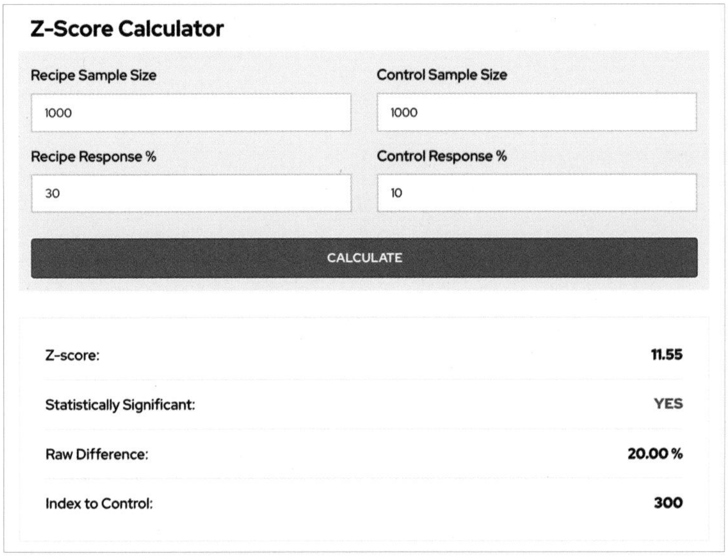

그림 2.14 evolytics에서 제공하는 A/B 테스트 계산기의 실행 결과

계산기 실행 결과에 표시되는 각 항목은 다음과 같습니다.

- **Z-score**: Z-Score란 각 데이터 값이 평균으로부터 얼마나 떨어져 있는지를 나타내는 표준편차로서, Z-점수가 0이면 정확히 평균에 해당함
- **Statistically Significant**: 통계학적으로 유의미한 결과인지 여부(YES/NO로 표기됨)
- **Raw Difference**: 테스트 그룹과 컨트롤 그룹의 전환율 차이(%p)
- **Index to Control**: 테스트 그룹과 컨트롤 그룹의 전환율 차이(%)

다행히도 그림 2.14의 통계학적 유의미성(Statistically Significant) 결과에서 'YES'가 나왔습니다. 표준편차 점수(Z-score)가 11.55, 테스트 그룹과 컨트롤 그룹의 차이(Raw Difference)가 20%p로 통계학적으로 유의미한 수치입니다. 이렇게 꼭 검증 과정을 거쳐야 테스트 결과를 100% 신뢰할 수 있습니다. 테스트 결과에 대한 검증 과정뿐만 아니라 테스트 이전에 어느 정도 규모로 타깃을 잡고 테스트를 진행해야 할지 판단하기 어려울 때 예상 전환율을 입력해 보고 유의미한 숫자인지 판단해 보는 것도 좋은 방법입니다.

A/B TEST Calculator 서비스를 제공하는 사이트

- **AB Testguide**: https://abtestguide.com
- **Survey Monkey**: https://www.surveymonkey.com
- **A/B Test Calculator**: https://www.abtestcalculator.com
- **Optimizely**: https://www.optimizely.com/
- **CXL**: https://cxl.com

2.4 | 100명짜리 테스트도 유의미할까에 대한 의문

규모가 작은 스타트업 관계자들을 만나면 꼭 공통적으로 하는 말이 있습니다.

> "저희는 고객 수가 적은데, 100명, 1,000명에게 테스트를 하는 것이 의미가 있을까요?"
>
> "지금 단계에서 A/B 테스트를 하는 게 맞는 건지 확신이 없어요."
>
> "고객 수가 적기 때문에 세그먼트를 나누는 게 의미가 있을지 모르겠어요."

이런 고민을 들을 때마다 그 상황에 공감이 가면서도 안타까운 마음이 듭니다. 일반적으로 구글, 넷플릭스, 토스 등 A/B 테스트를 잘한다고 소문난 기업은 누구나 들으면 아는 큰 기업이고, 월 사용자 수가 어마어마한 규모이기 때문에 그러한 서비스에서나 A/B 테스트를 할 수 있다는 인식이 알게 모르게 자리 잡혀 있습니다. 하지만 A/B 테스트에서 유의미한 결과를 얻는 데 필요한 기준은 테스트 모수가 아닙니다. 수천만 명에게 테스트를 진행하더라도 전환율의 차이가 미미하다면 의미가 없을 수 있고, 수백 명에게 진행했는데도 전환율의 차이가 크다면 의미가 있을 수 있습니다. 즉, **핵심은 전환율의 차이가 유의미할 정도로 발생했느냐입니다.**

A/B 테스트를 처음 진행하는 상황이라면 전환율을 예측할 수 없기 때문에 처음부터 적합한 테스트 모수를 알 수는 없습니다. 테스트를 몇 차례 소규모로 진행해 보면서 해당 실험 고객 군의 전환율에 대한 베이스라인(baseline)을 파악하고, 최소한의 유의미한 모수에 대한 감을 잡기 바랍니다. 이때 도움이 되는 것이 앞에서 소개한 A/B TEST Calculator입니다. 예상 전환율을 입력하고 통계학적으로 유의미한 모수가 어느 정도인지 숫자를 넣어가면서 조율해 보면 도움이 될 것입니다. 우선 통계학적으로 유의미한 정도의 작은 그룹에 테스트를 진행해 보고, 해당 테스트 그룹에서 컨트롤 그룹 대비 순증분 전환율 차이가 입증되면 테스트 그룹의 고객 수를 확대해 나가는 방식을 권장합니다.

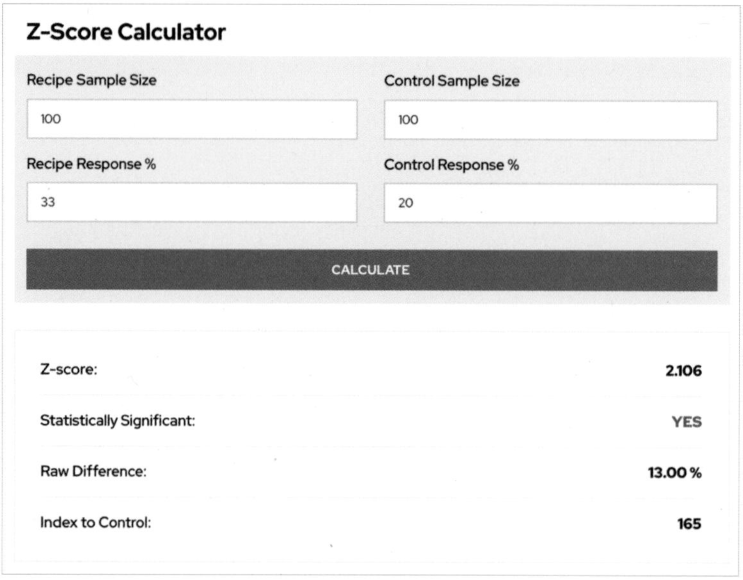

그림 2.15 100명을 대상으로 진행한 A/B 테스트 결과

어쩌면 작은 규모의 서비스일수록 A/B 테스트의 중요성이 더 클 수 있겠다는 생각도 듭니다. 최근 점점 더 어려워지는 시장 상황에서 스타트업이야말로 비용 효율화에 대한 압박이 더 심할 수밖에 없기 때문입니다. 마케팅 비용이 실질적인 수익 증대에 도움이 되는지 판단하고 효율적으로 마케팅 비용을 집행하려면 반드시 테스트를 통한 진짜 성과, 진짜 비용에 대한 측정이 필요합니다.

2.5 1%p라도 개선하려는 집요함

A/B 테스트를 할 때 가장 주의할 점은 한 번에 극적인 효과를 바라면 안 된다는 것입니다. 앞에서 이해를 돕기 위해 매우 극적인 사례를 예시로 들었습니다. 하지만 현업에서의 A/B 테스트는 이렇게 극적인 결과의 차이를 만들기가 쉽지 않습니다. 그로스 마케팅 자체를 처음 시도하는 스타트업이라면 즉각적으로 눈에 보이는 결과를 얻을 수도 있겠지만 어느 정도 효율화가 이뤄진 규모가 큰 회사에서는 수십 번의 실험 끝에 유의미한 1번의 증분 결과를 얻을 수도 있습니다.

실제로 저는 일주일에 많게는 수십 번씩 A/B 테스트를 진행해 본 경험이 있고, 유의미한 증분이 발생하지 않는 결과를 마주한 적도 많았습니다. 하지만 끊임없이 다양한 가설을 가지고 고객의 전환율을 높이기 위해 실험을 기획하고, 실행하는 작업을 반복했습니다. 결과적으로 서비스의 전체 매출에 큰 영향을 주는 인사이트를 발굴하기도 했고 세그먼트, 혜택, 커뮤니케이션, 타이밍 등 모든 측면에서 최적화를 진행하면서 마케팅 비용을 극도로 효율화할 수도 있었습니다. 결국 이 과정에서 가장 필요한 것은 '빠른 실행'과 '반복'입니다.

그로스 마케터를 뽑을 때 필요한 역량으로는 주로 다음과 같은 것이 있습니다.

- 고객 경험을 끊임없이 개선하려는 관심과 의지를 가진 사람
- 다양한 방법을 통해 목표를 달성해 낼 수 있는 끈기와 몰입도가 있는 사람
- 빠르게 실행하여 인사이트를 쌓고, 성과를 지속적으로 개선해 나갈 수 있는 사람
- 강인한 집념과 끈기로 함께 문제를 해결하고 싶은 사람

필요로 하는 역량에 공통으로 들어가는 것이 바로 '의지', '끈기', '집념'이라는 키워드입니다. 이처럼 A/B 테스트는 한 번에 드라마틱한 결과가 얻어지는 마법 같은 것이 아닙니다. 수십 번, 수백 번 실행해 나가며 인사이트를 쌓고 성과를 개선해 나가는 과정이기 때문에 집요하게 문제를 해결해 나가겠다는 집념이 바탕이 돼야 합니다.

사실 저 또한 주니어 시절에는 1%p, 2%p 차이밖에 안 나는데 왜 이렇게 리소스를 쏟아야 할까, 라는 의문을 가졌던 것이 사실입니다. 하지만 오랜 시간 경력을 쌓으며 현업에서 실제로 성공적인 커리어를 쌓아가는 사람에게는 한 가지 공통점이 있다는 사실을 깨달았습니다.

매우 작은 차이에도 집요하게 파고들며 어떻게 하면 그 차이를 더 크게 만들지 끊임없이 집착에 가깝게 고민한다는 점입니다. 성장하는 서비스도 마찬가지입니다. 1%p의 전환율을 개선하기 위해 혹은 비용을 1%p 낮추기 위해 끊임없이 고민하고, 실행하고, 개선하는 작업을 반복하는 서비스가 궁극적으로 오래 살아남고, 끊임없는 성장을 이뤄낼 수 있습니다.

2.6 진짜 성과 높이기, 진짜 비용 줄이기

앞서 A/B 테스트에 대한 많은 내용을 다뤘지만, 결국 A/B 테스트를 하는 근본적인 목표는 **캠페인의 순증분을 극대화하고, 추가 주문 1건 전환에 드는 실제 마케팅 비용을 줄이는 것**이라고 할 수 있습니다. 표 2.12에서 볼 수 있듯이, A/B 테스트를 통해 세그먼트별로 비용이 잠식되고 있는 세그먼트를 확인할 수 있고, 비용이 잠식되고 있다고 판단될 경우 해당 세그먼트에는 별도 혜택을 지급하는 것을 중단할 수 있습니다. 그 비용을 순증분 효과가 발생하는 세그먼트에 추가 투입해서 전체 매출 증대에 기여할 수 있습니다. 또한 세그먼트별로 최적의 혜택을 발굴해 전체적인 마케팅 비용을 아낄 수 있습니다. (세그먼트, 혜택, 타이밍을 최적화해서 마케팅 성과와 비용을 최적화하는 것은 3장에서 조금 더 자세히 다룰 예정입니다.)

표 2.12 캠페인 최적화 예시

세그먼트	A/B 테스트 내용	최적화 플랜
신규 고객	• 신규 고객에게 별도의 혜택을 지급하는 것이 구매 전환율 순증분 효과를 발생시킴을 검증 • 다양한 혜택 중 1만 원 쿠폰팩 혜택이 최적의 구매 전환율, 비용 효율화 지점임을 검증	• 신규 가입하는 모든 고객에게 1만 원 쿠폰팩을 상시 지급
기존 고객	• 월 3회 이하 구매 고객에게만 쿠폰을 지급하는 것이 순증분 효과를 발생시킴을 확인. 월 3회 이상 구매 고객에게는 쿠폰을 지급해도 구매 전환율 증분이 발생하지 않음을 검증	• CRM 타기팅 쿠폰 캠페인에서 월 3회 이상 구매 고객은 제외하고 지급 • 3회 이상 구매 고객에게는 상시 프로모션 인지 강화 푸시 캠페인을 진행
이탈 고객	• 이탈 경과 시점 3개월~6개월 고객에게는 5천 원 쿠폰이 최적의 구매 전환율, 비용 효율화 지점임을 검증 • 이탈 경과 시점 6개월 이상 고객에게는 7천 원 쿠폰이 최적의 구매 전환율, 비용 효율화 지점임을 검증	• 이탈 경과 시점 3개월~6개월, 6개월 이상인 고객에게 각각 다른 혜택을 지급

다만 A/B 테스트를 기획하고 실행할 때 한 가지 유의할 점이 있습니다. 이론적으로는 그림 2.16과 같이 테스트 그룹, 즉 캠페인 타깃에 속하는 고객 그룹의 구매 전환율이 상승하면 순증분 구매 전환율이 상승합니다. 이에 따라 순증분 구매 건수가 늘어나고 추가 주문 1건 전환당 비용은 감소합니다.

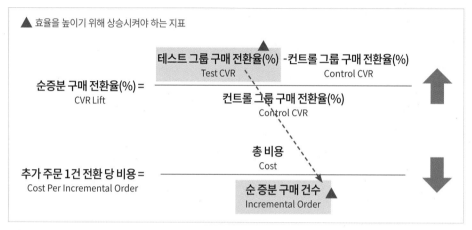

그림 2.16 A/B 테스트의 궁극적인 목표

이론적으로 테스트 그룹의 구매 전환율을 높이면 순증분 효과도 극대화되고 마케팅 비용도 감소하는 선순환 효과가 나타나야 맞습니다. 하지만 현실에서는 어떨까요? 일반적인 경우 현실에서는 테스트 그룹에 대한 마케팅 비용을 늘려야 구매 전환율도 상승합니다. 예를 들어, 고객에게 1천 원 쿠폰을 주는 것보다는 5천 원 쿠폰을 주는 것이 훨씬 더 구매 전환율이 높을 것입니다. 따라서 이론과는 다르게 현실에서는 테스트 그룹의 전환율과 총 비용이 상충(trade off)하는 경우가 자주 발생합니다. 그렇기 때문에 이 문제를 해결하기 위해 두 가지에 대한 고민이 필연적으로 수반돼야 합니다.

첫째, A/B 테스트를 통해 투입 비용 대비 구매 전환율에 대한 베이스라인을 측정한 뒤, 최적의 순증분 전환율과 전환 비용의 조합을 찾아 나가는 과정이 필요합니다.

둘째, 같은 비용을 들이더라도 구매 전환율을 높일 방법을 찾아야 합니다. 그림 2.17과 같이 혜택 금액, 혜택 유형 외에도 구매 전환율을 높일 수 있는 방법이 있습니다. 혜택을 제공하는 타이밍, 크리에이티브, 메시지, 커뮤니케이션 방식 등 여러 가지 요인에 대한 실험과 분석을 통해 구매 전환율을 상승시킬 수 있습니다.

이어지는 3장과 4장에서는 해당 요인들을 통해 마케팅 성과를 최적화해 나가는 방법에 대해 구체적으로 살펴보겠습니다.

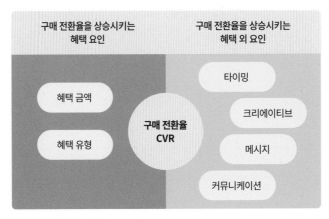

그림 2.17 구매 전환율에 영향을 미치는 요소

03장

세그먼트 × 혜택 × 타이밍 최적화로 마케팅 비용 아끼기

2장에서는 인크리멘탈리티의 개념과 A/B 테스트의 방법론에 대해 살펴봤습니다. 3장에서는 2장에서 다룬 내용을 바탕으로 실제 마케팅 환경에서 어떻게 하면 전체 성과와 비용을 최적화할 수 있는지 구체적인 사례를 통해 자세히 알아봅니다. CRM 마케팅에서 목표 달성을 위한 전략은 결국 어떤 고객에게 무엇을 언제 지급할 것인지가 핵심입니다. 비즈니스에 매출 증분을 발생시킬 수 있는 고객 세그먼트를 발굴하고, 가장 효율적으로 그 고객군의 구매 전환을 유도하기 위해서는 어떻게 해야 할까요? 고객을 특정 기준으로 그룹화하는 세그멘테이션 기준부터 최적의 혜택 조합이 무엇인지 찾는 방법, 전환을 극대화할 수 있는 혜택 지급 타이밍에 대해 살펴보겠습니다.

3.1 타기팅의 시작, 세그멘테이션

'A/B 테스트를 통해 측정할 수 있는 모든 것을 최적화할 수 있습니다.'

그로스 해킹에 관심이 있다면 이와 비슷한 말을 한 번쯤 들어봤을 것입니다. 여기서 '모든 것'이라는 단어는 너무 막연하기 때문에 도대체 무엇을, 얼마나 개선할 수 있다는 건지 쉽게 감이 안 잡힙니다. A/B 테스트는 궁극적으로 목표를 달성하기 위해 **누구에게 + 무엇을 + 언제** 하는 것이 가장 좋을까, 라는 물음의 답을 찾아가는 과정이라고 생각하면 조금 이해하기 쉬울 것입니다.

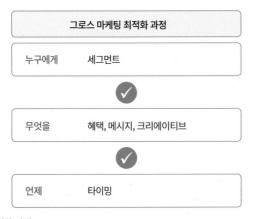

그림 3.1 그로스 마케팅 최적화 과정

- 같은 혜택을 지급하더라도 누구에게 지급했느냐에 따라 반응이 다를 수 있다.

- 고객은 어떤 혜택이나 메시지인지에 따라 반응이 다를 수 있다.

- 고객의 구매 주기나, 주 사용 요일, 시간대에 따라 반응이 다를 수 있다.

A/B 테스트를 통해 최적의 조합을 찾을 수 있으며, 고객의 반응에 따라 서비스를 이용하는 고객에 대한 인사이트를 얻을 수 있습니다. 실제로 고객의 라이프스타일, 구매, 행동 데이터를 기반으로 세그먼트를 세분화해서 각 세그먼트에 맞는 최고의 가치를, 가장 적절한 타이밍에 제공하는 최적화가 최근 그로스 마케팅의 화두이기도 합니다.

A/B 테스트를 하기 위해서는 누구에게 실험할지에 대한 의사결정이 우선적으로 필요합니다. '누구'에 해당하는 부분이 바로 고객 세그먼트(customer segment)입니다. 고객 세그먼트란 간단하게 말하면 고객을 특정 기준으로 그룹화한 것입니다. 고객을 그룹화하는 행위를 세그멘테이션(segmentation)이라고 합니다. 고객을 세그멘테이션하는 이유는 간단합니다. **고객을 비슷한 특성을 가진 그룹으로 분류해서 고객을 더 잘 이해하고 맞춤형 마케팅 전략을 실행하기 위해서입니다.**

아주 간단한 예시를 들자면, '우리 서비스에서 구매해 본 경험이 있는가?' 즉, 구매 여부를 기준으로 구매 이력이 있는 고객과 구매 이력이 없는 고객으로 나눈 것도 고객 세그먼트라고 정의할 수 있습니다. 마찬가지로 구매 이력이 있는 고객을 1회 구매자, 2회 구매자, 3회 구매자, …, N회 구매자로 분류한 것도 고객 세그먼트라고 정의할 수 있습니다. 이처럼 고객을 나누는 기준에 따라 고객 세그먼트는 적게는 2~3개가 될 수도 있고, 많게는 수십 개가 될 수도 있습니다.

그렇다면 그로스 마케팅에서는 A/B 테스트에서 어떤 세그먼트를 활용할까요? 일반적으로 가장 많이 사용하는 세그먼트는 **데모그래피(demography) 데이터, 구매 데이터, 행동 데이터**를 활용한 것입니다. 하나의 기준만 활용해서 세그먼트를 나눌 수도 있고, 여러 가지 데이터를 결합해서 세그먼트를 나눌 수도 있습니다. 이러한 데이터를 활용해 어떤 식으로 세그먼트를 나누는지 자세히 살펴보겠습니다.

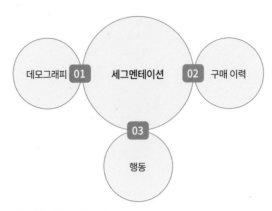

그림 3.2 실무에서 세그먼트를 나누는 보편적인 기준

3.2 | 고객이 있는 곳의 날씨까지 맞춤형

데모그래피란 고객의 연령, 성별, 지역과 같은 인구 통계학적 정보를 의미합니다. 서비스에 따라 데모그래피의 중요도가 천차만별이지만 서비스를 사용하는 고객의 연령과 지역이 다양한 경우 이 세그먼트를 자주 활용하는 편입니다.

예를 들어, 배달 서비스인 '배달의민족'은 고객의 주 배달 지역 데이터를 활용한 세그먼트를 자주 활용합니다. 그림 3.3은 서울 송파구에 살고 있는 제가 배달의민족에서 받은 푸시 메시지입니다. 제가 주로 주문하는 지역명이 메시지에 반영돼 있기 때문에 단순히 할인 키워드만 받았을 때보다 훨씬 클릭하고 싶은 마음이 듭니다.

그림 3.3 데모그래피를 활용한 캠페인 사례(출처: 배달의민족)

지역 기반의 중고거래 서비스인 '당근' 또한 지역 세그먼트를 잘 활용하고 있는 서비스입니다. 그림 3.4처럼 고객이 이용하는 동네를 기반으로 고객 커뮤니케이션을 진행하고 있는 것을 볼 수 있습니다.

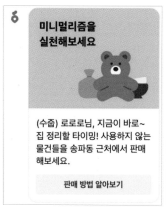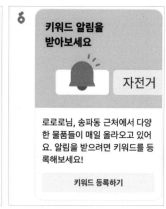

그림 3.4 데모그래피를 활용한 캠페인 사례(출처: 당근)

이처럼 데모그래피가 중요한 요소인 서비스의 경우 데모그래피를 활용한 고객 세그먼트를 적극적으로 활용합니다. 그렇다면 데모그래피 세그먼트를 활용하는 것이 얼마나 효과적인지 수치로 증명할 수 있을까요? 간단한 A/B 테스트를 통해 검증할 수 있습니다.

고객의 '연령' 데이터를 활용해 세그먼트를 나누고, 연령 세그먼트별로 맞춤 커뮤니케이션을 진행하는 것이 효과적인지 검증하기 위한 실험을 기획해 보겠습니다.

서비스: 10~40대 연령층이 사용하는 여성 의류 쇼핑몰
핵심 지표: 앱 푸시 클릭율(CTR)

문제 의식

최근 진행하고 있는 S/S(Spring/Summer) 기획전을 고객에게 알리고 싶은데, 해당 소재의 앱 푸시 클릭율(CTR)이 저조하다. 앱 푸시 클릭율(CTR)을 높이려면 어떻게 해야 할까?

가설 수립

연령대를 기준으로 세그먼트를 나누고, 각 연령대 세그먼트별로 기획전에서 가장 판매량이 높은 상품을 추천해 주는 메시지를 발송하면 앱 푸시 클릭율이 상승할 것이다.

A/B 테스트 설계

- 타깃: 10~40대 고객을 각각 2,000명씩 총 8,000명 랜덤으로 추출(이때 고객군의 연령을 제외한 모든 속성은 동일하다고 가정)

  * 테스트 그룹: 세그먼트별로 각각 기획전에서 해당 연령대에 가장 판매량이 높은 상품을 추천하는 메시지 발송

  * 컨트롤 그룹: 기존과 동일하게 연령별 구분 없이 기획전을 홍보하는 메시지로 일괄 발송

- 푸시 메시지:

  * 테스트 그룹:

    10대: 고객님이 찾는 그 [롱 와이드 팬츠]! 지금 스프링 특가로 득템하기

    20대: 고객님이 찾는 그 [뷔스티에 롱 원피스]! 지금 스프링 특가로 득템하기

    30대: 고객님이 찾는 그 [스프링 핀턱 슬랙스]! 지금 스프링 특가로 득템하기

    40대: 고객님이 찾는 그 [자수 린넨 원피스]! 지금 스프링 특가로 득템하기

  * 컨트롤 그룹

    일괄: SS 인기 상품 기획전 오픈! 지금 스프링 특가로 득템하기

그림 3.5와 같이 테스트 그룹과 컨트롤 그룹을 나눠 테스트를 진행했습니다.

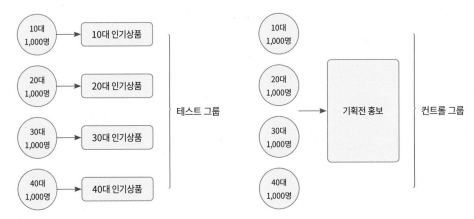

그림 3.5 데모그래피를 활용한 실험 예시

실험 결과는 다음과 같습니다.

10대 그룹 캠페인 결과

- 테스트 그룹 클릭율(CTR): 5.6%
- 컨트롤 그룹 클릭율(CTR): 3.1%

20대 그룹 캠페인 결과

- 테스트 그룹 클릭율(CTR): 6.6%
- 컨트롤 그룹 클릭율(CTR): 4.0%

30대 그룹 캠페인 결과

- 테스트 그룹 클릭율(CTR): 7.1%
- 컨트롤 그룹 클릭율(CTR): 3.1%

40대 그룹 캠페인 결과

- 테스트 그룹 클릭율(CTR): 7.6%
- 컨트롤 그룹 클릭율(CTR): 3.2%

모든 그룹에서 연령대 세그먼트를 활용해 캠페인을 진행한 테스트 그룹의 성과가 컨트롤 그룹보다 훨씬 우수한 것을 볼 수 있습니다.

이와 같이 실험을 진행하면 연령대별로 선호하는 상품을 메시지에 반영하는 것이 효과적인지, 아니면 일괄로 동일한 메시지를 보내는 것과 크게 차이가 없는지 알 수 있습니다. 사실 서비스의 특성에 따라 데모그래피에 대한 활용도가 매우 다르기 때문에 일반화하기는 어렵지만, 데모그래피를 활용해 세그먼트를 나누고 세그먼트에 맞춤화한 개인화된 메시지를 발송하는 것이 효율이 높을 가능성이 높습니다. 최근 고객들이 서비스를 이용하거나 소비 활동을 할 때 개개인의 정체성과 취향이 반영되기를 바라는 니즈가 커졌기 때문입니다. 이러한 니즈에 맞게 고객 개개인의 상황과 맥락에 맞게 상품을 추천하는 '초개인화(hyper-personalization)'가 최근 마케팅 트렌드이며, 그런 면에서 데모그래피의 적극적 활용은 앞으로도 중요성이 커질 것입니다. 단순히 성별, 연령대, 지역명을 소구하는 것에서 나아가 그림 3.6처럼 고객의 현재 위치를 기반으로 주변의 프로모션을 추천하거나 해당 위치의 날씨 정보를 기반으로 그에 맞는 메시지를 발송해 주는 방식으로 효율을 극대화할 수 있습니다.

그림 3.6 데모그래피를 활용한 Braze[1] 푸시 캠페인 예시

다양한 데모그래피 기반의 세그먼트를 생성해서 자사의 서비스에서 어떤 세그먼트를 활용하는 게 적합한지, 세그먼트별로 어떤 메시지를 발송할 때 가장 효율이 높은지 A/B 테스트를 진행해서 최적화할 수 있습니다.

3.3 뭘 사는지 보면 그 사람을 알 수 있다

보통 실무에서 가장 자주 활용하는 세그먼트는 바로 구매 데이터를 활용한 것입니다. 구매 (혹은 거래) 데이터란 구매 상품, 구매 스토어, 구매 횟수, 구매 주기, 객 단가, 누적 매출 등 구매와 관련된 모든 데이터를 의미합니다.

---

1 Braze, Inc.는 뉴욕시에 본사를 둔 미국의 클라우드 기반 소프트웨어 회사입니다. 기업에서 다중 채널 마케팅을 위해 사용하는 고객 참여 플랫폼입니다.

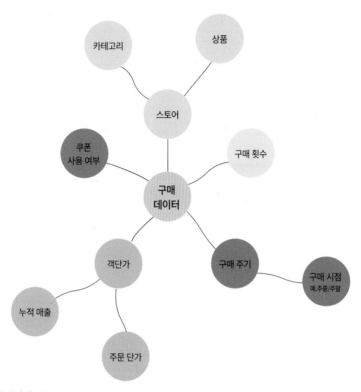

그림 3.7 구매 데이터 분류

그럼 구매 데이터를 어떻게 활용할까요? 기본적으로는 고객이 가장 자주 주문하는 스토어 또는 카테고리를 소구해서 구매 전환을 유도할 수도 있으며, 고객의 평균 객 단가에 맞춰 소비 규모에 맞는 가격대의 상품을 추천해 줄 수도 있습니다. 더 나아가서는 고객의 구매 주기를 고려해서 구매할 시점이 되면 알림을 보내 즉시 구매하도록 유도할 수 있습니다. 또한 구매 주기가 지났는데 구매하지 않는 고객, 즉 이탈이 의심되는 고객을 대상으로 쿠폰을 제공해서 고객이 다시 재구매하도록 유도할 수도 있습니다.

이렇게 구매 데이터를 조합해서 무궁무진한 세그먼트를 생성할 수 있습니다. 고객이 실제로 구매한 이력을 바탕으로 하기 때문에 해당 세그먼트를 활용해 캠페인을 진행했을 때 효율이 높고 비즈니스에 큰 임팩트를 줍니다. 따라서 구매 데이터를 활용한 세그먼트는 굉장히 중요합니다. 그렇다면 실무에서는 구매 데이터를 활용해 어떤 캠페인을 진행하는지 가장 자주 진행하는 캠페인 사례 위주로 살펴보겠습니다.

우선 마켓컬리의 앱 푸시 사례를 살펴볼까요? 그림 3.8과 같이 고객이 과거에 자주 구매했던 상품의 할인 소식을 알려주는 앱 푸시는 고객 구매 데이터를 잘 활용한 캠페인 사례로 볼 수 있습니다.

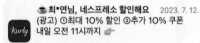

그림 3.8 구매 내역 기반의 마켓컬리 푸시 예시

평소 마켓컬리에서 자주 구매했던 상품인 '제주 감귤', '네스프레소 캡슐' 할인 소식이 다른 광고 메시지들과는 다르게 굉장히 반갑게 느껴졌습니다.

이처럼 특정 상품을 구입한 고객, 특정 스토어에서 구매한 고객 등 고객의 과거 구매 데이터를 기반으로 고객의 선호도를 파악하고 이를 바탕으로 세그먼트를 생성해서 세그먼트별 맞춤 캠페인을 진행할 수 있습니다.

대부분의 서비스에서는 일반적으로 구매 이력에 따라 크게 비구매 고객, 첫 구매 고객, 기존 고객, 이탈 고객으로 세그먼트를 나눠서 맞춤 캠페인을 진행합니다. 기본적인 세그먼트를 활용해 어떤 캠페인을 진행하는지 자세히 살펴보겠습니다. 서비스마다 해당 고객 군에 대한 세부적인 정의는 다를 수 있지만, 이해를 돕기 위해 다음과 같이 정의하겠습니다.

비구매 고객	당월 가입 후 한 번도 구매하지 않은 고객
첫 구매 고객	가입 후 첫 구매한 고객(1회 구매자)
기존 고객	최근 3개월 간 구매 이력이 있는 고객
이탈 고객	최근 1년 이내 구매 이력이 있지만, 최근 3개월 간 구매 이력이 없는 고객

비구매 고객 세그먼트 – 첫 구매 유도 캠페인

서비스에서 한 번도 구매하지 않은 고객 세그먼트를 대상으로 진행하는 첫 구매 유도 캠페인은 가장 기본적이고 필수적인 마케팅 활동으로 볼 수 있습니다. 누구나 한 번쯤은 그림 3.9와 같은 '첫 구매 혜택'을 경험해 본 적이 있을 것입니다.

그림 3.9 첫 구매 유도 캠페인 사례(출처: 번개장터, 두잇)

서비스를 한 번도 사용해 보지 않은 고객을 구매 전환시킨다는 것은 굉장히 어려운 일입니다. 따라서 해당 고객 세그먼트에 어떤 혜택을 주어야 전환이 가장 효과적인지에 대해 많은 A/B 테스트가 필요합니다. 이해를 돕기 위해 간단한 실험을 기획해 보겠습니다.

문제 의식 (목표)

첫 구매 전환을 위한 최적의 혜택 발굴

핵심 지표 설정

첫 구매 전환율(CVR)

가설 수립

1. 1만 원 할인 쿠폰을 지급하면 첫 구매 전환율이 상승할 것이다.

2. 인기 상품을 990원에 판매하면 첫 구매 전환율이 상승할 것이다.

A/B 테스트 설계

▪ 타깃: 당월 가입 후 비 구매자 30,000명을 랜덤으로 선정하여 각각 10,000명씩 A, B, C 그룹으로 설정 *
  A, B 그룹을 테스트 그룹, C 그룹을 컨트롤 그룹으로 설정

- 혜택:

  A 그룹(10,000명): 10,000원 쿠폰 지급

  B 그룹(10,000명): 990원에 인기 상품 판매 (정가 11,990원 상품을 11,000원 할인하여 제공)

  C 그룹(10,000명): 혜택 지급하지 않음

그림 3.10과 같이 테스트 그룹과 컨트롤 그룹을 나눠 테스트를 진행했습니다.

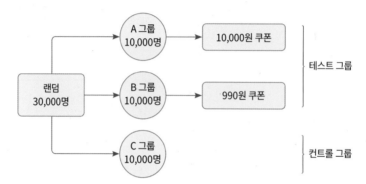

그림 3.10 첫 구매율 증대를 위한 혜택 테스트 예시

캠페인 결과는 다음과 같습니다.

A 그룹 캠페인 결과

- 타깃 고객 수: 10,000명

- 구매한 고객: 2,000명

- 구매 전환율: 2,000명 / 10,000명 = 20%

- 할인 비용: 2,000명 x 10,000원 = 20,000,000원

B 그룹 캠페인 결과

- 타깃 고객 수: 10,000명

- 구매한 고객: 1,100명

- 구매 전환율: 1,100명 / 10,000명 = 11%

- 할인 비용: 1,100명 x 11,000원 = 12,100,000원

  (정가 11,990원 상품을 11,000원 할인하여 990원에 제공)

C 그룹 캠페인 결과(혜택을 지급하지 않은 컨트롤 그룹) 캠페인 결과

- 타깃 고객 수: 10,000명

- 구매한 고객: 900명

- 구매 전환율: 900명 / 10,000명 = 9%

- 할인 비용: 0원

조금 더 쉽게 이해할 수 있게 표 3.1로 살펴보겠습니다.

표 3.1 첫 구매율 증대를 위한 쿠폰 혜택 테스트 결과

그룹	타깃 고객 수(명)	구매한 고객 수(명)	첫 구매 전환율(%)	비용(원)
A 그룹	10,000	2,000	20%	20,000,000
B 그룹	10,000	1,100	11%	12,100,000
C 그룹	10,000	900	9%	0

표 3.1에서 보다시피 1만 원 할인 쿠폰을 제공한 A 그룹이 첫 구매 전용 990원 상품을 구매할 수 있게 해 준 B 그룹보다 첫 구매 전환율이 9%p 더 높습니다. 또한 A 그룹과 아무런 혜택도 지급하지 않은 C 그룹을 비교하면 무려 첫 구매 전환율이 11%p 차이가 납니다. 이 결과를 통해 해당 서비스는 비구매 고객에게 1만 원 쿠폰을 지급하는 것이 첫 구매 전환율을 상승시키는 데 크게 기여한다는 것을 알 수 있습니다.

첫 구매 고객 세그먼트 – 액티베이션(activation) 캠페인

첫 구매 고객이 재구매할 확률이 얼마나 될까요? 아마 대부분의 서비스에서 이 확률은 50% 미만일 것입니다. 첫 구매 고객이 떠나지 않고, 서비스를 지속적으로 이용하는 충성 고객이 되게 하려면 첫 구매 시점 이후 계속 다음 구매를 이어 나갈 수 있게 고객 관리를 해야 합니다. 보통 서비스마다 N 번 이상 반복 구매하게 하면 그 이후에는 자연스럽게 고객이 유지된다는 법칙이 있습니다. 그렇다면 이 N 번의 주문을 유도하기 위해서는 어떻게 해야 할까요? 첫 구매 고객이 재주문하도록 혜택을 지급하는 것이 가장 쉬운 방법입니다. 그림 3.11의 음식 배달 서비스 '땡겨요'와 홈쇼핑 서비스 'GS SHOP'의 캠페인이 좋은 예시입니다.

그림 3.11 재구매 유도 캠페인 사례(출처: 땡겨요, GS SHOP)

하지만 서비스마다 고객의 구매 특성과 구매 주기가 다르기 때문에 서비스에 맞게 최적화가 필요합니다. 시점은 언제가 좋고, 어떤 금액의 쿠폰을 줘야 할까요? 쿠폰 사용 기한은 언제까지로 하는 것이 가장 좋을까요? 이에 대한 대답을 A/B 테스트로 얻을 수 있습니다.

문제 의식 (목표)

첫 구매 고객의 리텐션 증대를 위한 최적의 쿠폰 금액, 지급 시점에 대한 인사이트 발굴

핵심 지표 설정

구매 전환율(CVR)

가설 수립

1. 쿠폰 금액이 클수록 재구매율이 높을 것이다.

2. 구매 이후 즉시 쿠폰을 지급하는 것이 재구매율이 높을 것이다.

A/B 테스트 설계

1차 테스트

- 타깃: 당월 첫 구매 완료 고객 4,000명을 랜덤으로 선정하여 각각 1,000명씩 A, B, C, D 그룹으로 설정
  * A, B, C 그룹을 테스트 그룹, D 그룹을 컨트롤 그룹으로 설정

- 혜택:

  A 그룹(1,000명): 2,000원 쿠폰 지급

B 그룹(1,000명): 3,000원 쿠폰 지급

C 그룹(1,000명): 4,000원 쿠폰 지급

D 그룹(1,000명): 쿠폰 지급하지 않음

그림 3.12와 같이 테스트 그룹과 컨트롤 그룹을 나눠 테스트를 진행했습니다.

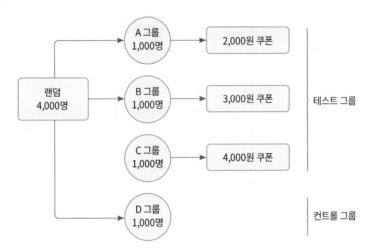

그림 3.12 재구매율 증대를 위한 쿠폰 혜택 테스트 예시

캠페인 결과는 다음과 같습니다.

A 그룹 캠페인 결과

- 타깃 고객 수: 1,000명

- 구매한 고객: 100명

- 구매 전환율: 100명 / 1,000명 = 10%

- 쿠폰 비용: 100명 x 2,000원 = 200,000원

B 그룹 캠페인 결과

- 타깃 고객 수: 1,000명

- 구매한 고객: 350명

- 구매 전환율: 350명 / 1,000명 = 35%

- 쿠폰 비용: 350명 x 3,000원 = 1,050,000원

C 그룹 캠페인 결과

- 타깃 고객 수: 1,000명

- 구매한 고객: 380명

- 구매 전환율: 380명 / 1,000명 = 38%

- 쿠폰 비용: 380명 x 4,000원 = 1,520,000원

D 그룹(쿠폰을 지급하지 않은 컨트롤 그룹) 캠페인 결과

- 타깃 고객 수: 1,000명

- 구매한 고객: 10명

- 구매 전환율: 10명 / 1,000명 = 1%

- 쿠폰 비용: 0원

조금 더 쉽게 이해할 수 있게 표 3.2로 살펴보겠습니다.

표 3.2 재구매율 증대를 위한 쿠폰 혜택 테스트 결과

그룹	타깃 고객 수(명)	구매한 고객 수(명)	구매 전환율(%)	쿠폰 비용(원)
A 그룹	1,000	100	10%	200,000
B 그룹	1,000	350	35%	1,050,000
C 그룹	1,000	380	38%	1,520,000
D 그룹	1,000	10	1%	0

표 3.2에서 볼 수 있듯이 4,000원 쿠폰을 지급한 C 그룹이 가장 전환율이 우수합니다. 그렇다면 C 그룹 캠페인의 성과가 제일 우수하다고 볼 수 있을까요? 순증분(인크리멘탈리티) 관점에서 측정해 보겠습니다.

A 그룹의 캠페인 성과는 구매 전환율 10%이지만, 순증분 구매 전환율은 10%에서 1%(컨트롤 그룹 오가닉 전환율)를 뺀 9%p입니다. 마찬가지로, B 그룹의 캠페인 성과는 구매 전환율 35%이지만 순증분 구매 전환율은 35%에서 1%를 뺀 34%p입니다. C 그룹의 캠페인 성과는 구매 전환율 38%이지만 순증분 구매 전환율은 38%에서 1%를 뺀 37%p입니다.

보다시피 각 테스트 그룹의 구매 전환율에서 **고객에게 아무런 혜택도 지급하지 않았을 때 발생하는 컨트롤 그룹(D 그룹)의 오가닉 구매 전환율**을 빼서 각 그룹의 순증분 구매 전환율을 산출했습니다. A, B, C 그룹의 구매 전환율 자체를 쿠폰으로 인한 구매 전환율, 즉 마케팅 성과로 볼 수는 없으며, 쿠폰을 주지 않아도 오가닉으로 전환되는 고객이 있기 때문에 이 오가닉 구매 전환율을 빼야 정확한 캠페인의 순증분 구매 전환율을 측정할 수 있습니다.

이 같은 순증분(인크리멘탈리티)의 개념이 없으면 마케팅 성과(쿠폰 전환율)를 과도하게 측정할 수 있으며, 마케팅 성과로 인한 전환율과 오가닉 전환율을 분리해서 보지 못하기 때문에 마케팅 성과가 좋아도 전체 매출에는 아무런 변화가 없는 상황이 생길 수 있습니다. 따라서 단편적인 마케팅 성과가 아니라 서비스 전체에 마케팅 활동이 미치는 영향을 정확히 파악하기 위해서는 반드시 순증분(인크리멘탈리티) 관점에서 측정하고 사고하는 연습이 필요합니다.

이어서 캠페인의 실제 증분으로 발생한 판매량 1건당 실제 비용은 얼마인지 확인해 보겠습니다.

A 그룹 실제 쿠폰 비용
- 쿠폰을 통해 실제 발생한 증분 구매 전환 고객: 1,000명 x 9% = 90명
- 증분 전환 1명당 쿠폰 비용: 200,000원 / 90명 = 2,222원

B 그룹 실제 쿠폰 비용
- 쿠폰을 통해 실제 발생한 증분 구매 전환 고객: 1,000명 x 34% = 340명
- 증분 전환 1명당 쿠폰 비용: 1,050,000원 / 340명 = 3,088원

C 그룹 실제 쿠폰 비용
- 쿠폰을 통해 실제 발생한 증분 구매 전환 고객: 1,000명 x 37% = 370명
- 증분 전환 1명당 쿠폰 비용: 1,520,000원 / 370명 = 4,108원

이 A/B 테스트의 결과로 C 그룹의 혜택이 전환율에 가장 큰 도움이 되지만, B 그룹보다 1명당 전환 비용이 실제로 약 1천 원 정도 높다는 것을 알 수 있습니다. 전환율을 극대화할

지, 전환율 차이가 작기 때문에 1명당 약 1천 원의 비용을 더 아낄지는 마케터의 의사결정에 달려 있습니다. 저라면 전환율 차이가 크지 않기 때문에 비용을 좀 더 아끼는 방향으로 B 그룹의 3천 원 쿠폰을 재구매 쿠폰으로 선택하겠습니다.

그럼, 다음 액션 플랜은 무엇일까요? 1차 테스트를 통해 쿠폰 혜택을 결정하면 2차 테스트로는 쿠폰 지급 타이밍에 대한 실험을 진행할 수 있습니다. 비용 효율 관점에서 위너로 선정된 3천 원 쿠폰을 어떤 타이밍에 지급하는 것이 가장 효과적인지 어떻게 알 수 있을까요?

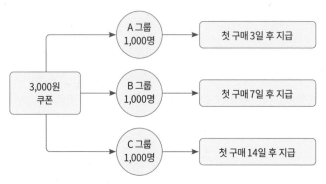

그림 3.13 재구매율 증대를 위한 쿠폰 지급 시점 테스트 예시

그림 3.13과 같이 첫 구매 고객을 A, B, C 그룹으로 나누어 쿠폰 금액은 같지만 지급 타이밍을 다르게 하는 실험을 진행해 각 그룹의 구매 전환율을 비교합니다. 실험 결과를 통해 어떤 타이밍에 재구매 쿠폰을 지급해야 구매 전환율이 가장 우수한지 확인할 수 있습니다. 이렇게 두 번의 실험으로 첫 구매 고객에게 어떤 혜택을, 언제 지급해야 가장 효율적인지 검증할 수 있습니다.

기존 고객 세그먼트 – 구매 빈도 증대 캠페인

기존 고객 세그먼트에게 자주 진행하는 캠페인 중 하나는 바로 구매 빈도(order frequency)를 높이는 캠페인입니다. 그림 3.14 스타벅스의 '프리퀀시 이벤트'가 가장 대표적인 사례입니다.

그림 3.14 구매 빈도 증대 캠페인 사례(출처: 스타벅스)

N회 이상 구매자에게 리워드를 지급하는 이벤트를 진행해 고객으로 하여금 구매 빈도를 늘리도록 유도합니다. 이런 유형의 캠페인은 단순히 구매 빈도를 높이는 것뿐만 아니라 고객이 경쟁사로 이탈하는 것을 막고, 서비스의 충성 고객이 되도록 만드는 데 도움이 됩니다.

그렇다면 구매 빈도 증대 캠페인이 실질적으로 얼마나 자사 서비스의 매출 향상에 도움이 되는지 어떻게 알 수 있을까요? 그리고 어느 정도의 리워드를 지급하는 것이 적당한지 어떻게 판단할까요? 간단한 A/B 테스트를 통해 답을 얻을 수 있습니다.

문제 의식(목표)

저회차 고객의 구매 빈도 증대(저회차 고객을 다회차 고객으로 전환)

핵심 지표 설정

구매 빈도(order frequency)

가설 수립

저회차 고객에게 구매 3회 이상 달성 시 리워드를 제공하면 해당 고객군의 구매 빈도가 증가할 것이다.

* 해당 서비스는 월 1~2회 구매 고객을 저회차 고객, 3회 이상 구매 고객을 다회차 고객이라고 정의하고 있음

A/B 테스트 설계

- **타깃**: 저회차 고객 중 랜덤으로 4,000명을 선정하여 각각 2,000명씩 테스트 그룹과 컨트롤 그룹으로 설정

  * 컨트롤 그룹에게는 쿠폰을 지급하지 않음

- **혜택**:

  테스트 그룹(2,000명): 3회 이상 주문 시 1만 원 쿠폰 지급 이벤트 진행

  컨트롤 그룹(2,000명): 이벤트 미노출

캠페인 결과는 다음과 같습니다.

테스트 그룹 캠페인 결과

- 타깃 고객 수: 2,000명
- 구매한 고객: 300명
- 판매량: 1300개
- 구매 전환율: 300명 / 2,000명 = 15%
- 구매 빈도: 1300개 / 300명 = 4.3회
- 3회 이상 구매 고객 수: 150명
- 쿠폰 비용: 150명 x 10,000원 = 1,500,000원

컨트롤 그룹(이벤트 미노출) 캠페인 결과

- 타깃 고객 수: 2,000명
- 구매한 고객: 300명
- 판매량: 900개
- 구매 전환율: 300명 / 2,000명 = 15%
- 구매 빈도: 900개 / 300명 = 3회
- 3회 이상 구매 고객 수: 50명
- 쿠폰 비용: 0원

이벤트 노출 그룹의 이벤트 기간 동안 구매 빈도가 4.3회인 데 비해 미노출 그룹의 구매 빈도는 3회에 그쳤습니다. 이벤트를 진행함으로써 구매 빈도가 43% 증가했습니다. 순증가 판매량은 테스트 그룹의 판매량 1,300개에서 컨트롤 그룹의 판매량 900개를 뺀 400개로 순증가 1건당 비용은 3,750원입니다.

이렇게 실험을 진행하면 저회차 고객을 대상으로 구매 빈도 증대 프로모션을 진행했을 때 구매 횟수 순증가가 얼마나 발생하는지 알 수 있습니다. 구매 횟수를 늘리기 위한 미션 이벤트는 워낙 많은 서비스에서 보편적으로 진행하고 있기 때문에 마케터라면 해당 캠페인을 진행할 기회가 한 번쯤 있을 것입니다. 단순히 전체 구매 횟수뿐만 아니라 그림 3.15의 배달의민족과 무신사에서 진행했던 프로모션처럼 특정 카테고리의 구매 횟수를 늘리기 위한 리워드 지급 캠페인을 진행하기도 합니다.

그림 3.15 배달의민족/무신사 구매 빈도 증대 프로모션 예시

또한 그림 3.16의 간편 결제 서비스 '카카오페이' 사례처럼 다양한 카테고리에서의 구매를 유도하는 캠페인도 진행해 볼 수 있습니다.

그림 3.16 카카오페이 구매 빈도 증대 프로모션 예시

이처럼 서비스에서 해결하고자 하는 문제에 따라 다양한 포맷으로 구매 빈도를 높이는 캠페인을 진행해 보는 것을 추천합니다.

이탈 고객 세그먼트 – 웨이크업(Wake up) 캠페인

한 번 이탈한 고객은 다시 돌아오게 하는 게 굉장히 어렵기 때문에 해당 세그먼트를 대상으로 다양한 캠페인을 시도해 보는 것이 좋습니다. 이탈한 고객이 과거 선호했던 카테고리와 상품을 기반으로 떠난 고객의 관심을 유도하는 캠페인을 진행해 볼 수 있습니다. 또한 그림 3.17처럼 큰 금액의 할인 또는 파격적인 이벤트를 소구하는 것도 고객을 돌아오게 하는 데 도움이 될 수 있습니다.

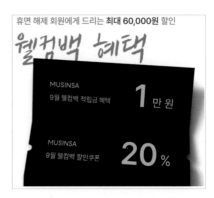

그림 3.17 이탈 고객 대상 – 웨이크업 캠페인 사례(출처: 무신사)

하지만 이탈한 모든 고객에게 큰 할인 혜택을 제공하는 것은 마케팅 비용에 한계가 있습니다. 따라서 고객이 이탈한 시점이 오래될수록 큰 혜택을 제공하고, 이탈한 시점이 최근일수록 작은 혜택을 제공하는 실험을 진행하며 비용 효율적으로 재구매를 유도하는 것이 좋습니다. 이탈 고객에게 어느 정도의 리워드를 지급하는 것이 적당한지는 어떻게 판단할까요? 간단한 A/B 테스트를 통해 답을 얻을 수 있습니다.

문제 의식 (목표)

이탈 고객 재구매 전환을 위한 최적의 혜택 발굴

핵심 지표 설정

구매 전환율(CVR)

가설 수립

이탈 기간이 오래될수록 높은 쿠폰 금액을 지급하면 전환율이 상승할 것이다.

A/B 테스트 설계

- 타깃: 이탈 고객 60,000명을 이탈 기간에 따라 30,000명씩 선정

  A 그룹(30,000명): 이탈 시점 3개월~6개월

  B 그룹(30,000명): 이탈 시점 6개월~1년

- 혜택:

  A 그룹:

  A-1(10,000명): 3,000원 쿠폰 지급

  A-2(10,000명): 5,000원 쿠폰 지급

  A-3(10,000명): 컨트롤 그룹, 쿠폰 지급하지 않음

  B 그룹:

  B-1(10,000명): 5,000원 쿠폰 지급

  B-2(10,000명): 7,000원 쿠폰 지급

  B-3(10,000명): 컨트롤 그룹, 쿠폰 지급하지 않음

그림 3.18과 같이 테스트 그룹과 컨트롤 그룹을 나눠 테스트를 진행했습니다.

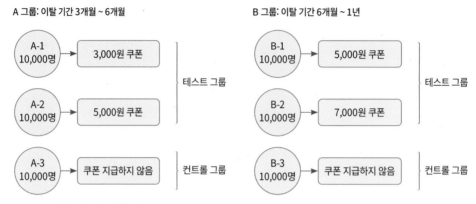

그림 3.18 이탈 고객 대상 실험 사례

이탈 기간이 3개월~6개월인 A 그룹의 캠페인 결과는 다음과 같습니다.

표 3.3 이탈 고객의 재구매를 위한 쿠폰 혜택 테스트 결과 – A 그룹

그룹	쿠폰 금액(원)	타깃 고객 수(명)	구매 고객 수(명)	구매 전환율(%)	쿠폰 비용(원)
A-1	3,000	10,000	500	5%	1,500,000
A-2	5,000	10,000	800	8%	4,000,000
A-3	–	10,000	200	2%	0

표 3.3에서 볼 수 있듯이 5,000원 쿠폰을 지급한 A-2 그룹의 전환율이 3,000원 쿠폰을 지급한 A-1 그룹보다 우수합니다.

그렇다면 순증분 관점에서는 어떨까요?

표 3.4 이탈 고객의 재구매를 위한 쿠폰 혜택 테스트 결과 – A 그룹(순증분 관점)

그룹	순증분 구매 전환율(%p)	순증분 구매자 수(명)	순증분 구매자 1명당 비용(원)
A-1	3%	300	5,000
A-2	6%	600	6,667

표 3.4처럼 A-1 그룹의 캠페인 성과는 구매 전환율 5%이지만, 순증분 구매 전환율은 5%에서 2%(컨트롤 그룹 오가닉 전환율)를 뺀 3%p입니다. 마찬가지로, A-2 그룹의 캠페인 성과는 구매 전환율 8%이지만, 순증분 구매 전환율은 8%에서 2%를 뺀 6%p입니다.

캠페인의 실제 증분으로 발생한 전환 고객 1명당 실제 비용은 얼마인지 확인해 보겠습니다.

A-1 그룹 실제 쿠폰 비용

- 쿠폰을 통해 실제 발생한 순증분 구매 전환 고객: 10,000명 x 3% = 300명

- 증분 전환 1명당 쿠폰 비용: 1,500,000원 / 300명 = 5,000원

A-2 그룹 실제 쿠폰 비용

- 쿠폰을 통해 실제 발생한 순증분 구매 전환 고객: 10,000명 x 6% = 600명

- 증분 전환 1명당 쿠폰 비용: 4,000,000원 / 600명 = 6,667원

A-1 그룹의 순증분 1명당 전환 비용은 5,000원이지만, A-2 그룹의 순증분 1명당 전환 비용은 약 6,700원으로 A-1 그룹이 약 1,700원 저렴합니다.

이탈 기간이 3개월~6개월인 B 그룹의 캠페인 결과는 어떨까요?

표 3.5 이탈 고객의 재구매를 위한 쿠폰 혜택 테스트 결과 - B 그룹

그룹	쿠폰 금액(원)	타깃 고객 수(명)	구매 고객 수(명)	구매 전환율(%)	쿠폰 비용(원)
B-1	5,000	10,000	400	4%	2,000,000
B-2	7,000	10,000	1000	10%	7,000,000
B-3	-	10,000	100	1%	0

표 3.5에서 볼 수 있듯이 7,000원 쿠폰을 지급한 B-2 그룹의 전환율이 5,000원 쿠폰을 지급한 B-1 그룹보다 우수합니다.

그렇다면 순증분 관점에서는 어떨까요?

표 3.6 이탈 고객의 재구매를 위한 쿠폰 혜택 테스트 결과 – B 그룹(순증분 관점)

그룹	순증분 구매 전환율(%p)	순증분 구매자 수(명)	순증분 구매자 1명당 비용(원)
B-1	3%	300	6,667
B-2	9%	900	7,778

표 3.6처럼 B-1 그룹의 캠페인 성과는 구매 전환율 4%이지만 순증분 구매 전환율은 4%에서 1%(컨트롤 그룹 오가닉 전환율)를 뺀 3%p입니다. 마찬가지로, B-2 그룹의 캠페인 성과는 구매 전환율 10%이지만, 순증분 구매 전환율은 10%에서 1%를 뺀 9%p입니다.

캠페인의 실제 증분으로 발생한 전환 고객 1명당 실제 비용은 얼마인지 확인해 보겠습니다.

B-1 그룹 실제 쿠폰 비용

- 쿠폰을 통해 실제 발생한 순증분 구매 전환 고객: 10,000명 x 3% = 300명
- 증분 전환 1명당 쿠폰 비용: 2,000,000원 / 300명 = 6,667원

B-2 그룹 실제 쿠폰 비용

- 쿠폰을 통해 실제 발생한 순증분 구매 전환 고객: 10,000명 x 9% = 900명
- 증분 전환 1명당 쿠폰 비용: 7,000,000원 / 900명 = 7,778원

B-1 그룹의 순증분 1명당 전환 비용은 약 6,700원이지만 B-2 그룹의 순증분 1명당 전환 비용은 약 7,800원으로 B-1 그룹이 약 1,100원 저렴합니다.

그렇다면 이탈 기간 3개월~6개월 A 그룹과 이탈 기간 6개월~1년 동일하게 5천 원 쿠폰을 준 그룹끼리 비교하면 어떨까요?

표 3.7 이탈 고객의 재구매를 위한 쿠폰 혜택 테스트 결과 – 이탈 기간별 비교

그룹	이탈 기간	쿠폰 금액(원)	타깃 고객 수(명)	구매 고객 수(명)	구매 전환율(%)	쿠폰 비용(원)
A-2	3개월~6개월	5,000	10,000	800	8%	4,000,000
B-1	6개월~1년	5,000	10,000	400	4%	2,000,000

동일한 금액의 쿠폰을 지급했는데, 이탈 기간이 상대적으로 짧은 A-2 그룹의 구매 전환율이 2배나 높은 것을 볼 수 있습니다. 순증분 관점에서는 어떨까요?

표 3.8 이탈 고객의 재구매를 위한 쿠폰 혜택 테스트 결과 – 이탈 기간별 비교(순증분 관점)

그룹	이탈 기간	순증분 구매 전환율(%p)	순증분 구매자 수	순증분 구매자 1명당 비용
A-2	3개월~6개월	6%	600	6,667
B-1	6개월~1년	3%	300	6,667

표 3.8에서 볼 수 있듯이 이탈 기간이 짧을수록 5천 원 쿠폰을 통한 순증분 구매 전환율 효과가 큰 것을 볼 수 있습니다. 또한 순증분 구매자 1명당 비용은 같기 때문에 쿠폰 비용을 늘려서 전환율을 높이는 것이 서비스 관점에서 더 효율적이라는 의사결정을 할 수 있습니다. 이처럼 A/B 테스트를 통해 이탈 고객을 돌아오게 하기 위한 세그먼트별 혜택 최적화를 진행할 수 있습니다.

또한 같은 금액의 쿠폰이더라도 커뮤니케이션 메시지에 따라 고객 반응을 더 극대화할 수 있습니다. 예를 들면 같은 1만 원 쿠폰이더라도 '인기 립밤 200원'과 '1만 원 할인'이라는 문구 중 어떤 문구가 더 관심을 끌까요? 과거에 립밤을 구매한 이력이 있는 고객이라면 '립밤 200원' 문구에 훨씬 더 반응이 좋을 것입니다. 이처럼 혜택뿐만 아니라 메시지 측면에서도 다양한 실험을 진행하며 서비스 이탈 고객이 어떤 콘텐츠에 반응하는지 인사이트를 쌓는 것이 중요합니다.

현업에서는 어떤 구매 기반의 세그먼트에 어떤 혜택을 지급할 때 전환율과 비용 효율이 가장 크게 개선되는지에 대한 A/B 테스트를 집요하게 진행합니다. A/B 테스트를 통해 발견한 최적의 세그먼트 및 혜택 조합을 월별 정기 캠페인으로 진행하기도 하고, 멤버십 프로그램 같은 장기 프로그램에 반영하기도 합니다. 이처럼 구매 데이터를 기반으로 한 세그먼트는 중요도가 굉장히 높기 때문에 서비스 단계별로 다양한 A/B 테스트를 지속해 나가며 최적화해 나가는 작업이 필요합니다.

그렇다면 구매 데이터를 활용한 세그먼트를 최적화한 실제 사례에는 어떤 것이 있을까요? 바로 고객의 누적 구매 데이터를 활용한 멤버십(혹은 VIP) 프로그램이 있습니다.

그림 3.19 배달의민족 VIP 프로그램 예시

우리나라 사람이 가장 많이 사용하는 앱 중 하나인 배달의민족의 VIP 프로그램을 예로 들면, 그림 3.19처럼 1개월 동안의 구매 데이터를 바탕으로 구매 횟수에 따라 고마운분, 귀한분, 더귀한분, 천생연분의 4가지 등급으로 세그먼트를 최적화해서 VIP 프로그램을 구축했습니다.

커머스의 사례는 어떨까요? 대부분 커머스의 경우, 최근 N개월 동안의 누적 금액 구매 데이터로 멤버십 등급이 결정되는 구조입니다. 29CM의 멤버십을 예로 들면 최근 6개월 동안의 구매 데이터를 바탕으로 누적 구매 금액에 따라 그림 3.20처럼 Green, Yellow, Orange, Red, VIP 5개의 등급으로 세그먼트를 최적화해서 멤버십 프로그램을 운영합니다.

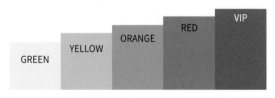

그림 3.20 29CM의 멤버십 프로그램 예시

이처럼 구매 데이터를 활용한 세그먼트를 최적화하면 세그먼트와 혜택을 시스템적으로 자동화해서 고객을 효율적으로 관리할 수 있습니다.

3.4 | 구매로 이어지는 고객의 행동

행동(action) 데이터는 앱 혹은 웹페이지 방문, 스토어 클릭, 이벤트 페이지 클릭, 키워드 검색, 찜하기, 즐겨찾기, 공유하기, 리뷰 작성, 장바구니 담기 등 고객이 서비스에 유입해서 행동하는 모든 데이터를 의미합니다. 최근 들어 많은 서비스가 행동 데이터를 활용한 세그먼트를 적극적으로 활용하고 있습니다.

예를 들어, 제가 청바지를 구입하기 위해 쇼핑 앱 '지그재그'에 접속한다고 가정하면 구매하기 전까지 수많은 브랜드를 탐색하고 유사 상품을 클릭하고 장바구니에 담는 등 많은 과정을 필연적으로 거치게 됩니다. 바로 이 과정에서 일어난 일련의 행동을 바탕으로 고객의 관심사나 취향을 파악할 수 있고, 이를 기반으로 맞춤형 캠페인을 진행할 때 고객이 구매로 이어질 확률이 높아지기 때문에 행동 데이터는 아주 중요합니다. 실무에서 자주 활용하는 고객의 행동 데이터에는 다음과 같은 것이 있습니다.

- 상품 상세 페이지 방문
- 특정 카테고리 상품 페이지 방문
- 이벤트 페이지 방문, 쿠폰 다운로드
- 키워드 검색
- 즐겨찾기, 찜하기
- 장바구니 담기

이러한 행동 데이터를 활용해 무궁무진하게 다양한 세그먼트를 만들 수 있습니다. 개인적으로도 아주 좋아하는 마켓컬리, W컨셉, 지그재그, 29CM, 멜리즈 등 다양한 서비스의 사례를 들어 살펴보겠습니다.

기본적으로 대부분 서비스에서 활용하는 행동 데이터는 장바구니 담기와 쿠폰 다운로드 이력입니다. 해당 행동을 하고 결제를 완료하지 않은 고객 세그먼트를 대상으로 그림 3.21처럼 결제 완료 유도, 쿠폰 사용 유도 알림을 발송하는 캠페인이 가장 흔히 볼 수 있는 예시입니다.

W컨셉 쿠폰 만료 푸시 알림

📢 **고객님 쿠폰 이대로 못보내요**   3시간 전
(광고) 오늘까지만 사용가능한 쿠폰이 있어요!
잊지말고 사용해보세요 🛒
수신거부 : 알림>메시지함OFF

지그재그 쿠폰 만료 카카오 알림톡

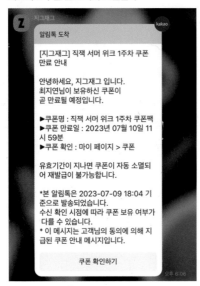

마켓컬리 쿠폰 만료 문자 알림

그림 3.21 W컨셉/지그재그/마켓컬리 쿠폰 만료 알림

더 나아가서는 그림 3.22처럼 특정 상품을 클릭한 이력이 있는 고객 세그먼트 혹은 그림 3.23처럼 장바구니에 특정 상품을 담아두고 결제를 완료하지 않은 이력이 있는 고객 세그 먼트를 대상으로 해당 상품이 품절에 임박했을 때 고객에게 알림을 보내 빠르게 구매를 유 도하는 캠페인을 진행할 수 있습니다.

그림 3.22 W컨셉/지그재그의 클릭한 상품 기반 캠페인 – 품절 임박 알림

그림 3.23 W컨셉/29CM의 장바구니 상품 기반 캠페인 – 품절 임박 알림

조금 더 고도화한 사례를 보면 찜하기 혹은 장바구니 담기 이후 결제를 완료하지 않은 고객 세그먼트를 대상으로 그림 3.24처럼 장바구니에 담아둔 상품이 할인을 시작했을 때 고객에게 상품 할인율을 강조하는 메시지를 보내 결제를 유도하는 캠페인이 있습니다.

그림 3.24 마켓컬리의 장바구니 상품 기반 캠페인 – 리마인드/할인 알림

또한 그림 3.25처럼 찜/좋아요 한 상품이 할인을 시작했을 때 기존 대비 가격이 얼마나 내려갔는지 강조하는 메시지를 보내 결제를 유도하는 캠페인도 진행할 수 있습니다.

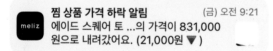

그림 3.25 멜리즈의 찜/좋아요 한 상품 기반 캠페인 – 할인 알림

여기에 타기팅 쿠폰 캠페인을 결합하면 그림 3.26처럼 앱에 방문은 했지만, 결제를 완료하지 않은 고객을 대상으로 특별 쿠폰을 실시간으로 발급해서 구매 전환율을 즉각적으로 상승시킬 수 있습니다. 앱에 방문했다는 것은 서비스를 이용할 니즈가 있다는 것이기 때문에 해당 고객군에게 실시간 쿠폰을 발급할 경우 구매 전환 확률이 매우 높으며, 적은 비용으로 효과적인 캠페인을 진행할 수 있어 최근 많은 서비스에서 진행하고 있는 캠페인입니다.

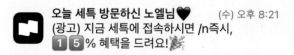

그림 3.26 세탁특공대 – 방문 후 미결제 고객 대상 할인쿠폰 지급 캠페인

키워드 검색 이력 또한 최근 많이 활용하는 행동 데이터입니다. 그림 3.27처럼 특정 키워드를 검색한 이력이 있는 고객 세그먼트를 생성해서 해당 키워드 상품을 추천해 줄 수 있고, 더 나아가서는 해당 검색어와 관련된 이벤트가 진행될 때 고객에게 알림을 발송하는 캠페인을 진행할 수 있습니다.

에이블리 '블라우스' 키워드 검색

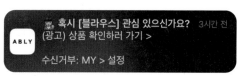

'검색' 행동 기반 앱 푸시 발송

W컨셉 'Ore' 키워드 검색

'검색' 행동 기반 카카오 메시지 발송

그림 3.27 에이블리/W컨셉의 검색 기반 캠페인 – 리마인드

이처럼 많은 서비스에서 고객의 행동 데이터를 기반으로 세그먼트를 생성하고 다양한 맞춤형 캠페인을 진행합니다. 결국 고객의 행동이 모여 구매라는 결과가 발생하는 것이기에 고객의 행동 데이터를 통해 고객의 니즈를 파악하고 구매로 이어지게 하는 활동은 매우 중요합니다. 행동 기반 세그먼트의 활용도는 앞으로도 지속적으로 높아질 것이기 때문에 고객이 서비스에서 어떤 행동을 하고, 어떤 퍼널에서 구매를 망설이는지, 반대로 어떤 행동을 하면 구매로 이어지는지에 대해 다양한 가설을 세우는 작업이 수반돼야 합니다. 또한 A/B 테스트를 진행하며 가설을 데이터로 입증하고, 이를 통해 구매 전환율을 최적화해 나가는 작업이 꼭 필요합니다.

3.5　마켓컬리는 왜 이럴까?

그림 3.28 마켓컬리 쿠폰 발급 알림 문자

혹시 마켓컬리에서 이런 문자를 받아본 적 있나요? 마켓컬리는 개인적으로 고객 입장에서 애용하는 서비스지만, 마케터 관점으로 봐도 정말 쿠폰 마케팅을 잘하는 서비스 중 하나라고 생각합니다. 마켓컬리는 저에게 15% 할인쿠폰, 5,000원 쿠폰, 7,000원 쿠폰, 8,000원 쿠폰, 무료배송 쿠폰 등 매주 다양한 쿠폰을 보내줍니다. 도대체 마켓컬리가 왜 이러는지 궁금한 적 없으신가요?

그 이유는 바로 혜택 테스트를 통해 **최적의 구매 전환율 × 비용 효율 지점을 발견하기 위해서**입니다. 고객에게 어떤 혜택을 지급할 때 가장 전환율이 높으면서도 비용을 효율적으로 사용할 수 있는지가 마케팅 성과를 판단하는 가장 핵심적인 영역입니다. 그렇다면 어떤 혜택을 지급하는 것이 최선인지 어떻게 알 수 있을까요? 많은 서비스에서 경쟁사와 비슷하거나 더 높은 혜택을 제공한다든지, '최소한 이만큼은 지급해야 고객이 반응할 것 같다'처럼 감에 의존해서 의사결정을 하는 경우가 많습니다. 앞에서도 언급했듯이, 감에 의존한 의사결정은 마케팅 비용 낭비로 이어지며 각각의 캠페인으로 실제 매출 증분 효과가 얼마나 발생했는지 알 수 없게 합니다. 따라서 혜택에 대한 다양한 A/B 테스트를 통해 어떤 혜택이 가장 순증분 효과가 큰지, 어떤 혜택이 가장 마케팅 비용 관점에서 효율적인지 찾아 나가는 작업이 반드시 진행돼야 합니다. 그렇다면 **구매 전환율 × 비용에 대한 최적의 지점**은 어떻게 알 수 있을까요? 다음 절에서 구체적인 실험 예시를 통해 자세히 알아보겠습니다.

3.6 쿠폰 금액, 감으로 정하지 말라

쿠폰 금액은 얼마로 설정하는 게 가장 좋을까요? 고객 입장에서는 크면 클수록 좋겠지만 서비스 입장에서는 조금이라도 쿠폰 비용을 줄이고 싶을 것입니다. 하지만 서비스 관점에서도 막연하게 쿠폰 비용을 크게 할수록 전환율이 높아질 것이라고 생각하는 경우도 많습니다. 직접 수백 번의 A/B 테스트를 진행해 보고 얻은 결과를 말씀드리면 반드시 그렇지는 않습니다. 앞서 2장에서 다뤘듯이 순증분 관점에서 살펴봐야 합니다.

커머스 서비스에서 어떤 쿠폰이 가장 효율적인지 판단하기 위해 '2,000원 vs. 3,000원 vs. 무료배송' 쿠폰을 지급하는 실험을 한다고 가정해 보겠습니다. 그림 3.29와 같이 테스트 그룹과 컨트롤 그룹을 나눠 총 4,000명의 고객에게 캠페인을 진행해 보겠습니다.

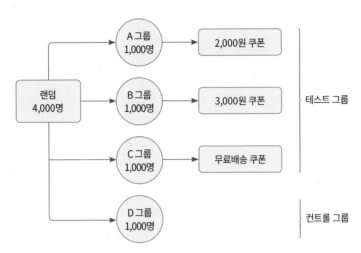

그림 3.29 쿠폰 실험 예시

4,000명에 해당하는 고객군의 모든 속성이 동일하다고 가정하고, 1,000명씩 A, B, C, D 그룹으로 각각 분배합니다. A 그룹에 속한 고객에게는 2,000원 쿠폰 지급, B 그룹에 속한 고객에게는 3,000원 쿠폰 지급, C 그룹에 속한 고객에게는 무료배송 쿠폰 지급, D 그룹에 속한 고객에게는 쿠폰을 지급하지 않도록 하겠습니다.

A 그룹(1,000명): 2,000원 쿠폰

B 그룹(1,000명): 3,000원 쿠폰

C 그룹(1,000명): 무료배송 쿠폰

D 그룹(1,000명): 쿠폰 지급하지 않음

* A, B, C 그룹을 테스트 그룹, D 그룹을 컨트롤 그룹으로 설정

캠페인 결과는 다음과 같습니다.

A 그룹 캠페인 결과
- 타깃 고객 수: 1,000명
- 구매한 고객: 300명
- 구매 전환율: 300명 / 1,000명 = 30%
- 쿠폰 비용: 300명 x 2,000원 = 600,000원

B 그룹 캠페인 결과

- 타깃 고객 수: 1,000명

- 구매한 고객: 350명

- 구매 전환율: 350명 / 1,000명 = 35%

- 쿠폰 비용: 350명 x 3,000원 = 1,050,000원

C 그룹 캠페인 결과

- 타깃 고객 수: 1,000명

- 구매한 고객: 355명

- 구매 전환율: 355명 / 1,000명 = 36%

- 쿠폰 비용: 355명 x 2,500원 = 887,500원

D 그룹(쿠폰을 지급하지 않은 컨트롤 그룹) 캠페인 결과

- 타깃 고객 수: 1,000명

- 구매한 고객: 250명

- 구매 전환율: 250명 / 1,000명 = 25%

- 쿠폰 비용: 0원

조금 더 쉽게 이해할 수 있게 표 3.9를 살펴보겠습니다.

표 3.9 구매 전환율 관점의 실험 결과

그룹	쿠폰 금액(원)	타깃 고객 수(명)	구매 고객 수(명)	구매 주문 수(건)	구매 전환율(%)	쿠폰 금액(원)
A 그룹	2,000	1,000	300	300	30%	600,000
B 그룹	3,000	1,000	350	350	35%	1,050,000
C 그룹	2,500(무료배송)	1,000	355	355	36%	887,500
D 그룹	–	1,000	250	250	25%	0

1차적으로 구매 전환율 데이터를 살펴보면, 표 3.9에서 볼 수 있듯이 C그룹(무료배송 쿠폰)의 전환율이 가장 우수했음을 알 수 있습니다. 하지만 앞에서도 다뤘듯이, 해당 캠페인

을 통한 순증가분과 실제 1개 추가 주문에 드는 비용을 측정하기 위해서는 순증분 구매 전환율(incremental CVR)을 살펴봐야 합니다. A 그룹의 캠페인 성과는 구매 전환율 30%이지만, 실제 증분 성과는 30%에서 25%(쿠폰을 지급하지 않은 컨트롤 그룹의 오가닉 성과)를 뺀 5%p입니다. 마찬가지로, B 그룹의 캠페인 성과는 구매 전환율 35%이지만, 실제 증분 성과는 35%에서 25%를 뺀 10%p입니다. C그룹의 캠페인 성과는 구매 전환율 36%에서 25%를 뺀 11%p입니다. 이를 통해 해당 캠페인으로 인해 유의미한 구매 전환율의 순증가분이 발생했다는 것을 확인할 수 있습니다.

다음으로 캠페인의 실제 증분으로 발생한 1명당 실제 비용은 얼마인지 확인해 보겠습니다.

A 그룹 실제 쿠폰 비용

- 쿠폰을 통해 실제 발생한 증분 구매 전환 고객: 1,000명 x 5% = 50명
- 1명 증분을 위해 발생한 쿠폰 비용: 600,000원 / 50명 = 12,000원

B 그룹 실제 쿠폰 비용

- 쿠폰을 통해 실제 발생한 증분 구매 전환 고객: 1,000명 x 10% = 100명
- 1명 증분을 위해 발생한 쿠폰 비용: 1,050,000원 / 100명 = 10,500원

C 그룹 실제 쿠폰 비용

- 쿠폰을 통해 실제 발생한 증분 구매 전환 고객: 1,000명 x 11% = 110명
- 1명 증분을 위해 발생한 쿠폰 비용: 887,500원 / 110명 = 약 8,068원

조금 더 쉽게 이해하기 위해 표 3.10을 살펴보겠습니다.

표 3.10 순증가분 관점의 실험 결과

그룹	순증가 구매 전환율(%p)	순증가 주문 수(건)	순증가 주문 1건당 비용(원)
A 그룹	5%p	50	12,000
B 그룹	10%p	100	10,500
C 그룹	11%p	110	8,068

표 3.10에서 볼 수 있듯이 순증가분 관점의 실험 결과를 통해 C 그룹(무료배송) 쿠폰이 B 그룹(3,000원 쿠폰)보다 순증분 주문 1건당 비용이 약 2,000원 저렴함에도 불구하고 순증가분이 11%p로 더 높습니다. 따라서 고객에게 무료배송 쿠폰을 지급하는 것이 전환율과 비용 관점에서 가장 효율적이라고 판단할 수 있습니다.

이처럼 어떤 쿠폰이 순증분 관점에서 가장 효과적인지 단순한 A/B 테스트를 통해 확인할 수 있으며, 더이상 **감에 의존해서 쿠폰을 지급하는 것을 중단**할 수 있습니다.

3.7 ┃ 쿠폰팩 설계는 어떻게 하는 게 좋을까?

온라인 쇼핑을 하다 보면 "총 5만 원 쿠폰팩, 3종 쿠폰팩 다운로드 받으세요" 같은 문구를 자주 보게 됩니다. 단순히 고객이 다양한 쿠폰으로 원하는 상품을 구매할 수 있게 여러 종류의 쿠폰팩으로 구성했다고 생각할 수도 있지만 보통 쿠폰팩의 진짜 목적은 3가지입니다.

- 프로모션 전체 할인 금액을 강조함으로써 고객의 관심도 증대
- 구매 빈도 증대
- 주문 건당 평균 결제 금액(AOV) 상승

한 번 생각해 보세요. 3천 원, 5천 원 쿠폰보다 1만 원 쿠폰팩이 더 큰 혜택으로 느껴지지 않나요? 그림 3.30의 '무신사', '여기어때' 사례처럼 쿠폰팩 프로모션은 20만 원과 60만 원의 총 혜택을 강조함으로써 고객이 아주 큰 혜택이라고 느끼게끔 만들어 해당 프로모션에 대한 관심도를 높일 수 있습니다.

그림 3.30 무신사/여기어때 쿠폰팩 프로모션

또한 여러 장의 쿠폰을 한 번에 지급함으로써 고객이 해당 기간에 더 자주 상품을 구매할 수 있도록 유도합니다. 예를 들어, 지금 3일 뒤면 사라지는 1만 원 쿠폰이 3장 있다면 해당 쿠폰이 사라지기 전에 다 사용해야 이득이라는 생각이 듭니다. 저 또한 고객 입장에서 쿠폰 팩을 받았을 때 이 기회에 구매할 상품이 더 없는지 적극적으로 찾아본 경험이 있습니다.

또한 쿠폰팩으로 구매 빈도뿐만 아니라 주문당 결제 금액(AOV)도 높일 수 있습니다. 쿠폰을 사용하려고 했을 때 'N만 원 이상 결제 시 사용 가능'이라는 조건을 본 적이 있을 것입니다. 일반적으로 쿠폰팩을 설계할 때 쿠폰 사용 금액 조건이 높을수록 큰 할인 쿠폰을 제공해서 고객이 더 높은 금액을 결제하도록 유도합니다. **주문 빈도를 높이는 것을 목표로 할지, 결제 금액을 높이는 것을 목표로 할지**에 따라 쿠폰팩 구성은 아예 달라질 수 있습니다.

구매 빈도 상승이 목표일 경우에는 어떻게 쿠폰팩을 설계해야 할까요? 보통 멤버십 프로그램은 고객의 레벨에 맞는 별도의 쿠폰팩이 월마다 지급되는 형태입니다. 그림 3.31처럼 단일 쿠폰이 아닌 여러 장의 쿠폰을 묶음으로 지급하는 이유는 당월에도 구매 빈도를 높여 다음 달에도 동일한 레벨을 유지하거나 당월보다 높은 레벨을 만들기 위한 목적이 있습니다. 따라서 해당 목적의 쿠폰팩을 설계할 때는 고객의 레벨을 유지하거나 상승시키려면 1달 동안 얼마의 누적 거래액을 달성시켜야 하는지 파악해야 합니다. 그리고 레벨별 평균 주문 단가를 고려해 쿠폰 개수와 최소 사용 금액 조건을 설정해야 합니다.

그림 3.31 지그재그 멤버십/카카오헤어샵 웰컴 쿠폰팩

신규 회원을 대상으로 한 웰컴 프로그램도 마찬가지입니다. 신규 회원 가입 시 많은 서비스에서 웰컴 쿠폰팩을 제공하는데, 이 또한 고객이 첫 구매에 그치지 않고 2~3회 주문까지 이어서 구매하도록 설계한 것입니다. 서비스마다 다르겠지만 '첫 구매 N일 이내 N번 이상 구매하면 리텐션이 높아진다'라는 데이터가 있을 것입니다. 이러한 데이터를 기반으로 고객의 리텐션을 올리기 위해 서비스에 맞게 캠페인을 설계하면 첫 구매 고객이 장기적으로 고가치 고객이 되는 데 크게 기여할 수 있습니다. 반면 명품 커머스 서비스처럼 고객이 실제로 자주 구매할 수 없는 상품을 판매하고 있다면 쿠폰팩을 아무리 지급하더라도 구매 빈도는 높아지기 어려울 것입니다. 이런 상황에서는 한 번 구매하더라도 조금 더 높은 가격의 상품을 구매할 수 있도록 유도하는 쿠폰팩 설계가 필요합니다. 이 경우 그림 3.32 명품 커머스 서비스 '트렌비' 사례처럼 더 높은 금액을 결제할수록 높은 할인 금액 쿠폰을 사용할 수 있도록 쿠폰팩을 구성하는 방법이 있습니다.

그림 3.32 트렌비 쿠폰팩 사례

200만 원 이상 구매 시 2만 원 할인 쿠폰을 사용할 수 있지만 400만 원 이상 구매 시에는 10만 원 할인 쿠폰을 사용할 수 있습니다. 결제 금액 조건은 2배 크지만 할인 금액은 5배 큽니다. 명품 커머스의 경우 상품 단가가 높기 때문에 평균적으로 고객이 구매하는 횟수가 제한적일 수밖에 없습니다. 유사한 특성의 서비스라면 이런 식으로 결제 금액이 높을수록 할인 금액을 높게 구성해서 고객으로 하여금 더 높은 금액의 상품을 결제하도록 유도할 수 있습니다.

쿠폰팩은 굉장히 흔한 마케팅 기법이지만 제대로 활용하지 않으면 자칫 마케팅 비용만 증가하고 전체 매출은 상승하지 않는 방향으로 작동할 수 있습니다. 따라서 서비스의 특성과 목적에 맞게 쿠폰팩을 설계하는 것이 중요합니다.

3.8 | 쿠폰 vs. 적립

고객에게 쿠폰을 주는 것과 구매한 금액의 N%를 적립 또는 캐시백으로 제공하는 것 중 어떤 것이 구매 전환에 효과적인지에 대해 많은 분이 궁금할 것입니다. 사실 쿠폰과 적립의 장단점은 아주 명확합니다.

쿠폰 VS. 적립(캐시백)

쿠폰은 당장 구매를 유도해서 단기적으로 빠르게 구매 전환율(CVR)을 상승시킬 수 있다는 장점이 있지만 마케팅 비용이 상대적으로 크게 발생하며 쿠폰만 사용하고 이탈하는 체리피커가 발생할 가능성이 있다는 단점이 있습니다.

적립(캐시백)은 쿠폰 프로모션보다 단기적으로는 마케팅 비용이 적고 장기적으로는 고객의 이탈을 막고 재구매를 유도할 수 있다는 장점이 있지만 일단 구매해야 후(後) 적립되는 구조이기 때문에 고객에게 즉각적인 구매를 이끌어 내는 데는 한계가 있다는 단점이 있습니다. 장기적으로 고객의 재구매(리텐션)까지 고려한다면 쿠폰과 적립을 적절히 조합해서 사용하는 것이 바람직합니다. 개인적으로 이런 마케팅을 아주 잘하고 있는 곳이 네이버와 올리브영이라고 생각합니다.

그림 3.33 네이버 플러스 멤버십

네이버 플러스 멤버십은 가입자 800만 명을 돌파했습니다. 네이버 플러스 유료 멤버십에 가입할 경우 월 쇼핑 금액 20만 원까지 5%, 300만 원까지 2%가 적립되는데, 적립 금액이 생각보다 쏠쏠해서 구매할 때마다 상당한 적립 금액이 쌓이고, 저 또한 이렇게 쌓인 적립금을 이용해 네이버 페이로 재구매하고 있습니다. 또한 멤버십 회원에게 적립금뿐만 아니라 매월 브랜드 할인 쿠폰을 추가로 제공해서 고객 입장에서 할인 혜택이 다양하다고 느끼게끔 유도하고 있어 쿠폰과 적립 전략을 똑똑하게 실행한 사례라고 생각합니다.

그림 3.34 네이버 플러스 멤버십 사례

올리브영의 멤버십 프로그램인 '올리브 멤버스'는 네이버처럼 구독형 멤버십이 아니라 그림 3.35처럼 누적 구매 금액에 따라 등급이 세분화돼 있고 해당 등급에 따라 다른 포인트 적립률과 쿠폰을 제공하는 형태입니다.

혜택1
올리브 멤버스 등급별 포인트 적립

- 결제 시 CJ ONE 포인트 적립률은 올리브 멤버스 등급별 상이
  GOLD OLIVE : 1%, BLACK OLIVE : 1%, GREEN OLIVE :
  1%, PINK OLIVE : 0.5%, BABY OLIVE : 0.5%

- 제휴카드 사용 시 올리브 멤버스 등급과 무관하게 결제금액의
  0.1% 적립
  포인트 제휴 할인 카드의 경우 카드사 기준에 따라 일부 상이

- 올리브 멤버스가 아닌 CJ ONE 회원은 결제금액의 0.1% 적립

혜택2
올리브 멤버스 등급별 쿠폰 혜택

- 쇼핑 쿠폰
  GOLD/BLACK/GREEN/PINK OLIVE 대상 제공 (단, 임직원
  제외)
  2023년 7월 4일 ~ 12월 31일 기간 중 온·오프라인 통합 1인 1회
  사용 가능
  등급별로 제공되는 쿠폰은 상이하며, 승급 시점에 맞춰 등급별 일
  괄 제공 (로그인 > 마이페이지 > 쿠폰 탭에서 확인 가능)

- 온라인몰 무료배송 쿠폰
  GOLD/BLACK/GREEN OLIVE 의 경우 6개월 내 총 5
  장, PINK OLIVE 의 경우 6개월 내 1장 발급 및 사용 가능 (단, 임
  직원 제외)
  온라인몰에서 1만원 이상 주문 시 사용 가능
  ＊ 해당 쿠폰은 온라인몰 전용 쿠폰으로 오프라인 매장에서는 사용
  불가

올리브 멤버스 등급별 혜택 ⓘ
등급을 눌러 혜택을 확인해보세요!

GOLD OLIVE / BLACK OLIVE / GREEN OLIVE / PINK OLIVE / BABY OLIVE

6개월간 70만원 이상 ~ 100만원 미만 구매

그림 3.35 올리브영 멤버십

월별로 쇼핑 쿠폰, 온라인몰 배송 쿠폰, 오늘드림 배송 쿠폰, 올리브 데이 쿠폰 등 다양한
쿠폰을 정기적으로 제공하고, 결제 금액의 최대 1%를 항상 적립해 주기 때문에 고객으로
하여금 쿠폰과 적립금 혜택이 중복으로 제공된다고 느끼게끔 유도합니다. 이처럼 쿠폰과
적립금을 전략적으로 활용하면 즉각적으로 구매 전환율을 높이면서도 장기적으로 리텐션
까지 유지되는 효과를 얻을 수 있습니다.

3.9 언제나 어려운 첫 구매 전환

고객의 첫 구매를 일으키는 것은 어떤 서비스에서나 가장 어려운 미션 중 하나일 것입니
다. 사실 한 번도 경험해 보지 않은 서비스에서 결제한다는 것 자체가 고객 입장에서는 망
설여지는 일입니다. 그렇다면 어떻게 하면 고객의 첫 구매 장벽을 낮추고, 첫 구매를 이끌
어 낼 수 있을까요? 가장 중요한 것은 고객이 서비스에 첫 방문한 시점 이후로 **가능한 한**

빠르게 첫 구매를 발생시켜야 한다는 점입니다. 고객이 서비스에 한 번 방문했다가 앱을 바로 삭제하거나 웹사이트에 다시는 방문하지 않을 가능성이 생각보다 매우 높기 때문입니다. 이 때문에 많은 서비스가 회원 가입 즉시 쿠폰이나 마일리지 등 다양한 혜택을 제공합니다. 그렇다면 무조건 할인 혜택을 제공하는 것이 첫 구매율을 상승시키는 데 도움이 될까요? 이 부분은 서비스의 특성에 따라 천차만별입니다.

신규 회원의 가격 민감도가 높은 서비스인 경우에는 그림 3.36처럼 100원 딜, 990원 딜, 50% 할인 등 파격적으로 높은 할인 혜택을 제공하는 것이 적합할 수 있습니다.

그림 3.36 무신사/지그재그/올리브영 첫 구매 할인 사례

이처럼 가격 장벽을 낮춤으로써 고객으로 하여금 이용해 보지 않은 서비스에서 결제하는 것에 대한 리스크를 줄여 첫 구매 전환율을 높일 수 있습니다.

또한 할인율이 높은 첫 구매 전용 쿠폰을 발급하는 것도 좋은 방법입니다. 그림 3.37 W컨셉의 경우 40%라는 높은 할인율의 첫 구매 쿠폰을 제공하고 있습니다.

그림 3.37 W컨셉 첫 구매 선착순 할인 쿠폰

단순히 높은 할인율만 적용한 것이 아니라 선착순 타임 쿠폰이라는 포맷을 이용해 고객으로 하여금 프로모션에 대한 관심도를 높입니다. 그뿐만 아니라 특정 시점에만 높은 할인율을 제공한다는 점에서 고객의 첫 구매 전환 시점을 앞당길 수 있습니다.

또한 첫 구매 시 그림 3.38처럼 구하기 어려운 상품 당첨에 응모할 수 있는 기회를 부여하는 래플(raffle)[2] 이벤트도 최근 떠오르는 효과적인 첫 구매 전환 캠페인입니다.

그림 3.38 무신사 래플 이벤트

---

2 '래플(raffle)'은 추첨식 복권을 의미하는 단어로, 추첨을 통해 특정 상품의 구매 기회를 부여받는 시스템을 의미합니다.

이처럼 희소성 있는 상품을 지급하는 래플 이벤트는 고객으로 하여금 단순 할인 쿠폰 지급보다 높은 관심을 유발하고 참여를 높일 수 있습니다.

이 외에도 신규 고객들이 주로 구매하는 상품이나 즐겨 찾는 브랜드를 추천해 주는 것도 구매 전환율을 높이는 데 도움이 될 수 있습니다. 또한 시즈널리티(시즌에 따라 구매 움직임에서 패턴이 보이는 현상)의 영향을 많이 받는 서비스라면 크리스마스, 가정의 달 등 시기에 맞춰 시즈널리티 이슈로 유입된 신규 고객이 빠르게 결제로 이어질 수 있게 시즈널리티 특별 기획전이나 상품을 추천해 주는 것도 첫 구매 전환에 효과적인 전략입니다.

최근에는 많은 서비스가 사업 다각화를 진행하며, 별도로 새로 런칭한 카테고리의 첫 구매를 유도하는 프로모션도 활발하게 진행하고 있습니다. 그림 3.39와 그림 3.40에서 실제 서비스 사례를 확인할 수 있습니다.

그림 3.39 무신사/지그재그/배달의민족의 뷰티 카테고리 첫 구매 할인

그림 3.40 요기요 요마트/요편의점의 첫 구매 할인

고객에게 특정 카테고리를 구매하는 데 익숙한 서비스에서 낯선 카테고리 상품을 구매하게 유도하는 것은 서비스의 첫 구매를 유도하는 것만큼이나 어려운 일입니다. 또한 고객에게 계속 새로운 카테고리의 구매를 유도할 경우 피로감을 유도해 서비스 자체를 이탈하게 만들 수 있습니다. 이처럼 리스크가 존재하기 때문에 새로운 카테고리의 첫 구매 전환을 유도할 경우에는 고객의 선호도, 취향, 구매 성향을 분석해서 새로운 추천에 반응이 좋은 고객군에게 사전 테스트를 진행하는 것을 추천합니다.

3.10) 더 어려운 이탈 고객

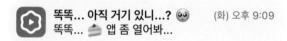

그림 3.41 Cake – 이탈 고객을 대상으로 한 메시지

많은 스타트업에서 최근 CRM에 집중하는 이유는 무엇일까요? 최근 여러 스타트업 대표를 만나면서 이 질문에 대해 공통적인 답변을 얻을 수 있었습니다. "밑 빠진 독에 물 붓는 것 같아서요."

리텐션(retention)에 집중하지 않고 고객 획득(acquisition)이나 월 활성 사용자(MAU, monthly active customer), 매출(GMV) 지표에만 몰입하다 보면 당장은 월 사용자 수나 매출에 큰 영향이 없을 수 있지만 장기적으로 고객 규모나 매출이 감소할 수밖에 없습니다.

그렇다면 리텐션이란 무엇일까요? 고객이 이탈하지 않고 서비스에 계속 남아 반복적으로 구매를 이어 나가는 비율을 말합니다. 리텐션은 항상 중요한 지표 중 하나였지만 최근에는 다음과 같은 말이 나올 정도로 그 중요성이 나날이 커지고 있습니다.

> 리텐션은 그로스에서 가장 중요한 단 한 가지 요소다(Retention is the single most important thing for growth).
>
> — 알렉스 슐츠(Alex Schultzs), 페이스북 CMO

이렇게 리텐션의 중요성이 커지는 이유는 무엇일까요? 첫째, 최근 개인정보 정책 강화 이슈로 퍼포먼스 마케팅의 효율이 많이 떨어져서 신규 고객 획득이 예전보다 어려워졌기 때문입니다. 따라서 신규 회원을 계속 유입시키며 매출을 늘리는 것이 어려워졌습니다. 둘째, 경기 침체로 마케팅 비용을 최대한 효율적으로 사용하고자 하는 기업이 늘어나고 있습니다. 리텐션이 비용 효율화와 관련이 있는 이유는 기존 고객을 유지하는 비용이 신규 고객을 확보하는 비용보다 훨씬 더 저렴하기 때문입니다.

> 고객 리텐션이 5% 증가하면 매출은 최소 25~95% 증가한다.
>
> 신규 고객을 획득하는 것이 기존 고객을 유지하는 것보다 25배 이상의 비용이 든다.
>
> 출처: 하버드 비즈니스 리뷰(Harvard Business Review)[3]

그렇다면 리텐션을 높이려면 어떻게 해야 할까요? 고객의 방문&구매 주기, 구매 빈도와 같은 리텐션과 밀접한 고객 지표를 모니터링하고, 이탈이 예상되는 고객에게는 이탈 방지 프로그램을 통해 이탈을 막아야 합니다. 또한 고객이 이미 서비스에서 이탈했다면 되도록 빨리 돌아오도록 만들어야 합니다. 그렇다면 어떻게 하면 고객의 이탈을 방지하고 떠난 고객을 데려올 수 있을까요?

---

3 https://hbr.org/2014/10/the-value-of-keeping-the-right-customers

이탈을 가장 쉽게 감지할 수 있는 것은 바로 방문 데이터입니다. 서비스에 재방문하지 않은 시간이 길어지면 고객은 영영 돌아오지 않을 확률이 높아집니다. 따라서 최근 방문 이력이 없는 고객에게 그림 3.42 레스토랑 예약 서비스 '캐치테이블' 사례처럼 재방문을 유도하는 캠페인을 진행하는 것은 고객의 이탈을 방지하는 좋은 방법입니다.

최지연님과 못 만난 지 벌써 몇... (목) 오후 5:42
(광고) 미식 생활은 안녕하신가요? 그동안 소개하지 못한 맛집들이 당신을 기다리고 있어요! [설정 > 알림끄기]

띵동~🔔 최지연님의 안부가... (화) 오후 6:00
(광고) 잘 지내고 계신가요? 지금 캐치테이블에는 당신이 좋아할 만한 레스토랑이 잔뜩 있어요! [설정 > 알림끄기]

똑똑 최지연님, 잘 지내고 있나… 2023. 12. 24.
(광고) 잠자던 미식 세포를 깨울 레스토랑이 당신을 기다리고 있어요! [설정 > 알림끄기]

그림 3.42 캐치테이블 – 최근 미방문 고객을 대상으로 한 캠페인

더 나아가서는 그림 3.43 쇼핑 앱 '지그재그' 사례처럼 최근 미방문 고객에게 리워드를 제공하는 전략으로 더 높은 이탈 방지 성과를 달성할 수 있습니다.

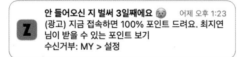

안 들어오신 지 벌써 3일째에요 🙄 어제 오후 1:23
(광고) 지금 접속하면 100% 포인트 드려요. 최지연님이 받을 수 있는 포인트 보기
수신거부: MY > 설정

그림 3.43 지그재그 – 최근 미방문 고객을 대상으로 한 리워드 캠페인

그렇다면 이미 떠난 고객을 데려오려면 어떻게 해야 할까요? 가장 보편적으로 활용되는 이탈 고객을 다시 돌아오게(win-back) 하는 전략은 이탈 고객에게 큰 혜택을 제공하는 것입니다. 그림 3.44와 그림 3.45처럼 N개월(서비스 평균 사용 주기에 따라 이탈 고객에 대한 정의가 다름) 이상 미구매한 고객에게 매력적인 혜택을 제공해서 고객이 다시 구매하도록 유도하는 방식이 가장 보편적인 win-back 캠페인입니다.

그림 3.44 W컨셉 – 이탈 고객을 대상으로 한 프로모션

그림 3.45 SSG.COM – 이탈 고객을 대상으로 한 프로모션

이 방법은 실제로 굉장히 효과적입니다. 이탈 기간이 짧을수록 해당 캠페인은 성과가 더 높을 가능성이 높습니다. 조금 더 나아가서는 그림 3.46 와이즐리 쿠폰 알림처럼 '그리운 고객님'이라는 메시지를 추가해서 좀 더 개인 맞춤화된 쿠폰 및 메시지로 소구하는 것도 전환율을 높이는 데 도움이 됩니다.

그림 3.46 와이즐리 – 이탈 고객을 대상으로 한 쿠폰 캠페인

하지만 이때 전환되지 않고 계속 이탈 고객으로 남아 있는 고객의 경우 문제가 훨씬 더 어려워집니다. 이탈 고객이 타기팅 쿠폰 및 메시지에 반응하지 않을 경우 좀 더 매력적인 프로모션을 진행해 보는 것이 좋습니다. 그림 3.47의 이탈 고객을 대상으로 한 경품 이벤트가 좋은 사례입니다.

그림 3.47 무신사/하이마트의 이탈 고객 대상 쿠폰 및 경품 프로모션

이처럼 이탈한 고객을 돌아오게 하는 것은 굉장히 어려운 일이기 때문에 다양한 시도가 필요합니다. 그림 3.48의 화해, 무신사의 웰컴백 프로모션처럼 기존 회원을 대상으로 이탈한 고객을 다시 초대할 경우 혜택을 제공하는 프로모션도 좋은 전략입니다.

그림 3.48 화해/무신사의 이탈 고객을 대상으로 한 프로모션

이 경우 친구가 직접 전용 링크를 통해 이탈한 고객을 초대하는 형식으로 진행되기 때문에 전환 효과가 크게 나타날 수 있습니다. 또한 로그인만 하더라도 혜택을 즉각 받을 수 있기 때문에 구매 전환으로 이어질 확률도 높습니다.

이탈한 시간이 오래된 고객일수록 높은 확률로 서비스에 방문조차 하지 않을 수 있습니다. 이런 고객에게는 타기팅 쿠폰이나 메시지를 아무리 보내더라도 고객이 인지하기 어렵습니다. 따라서 친구가 직접 링크 공유를 통해 초대하는 편이 전환율을 높이는 데 큰 도움이 될 수 있습니다. 또한 경품 이벤트의 경우 상품을 모든 고객에게 지급하는 것이 아니라 당첨자 소수에게만 지급하는 형식이기 때문에 비용적으로도 굉장히 효율적인 캠페인입니다.

사실, 고객이 이탈하기 전에 지속적인 고객 관리 프로그램을 통해 이탈율을 최소화하는 것이 가장 이상적이지만 리텐션 100%의 서비스는 세상에 없기 때문에 모든 고객의 이탈을 막을 수는 없습니다. 떠난 고객을 돌아오게 하는 것은 CRM 마케터의 숙명과도 같기 때문에 이탈 고객에 대한 많은 데이터 분석과 A/B 테스트가 필요합니다.

3.11 최적의 타이밍

'인생은 타이밍'이란 말이 있듯이 타이밍은 마케팅 관점에서도 아주 중요한 요소입니다. 같은 혜택과 동일한 메시지를 고객에게 노출시키더라도 **그게 언제인지에 따라 마케팅 효율이 크게 달라질 수 있기 때문**입니다.

숙박 서비스를 예시로 들어보겠습니다. 주중에 주로 예약하는 고객과 주말에 주로 예약하는 고객에게 어느 시점에 쿠폰을 발급해야 구매까지 이어질 확률이 높을까요? 네, 맞습니다. 고객의 라이프 스타일을 고려해서 맞춤형 캠페인을 진행했을 때 구매 전환율이 상승할 확률이 높습니다. 마찬가지로 고객이 주로 서비스에 방문하는 시간대와 요일에 맞춰 메시지를 발송한다면 메시지 오픈율은 더 높아질 것입니다. 실무에서는 타이밍과 관련해서 다양한 A/B 테스트를 진행하고 있는데, 그중 앱 푸시 테스트를 몇 가지 예시로 들어보겠습니다.

- 동일한 메시지를 오전, 점심, 저녁 시간대에 발송했을 때 오픈율이 언제 가장 높은지 실험

- 동일한 메시지를 주중과 주말에 발송했을 때 오픈율이 언제 더 높은지 실험

- 고객이 앱에 방문해서 구매하지 않고 이탈했을 때 몇 분 후에 리마인드 메시지를 보내는 것이 구매 전환율이 가장 높은지 실험

3분	VS.	10분	VS.	30분

이러한 실험을 통해 가장 효율이 높은 최적의 타이밍을 찾아낼 수 있으며, 더 나아가서는 Braze[4] 같은 자동화 솔루션을 사용해 고객 개개인의 특성을 고려해 고객이 가장 선호하는 시간대에 메시지를 개인화해서 발송할 수도 있습니다.

---

4 https://www.braze.com/

외부 자동화 솔루션을 사용하지 않는 서비스의 경우 이렇게까지 고도화하기는 어려울 수 있습니다. 고객별로 개인화하는 것은 당장 어려울 수 있어도 서비스의 트래픽(고객 유입 수)과 판매량이 높아지는 시간대에 메시지를 발송할 경우 효율이 높아질 가능성이 높습니다.

그렇다면 쿠폰 캠페인은 어떨까요? 쿠폰 캠페인도 고객의 라이프 사이클에 맞춰 진행하면 효율을 높일 수 있습니다. 그림 3.49의 에이블리 야시장 프로모션, 그림 3.50의 발란 나이트 특가 프로모션처럼 주로 늦은 시간에 앱에 방문하고 구매하는 고객을 타기팅하여 심야 프로모션을 기획해 볼 수 있습니다. 해당 시간대에만 할인을 진행해 고객으로 하여금 즉각적인 구매 전환을 유도하기에 굉장히 효과적인 캠페인입니다.

「야시장」에서만 단돈 5,900… (금) 오후 8:39 (광고) 지금부터 새벽 2시까지만 영업해요 🌙 수신거부: MY > 설정	🌑 **야행성 최지연님께만 맞춤…** (토) 오후 8:39 (광고) 야시장에서 900원 균일가 혜택 챙겨드려요 수신거부: MY > 설정

그림 3.49 에이블리의 심야 프로모션

(광고) 💜 **[나이트 특가] 혜택…** (일) 오후 8:55
■ 혜택 : 에르메스 등 ~70% 할인
■ 내일 아침 9시가 지나면 가격 상승

*수신거부 : 설정 > 알림OFF

그림 3.50 발란의 나이트 특가 프로모션

마찬가지로 주중 또는 주말 선호도를 반영해서 주중 선호 고객에게는 주중에, 주말 선호 고객에게는 주말에 각각 캠페인을 진행하면 구매 전환율이 높아질 것입니다. 이처럼 고객의 라이프 사이클을 반영해 맞춤 캠페인을 진행하면 같은 캠페인을 진행하더라도 훨씬 높은 성과를 달성할 수 있습니다.

04장

커뮤니케이션의 이해

3장에서는 세그먼트와 혜택, 타이밍 최적화에 대한 내용을 다뤘습니다. 하지만 아무리 A/B 테스트를 통해 세그먼트별로 혜택을 최적화하더라도 고객에게 제대로 이 혜택을 인지시키지 못하면 고객의 구매 전환을 일으키기는 어렵습니다. 마찬가지로 최고의 타이밍을 발굴하더라도 그 타이밍에 고객이 매력적으로 느끼지 않는 메시지를 노출한다면 캠페인의 효율이 떨어질 수밖에 없습니다. 그만큼 커뮤니케이션은 마케팅 최적화에서 가장 기본적인 요소이자 고객을 전환시키는 데 핵심적인 역할을 한다고 할 수 있습니다. 이번 장에서는 모든 비즈니스에서 필수적으로 고도화해야 하는 고객 '커뮤니케이션' 전략을 다룹니다.

4장에서는 고객에게 커뮤니케이션할 수 있는 CRM 마케팅 수단에는 어떤 것이 있는지 살펴보고, 어떻게 하면 커뮤니케이션할 수 있는 고객 풀(pool)을 넓힐 수 있는지 알아보겠습니다. 또한 캠페인 효과를 극대화할 수 있는 커뮤니케이션 전략에는 어떤 것이 있는지 구체적인 사례를 바탕으로 살펴보겠습니다.

4.1 | 앱 푸시의 가치는 얼마일까?

저는 이용하는 앱이 많아서 그런지 하루에도 10개 이상씩 앱 푸시를 받을 때가 있습니다. 여러분도 이런 경험이 있을 겁니다. 많은 서비스가 왜 이렇게 앱 푸시를 매일 열심히 보내는 것이며, 이 앱 푸시가 고객이 구매 전환하는 데 얼마나 도움이 되는지 궁금하지 않으셨나요?

그림 4.1 다양한 서비스의 앱 푸시

사실 앱 푸시는 앱 서비스에 있어서 가장 강력한 커뮤니케이션 채널 중 하나입니다. CRM 마케터를 앱 푸시 보내는 사람으로 알고 있는 사람도 있을 정도로 많은 서비스가 앱 푸시에 이토록 집착하는 이유는 무엇일까요?

우선, 앱 푸시는 공짜이기 때문입니다. CRM에서 주로 활용하는 채널은 앱 푸시, 카카오 친구톡, LMS, 이메일 등이 있습니다. 카카오 친구톡과 LMS의 경우 건당 15원~30원의 비용이 발생하는 반면, 앱 푸시는 서비스 내부 시스템을 이용해서 발송하기 때문에 몇 만 건을 발송하더라도 모두 무료입니다. 사실 15원~30원의 비용이 작은 금액이라고 생각할 수 있지만 고객이 10만 명만 돼도 1번 발송에 150만 원, 10번 발송에 1,500만 원의 비용이 발생하기 때문에 수시로 활용하기에는 부담이 될 수 있습니다. 요즘처럼 쿠폰 비용도 아까운 시기에 메시지 발송 비용을 크게 집행하는 것은 서비스 입장에서 매우 부담되는 일입니다.

둘째, 앱 푸시는 내부 고객 데이터를 활용해 타기팅이 가능한 채널이기 때문에 고객이 구매한 상품, 자주 방문하는 스토어, 최근 검색한 키워드 등 다양한 고객 데이터를 바탕으로 정교화된 타기팅을 진행할 수 있기 때문입니다. 공짜인데 개인화된 정교한 메시지까지 보낼 수 있는 커뮤니케이션 채널은 앱 푸시밖에 없습니다. 이 같은 이유로 앱 서비스에서 앱 푸시는 절대 포기할 수 없는 커뮤니케이션 채널이며 우선순위가 가장 높은 채널이 될 수밖에 없습니다.

하지만 아무리 공짜라고 하더라도 효과가 미미하다면 아무런 의미가 없습니다. 앱 푸시의 효과는 과연 어느 정도일까요? 일단 기본적으로 아무리 서비스에서 고객을 관리하기 위해 타기팅 쿠폰 캠페인을 기획하고, 대규모 프로모션을 진행한다고 한들 고객이 이 소식을 알지 못하면 소용이 없습니다. 앱 푸시는 고객에게 마케팅 활동에 대한 인지를 강화하는 기본 채널이면서, 트래픽(traffic)과 구매 전환율(CVR) 증대에 매우 큰 영향을 미칩니다. 사실 이 부분은 서비스에서 앱 푸시를 얼마나 잘 활용하느냐에 따라 다르기는 하지만 앱 푸시를 잘 활용하는 서비스의 경우 거래액의 상당 부분을 푸시로 발생시킬 수 있을 정도로 푸시는 막대한 힘을 가지고 있습니다. 그뿐만 아니라 앱 푸시를 수신하는 고객의 경우, 수신하지 않는 고객보다 일반적으로 구매 전환율(CVR), 구매 빈도(order frequency), 구매 단가(AOV) 지표가 훨씬 높은 트렌드를 보이기 때문에 앱 푸시가 전반적인 고객 지표 향상에 얼마나 효과적인 채널인지에 대해서는 이견이 없을 것 같습니다.

전체 고객에게 동일한 메시지를 같은 시간에 발송하는 과거의 방식과는 다르게, 고객 개개인별로 맞춤화된 메시지를 오픈율이 가장 높은 최적의 시간대에 자동 발송하는 방식이 최근 마케팅 트렌드입니다. 개인화된 푸시 메시지는 고객으로 하여금 광고성 메시지의 느낌보다는 정보성 메시지의 느낌을 줍니다. 따라서 더 나은 고객 경험을 제공하면서 푸시 오픈율을 상승시킬 수 있습니다.

그림 4.2 개인화된 푸시 메시지 사례

하지만 개인화된 메시지를 발송하는 것이 앱 푸시를 클릭하게 하는 데 도움이 될 수는 있지만 구매 전환까지 이끌어 내는 데는 다소 부족할 수 있습니다. 따라서 반드시 앱 푸시 클릭 이후의 고객 여정까지 함께 고려하는 것이 중요합니다.

많은 서비스에서 메시지나 타이밍에 대한 A/B 테스트는 자주 실행하는 데 비해, 랜딩 페이지에 대한 고민은 부족한 경우가 많습니다. 고객 입장에서 흥미로운 앱 푸시 메시지를 클릭했는데, 랜딩 페이지가 매력적이지 않거나 기대했던 것과 다르다면 어떨까요? 뭔가

낚인 것 같은 기분이 들 것입니다. 이처럼 랜딩 페이지에 대한 고려가 없다면 푸시 클릭 이후 고객이 곧바로 이탈할 확률이 높아지고, 이후에 다시 푸시를 클릭하지 않는 경우도 발생할 수 있기 때문에 랜딩 페이지의 역할은 아주 중요합니다. 그렇다면 클릭부터 구매까지 고객의 여정을 고려한 좋은 사례에는 어떤 것이 있을까요? 다음 절에서 구체적인 사례를 통해 자세히 살펴보겠습니다.

4.2 │ 의외로 중요한 랜딩 페이지

최근에 받았던 푸시 메시지 중 가장 인상 깊었던 것은 바로 그림 4.3의 배달 앱 '배달의민족' B마트에서 받은 푸시 메시지였습니다.

그림 4.3 B마트 푸시 메시지와 랜딩 페이지

당월에 주문한 고객을 대상으로 추가 쿠폰을 지급하는 캠페인으로 예상되는데, 우선 푸시 메시지 문구가 제 구매 이력을 바탕으로 작성되어 매력적으로 느껴졌습니다. 또한 푸시를 클릭하면 연결되는 랜딩 페이지의 상단에서 볼 수 있듯이 제 닉네임이 랜딩 페이지에 반영되어 있어 저만을 위한 쿠폰같은 느낌이 들었습니다. 이 서비스는 나의 라이프사이클에 맞춰 나만을 위한 프로모션을 제공해 준다는 느낌을 줍니다. 고객 로열티를 극대화하는 CRM 마케팅이 바로 이런 것 아닐까요?

그림 4.4처럼 헬스 및 뷰티 스토어 '올리브영'에서 받은 푸시 메시지도 참 반갑게 느껴졌습니다. 올리브영 앱에서 8월이 생일인 저에게 생일 축하한다는 메시지와 함께 쿠폰을 지급해 주었습니다.

올리브영 푸시 메시지

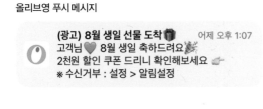

푸시 랜딩 페이지

그림 4.4 올리브영 푸시 메시지와 랜딩 페이지

푸시 메시지를 클릭했을 때 랜딩 페이지 상단에 생일 쿠폰이 정확히 명시돼 있어서 어떤 쿠폰이 지급된 것인지 명확하게 인지할 수 있었습니다. 사소한 디테일이지만, 간혹 쿠폰함으로 랜딩했을 때 쿠폰이 여러 개인 경우 정확히 어떤 쿠폰을 새로 받은 것인지 명확하지 않은 경우가 있습니다. 고객이 쉽게 인지할 수 있게 메시지 및 쿠폰함에 동일한 쿠폰명을 반영해서 발송하는 것이 고객 경험에 훨씬 더 좋습니다.

고객 경험에 도움이 되는 사례로 세탁 수거 배송 서비스 앱 '런드리고'의 신규회원 타기팅 캠페인도 추가할 수 있습니다. 그림 4.5는 런드리고에서 받은 푸시 메시지와 랜딩 페이지입니다.

런드리고 푸시 메시지

🎁 【웰컴 기프트】 이불 세탁 0원!　2023. 8. 9.
(광고) 오늘 수거신청 하면 이불 세탁 1장 무료

*수신거부 : MY > 설정

푸시 랜딩 페이지

그림 4.5 런드리고 푸시 메시지와 랜딩 페이지

웰컴 기프트라는 메시지를 통해 신규회원을 위한 이벤트임을 정확하게 인지할 수 있고, 랜딩 페이지에서도 '만나서 반가워요!', '첫 이용은 가볍게 시작하세요!'라는 메시지와 웰컴 특가 혜택을 통해 고객으로 하여금 서비스를 이용해 보고 싶은 욕구를 극대화합니다. 신규회원 전용 메시지와 혜택 랜딩 페이지는 사실 대부분의 서비스에서 진행하는 캠페인입니다. 하지만 서비스 첫 이용에 대한 심리적 장벽을 낮춰주고 고객의 라이프사이클을 고려한 메시지를 추가하는 것만으로 고객 경험을 훨씬 더 개선할 수 있다는 것을 보여주는 좋은 예시입니다.

또한 그림 4.6의 온라인 클래스 서비스 '클래스101', 그림 4.7의 럭셔리 쇼핑 앱 '발란'의 사례처럼 메시지 대상자를 위한 시크릿 랜딩 페이지를 생성하는 것도 좋은 사례입니다.

클래스101 카카오 친구톡 메시지 　　　　　 랜딩 페이지

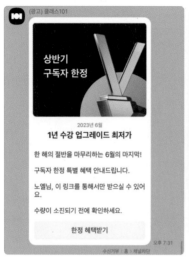 

그림 4.6 클래스101 카카오 친구톡 메시지와 랜딩 페이지

발란 푸시 메시지 　　　　　　　　　　 푸시 랜딩 페이지

그림 4.7 발란 푸시 메시지와 랜딩 메시지

"이 링크를 통해서만 받으실 수 있어요"라는 메시지가 굉장히 특별하게 보이고, 꼭 눌러야만 할 것 같은 느낌을 줍니다. 랜딩 페이지에도 "이 페이지를 나가면 혜택을 받을 수 없어요", "이 페이지를 나가면 돌아올 수 없습니다"라는 문구가 시크릿 혜택을 나에게만 주는 것 같고 이 페이지에서 나가지 않고 당장 구매해야 이득인 것처럼 보이게 합니다.

이 외에도 고객의 흥미와 구매 심리를 자극하는 메시지와 랜딩 페이지는 어떤 것이 있을까요? 모르긴 해도 이런 유형의 메시지 역시 한 번쯤 받아봤을 것입니다. 그림 4.8의 쇼핑 앱 '지그재그' 사례처럼 최근 고객의 구매 이력이나 행동 이력을 기반으로 고객의 성향을 파악해서 개인화 추천을 해주는 마케팅 전략이 인상적입니다.

지그재그 카카오 친구톡 메시지

랜딩 페이지

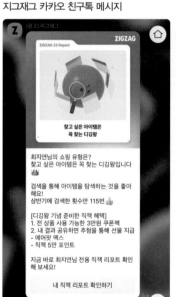

그림 4.8 지그재그 카카오 친구톡 메시지와 랜딩 메시지

저의 검색 이력을 기반으로 '탐험가'라는 쇼핑 유형을 부여해 관심도를 높이고, 동시에 별도의 혜택을 제공해서 구매 전환까지 이어지게 한다는 점이 인상 깊습니다.

많은 서비스가 매일 앱 푸시, 카카오 친구톡, 이메일 등 많은 채널을 활용해 다양한 메시지를 보냅니다. 고객들은 이 많은 메시지 중 어떤 메시지를 클릭할까요? 그리고 어떤 랜딩 페이지에서 구매를 일으킬까요? 사실 현업에서 업무를 진행하다 보면 커뮤니케이션 채널 영역은 너무나 일상적이고 반복적인 업무이기 때문에 기계적으로 수행하기가 쉽습니다. 하지만 커뮤니케이션 채널의 효과는 그 어떤 마케팅 활동보다 유입과 구매 전환 측면에서 즉각적이며 막강합니다. 하나하나의 메시지가 휘발되고 마는 것이 아니라 서비스의 이미지를 만들고 장기적으로 고객 리텐션, 충성도, 매출에 큰 영향을 미칠 수 있습니다. 항상 고객의 입장에서 한 번 더 생각하고, 클릭부터 구매 여정까지 고려하는 디테일을 놓치지 않기를 바랍니다.

4.3 수신 동의율을 효과적으로 높이는 방법

앱 푸시에 대한 메시지와 랜딩 페이지를 아무리 최적화해도 마케팅 수신 동의율이 낮으면 임팩트 있는 채널이 될 수 없습니다. 일부 특수한 경우에 공지성 메시지를 발송하기도 하지만 일반적인 앱 푸시는 대부분 모두 광고성이기 때문에 고객이 마케팅 수신 동의를 해야 메시지를 발송할 수 있기 때문입니다. 기본적으로 대부분의 서비스에서 그림 4.9의 웹툰 앱 '카카오웹툰'에서 볼 수 있듯이 앱 최초 방문과 회원 가입 단계에서 배너나 팝업을 통해 마케팅 수신 동의 전환을 유도합니다.

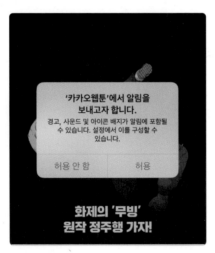

그림 4.9 카카오웹툰 마케팅 수신 동의 팝업

실제로 가장 이상적인 것은 고객이 서비스에 처음 방문했을 때 무조건 마케팅 수신 동의를 하고 계속해서 수신 동의 상태를 유지하는 것입니다. 하지만 현실은 마케팅 수신 동의율 50%를 넘기기 어려우며 수신 동의했던 고객도 손쉽게 수신 동의를 철회할 수 있습니다. 앞절에서 다뤘듯이 커뮤니케이션 채널의 영향력은 매우 막강하기 때문에 고객을 마케팅 수신 동의 상태로 전환시키는 것은 아주 중요한 미션입니다. 그렇다면 효과적으로 고객에게 마케팅 수신 동의 전환을 시키기 위해서는 어떻게 해야 할까요?

1차적으로는 수신 동의 배너나 팝업 메시지를 매력적으로 바꿔보는 방법이 있습니다. 그림 4.10의 여행 앱 '트리플', 배달 앱 '배달의민족'과 같이 "마케팅 수신 동의하면 고객님께 필요한 혜택 정보를 알려 드려요"라는 혜택을 강조한 메시지를 노출하는 것은 좋은 사례입니다. 고객이 실질적으로 마케팅 수신 동의를 하면 얻을 수 있는 이점에 대해 소구하는 것은 마케팅 수신 동의 전환율을 증가시키는 데 도움이 됩니다.

그림 4.10 트리플/배달의민족의 마케팅 수신 동의 팝업

'중요한 업데이트 내용, 신작 알림'을 강조한 그림 4.11의 OTT 앱 '왓챠' 사례도 효과적인 수신 동의 전환 캠페인이 될 수 있습니다. 일반적으로 고객들이 '할인'에만 반응한다고 착각하기 쉽지만 실제로 캠페인을 진행해 보면 '정보성으로 느껴지는 메시지'에 생각보다 민감하게 반응한다는 것을 알 수 있습니다.

그림 4.11 왓챠의 마케팅 수신 동의 팝업

이렇게 단순히 메시지를 바꾸는 것만으로도 어느 정도 효과적인 마케팅 수신 동의 캠페인이 될 수 있습니다. 하지만 이미 한 차례 이상 수신 거부를 했던 고객의 경우 단순 메시지 소구로는 수신 동의 전환의 한계가 뚜렷합니다.

이러한 이유로 많은 서비스에서 그림 4.12의 쇼핑 서비스 'KT알파', '올리브영'처럼 고객이 마케팅 수신 미동의에서 동의로 전환하는 경우 리워드를 지급하는 캠페인을 진행하고 있습니다.

그림 4.12 KT 알파의 쇼핑/올리브영의 수신 동의 이벤트

이렇게 별도의 혜택을 제공하는 것이 직관적이고 마케팅 수신 동의 전환 효과도 크지만 사실 단기적인 매출 증대에 도움이 되지 않는 수신 동의 전환에 큰 비용을 쓰겠다는 결정을 내리기는 쉽지 않습니다. 이런 경우 그림 4.13의 여행 서비스 앱 '야놀자', 라이프스타일 앱 '오늘의 집'처럼 프로모션 티징(사전 프로모션 예고 페이지)에서 프로모션 런칭 알림을 받는 방법을 앱 푸시로 설정해 수신 동의를 유도하는 방법이 있습니다.

그림 4.13 야놀자/오늘의집의 프로모션 알림 – 수신 동의 유도

더 강력한 방법으로는 그림 4.14처럼 아예 수신 동의를 해야만 이벤트 참여가 가능하도록
설정하는 방법이 있습니다. 하지만 이 방법을 사용할 경우에는 이벤트 참여율 자체가 낮아
질 위험도 존재하기 때문에 많은 테스트를 진행해 보면서 어떤 것이 수신 동의 전환율뿐만
아니라 전체적인 고객 경험에 가장 도움이 되는지 파악해 보면 좋을 것입니다.

그림 4.14 지그재그의 마케팅 수신 동의 팝업

4.4 뭐해? 자니? 심야 수신 동의

정보통신망법에 따라 오후 9시부터 익일 오전 8시까지는 광고성 푸시 알림을 전송할 수 없게 돼 있다는 사실을 알고 있나요? 사실 저는 심야 시간대에 고객이 많이 사용하는 서비스에서 일해 본 경험이 있어서 심야 시간에 고객에게 메시지를 발송할 수 없다는 사실이 항상 아쉬웠습니다. 하지만 최근 들어 많은 서비스가 심야 수신 동의를 받기 시작한 것을 보면서 반가운 마음이 들었습니다. 여러분도 심야 수신 동의라는 개념을 알고 있으신가요? 고객에게 기존 마케팅 수신 동의와 별도로 그림 4.15와 같이 심야 수신 동의를 받으면 오후 9시부터 익일 8시까지 메시지를 발송할 수 있습니다.

그림 4.15 헬로우봇의 심야 수신 동의 팝업

그림 4.15의 '헬로우봇'이라는 서비스는 사주, 타로, 운세를 볼 수 있는 서비스인데, 개인적으로 심야 시간대에 고민이 많고 잠이 오지 않을 때 애용하고 있습니다. 주로 늦은 시간에 서비스를 찾는 고객의 한 사람으로서 심야 시간대에 받는 푸시를 더 많이 클릭하고 반가워하는 것 같기도 합니다.

또한 저처럼 직장인 중에는 심야 시간대에 온라인 쇼핑을 즐기는 사람도 많습니다. 쇼핑앱 '에이블리' 또한 제가 애용하는 서비스 중 하나인데, 심야 수신 동의를 제대로 활용하는 서비스 중 하나라고 생각합니다.

그림 4.16 에이블리의 심야 수신 동의 화면

에이블리의 심야 수신 동의를 했더니 저녁마다 할인 소식, 이벤트 종료 알림이 오는데, 낮
시간대보다 푸시 메시지를 훨씬 더 많이 클릭하고 구매로 이어지는 경우가 많았습니다.

그림 4.17 에이블리의 심야 수신 동의 푸시

물론 모든 서비스가 고객에게 심야 수신 동의를 받을 필요는 없습니다. 서비스마다 주 이
용 시간대가 다를 수밖에 없고, 고객의 사용 패턴이 다르기 때문에 이 부분은 고객 데이터
를 살펴보고 진행하는 것을 추천합니다. 하지만 심야 시간대 이용 고객이 많은 서비스라면
심야 푸시 알림은 고객의 구매를 극대화하기 위한 정말 매력적인 수단 중 하나입니다.

4.5 | 언제나 통하는 키워드

여러분은 본인이 어떤 메시지를 클릭하는지 알고 있나요? 앱 푸시, 문자 메시지, 카카오 친구톡뿐만 아니라 배너, 팝업, 인터넷 광고 등 우리는 하루에도 수십 개, 많게는 수백 개의 광고성 메시지에 노출됩니다. 따라서 단순히 보는 입장에서는 오늘 본 광고 메시지도 전혀 기억이 나지 않을 수 있습니다. 하지만 어떤 메시지를 클릭했는지는 기억나지 않더라도 그림 4.18과 같은 키워드는 제법 익숙하지 않나요?

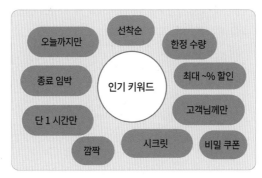

그림 4.18 인기 있는 키워드 예시

각종 광고나 프로모션, 이벤트에서 해당 키워드들을 강조해서 노출하는 것을 볼 수 있습니다. 굉장히 흔하고 뻔한 이런 키워드를 너나 할 것 없이 많은 서비스가 즐겨 쓰는 이유는 무엇일까요? 이유는 단순합니다. 바로 클릭률이 높기 때문입니다. 해당 키워드들은 항상 평균 이상의 어느 정도 보장된 효율을 달성합니다. 특히 '종료 임박', '단 하루', '오늘까지만'처럼 한정된 시간을 강조하는 키워드는 특히 반응이 좋은 키워드입니다. 그림 4.19에서 볼 수 있듯이 많은 서비스가 이러한 키워드를 잘 활용하고 있습니다.

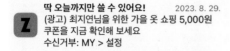

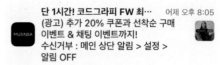

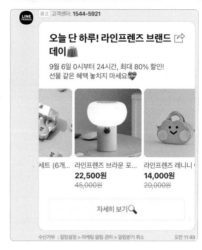

그림 4.19 시점을 강조한 메시지 사례(출처: 마켓컬리, 지그재그, 발란, 무신사, 라인프렌즈)

메시지를 보니 어떤가요? 곧 할인이 종료된다는 메시지를 받으면 조금 더 클릭하고 싶어지는 심리가 누구나 있지 않나요? 저 또한 오늘 단 하루만 진행하는 이벤트라는 메시지를 받으면 이 기회를 놓치면 안 될 것 같은 조급한 마음이 듭니다.

시간 한정 관련 키워드 못지않게 인기 있는 키워드는 바로 '선착순'입니다. 이것도 사실 시간과 관련이 있는 키워드라고 볼 수 있습니다. 빠른 시간 내에 클릭해서 혜택을 받을 수 있는 순위 안에 들어야 한다는 심리를 자극하기 때문인지 고객들의 반응이 아주 좋습니다. 그림 4.20에서 해당 키워드를 잘 활용하고 있는 서비스 사례를 볼 수 있습니다.

그림 4.20 선착순을 강조한 메시지 사례(출처: 에이블리, 야놀자)

메시지를 보고 어떤 느낌이 드나요? 다른 메시지보다 훨씬 더 즉각적으로 클릭하고 싶지 않나요? 이처럼 보편적으로 사람들이 끌리는 키워드가 존재하고, 실제로 이 키워드들을 잘 활용했을 경우 고객들에게 굉장히 즉각적이고 임팩트 있는 반응을 이끌어 낼 수 있습니다.

이외에 '~% 할인'에 대한 키워드도 클릭률이 우수한 키워드입니다. 사실 제가 항상 속으면서도 클릭하는 키워드이기도 한데, 저처럼 할인율이나 가격에 민감한 고객에게는 얼마나 저렴하게 구매할 수 있는지 궁금증을 유발하기 때문에 그냥 지나치기 어려운 키워드라고 생각합니다. 할인율에 대한 키워드를 잘 활용한 사례는 그림 4.21에서 볼 수 있습니다.

그림 4.21 할인율을 강조한 메시지 사례(출처: 발란, 29CM)

최대 80%나 88% 할인 키워드를 보면 어떤 기분이 드나요? 저는 늘 반신반의하는 마음으로 득템 기회를 기대하며 이런 메시지를 클릭합니다.

이번 절에서는 언제나 통하는 키워드에 대해 다뤘습니다. 메시지가 점점 개인화되어 가고 개인화 메시지의 반응이 좋긴 하지만 기본적으로 인기 있는 키워드 또한 사라지지는 않을 것이기에 개인화된 메시지에 이런 키워드를 잘 녹여낸다면 메시지가 가지는 힘은 더더욱 커질 것입니다. 그림 4.22는 개인화 메시지와 인기 키워드를 잘 결합한 예시입니다.

[29CM] 3000 마일리지 깜짝 선물
[Web발신]
(광고) 그리운 최*연님을 위한 깜짝
마일리지를 선물로 드렸어요!

지금부터 딱 3일만, 현금처럼 사용
할 수 있는 마일리지 3000 포인트
를 넣어두었어요. 사라지기 전 지금
바로 확인해보세요!

▶ 마일리지 보러 가기
https://29cm.onelink.me/
1080201211/
ualmsexpmileage20122123082
51

무료수신거부 080-855-1278

오늘밤 11시 59분까지만 이 가격　어제 오후 4:42
(광고) Choi노엘님, 오늘의딜이 곧 종료돼요

*수신거부 : 마이페이지>알림>설정

최지연님, 수거신청 하셨나요?　　(일) 오후 3:06
(광고) 오후 10시에 수거신청 마감 🧺
잊지 말고 세탁 맡겨주세요

*수신거부 : MY > 설정

그림 4.22 인기 있는 키워드를 활용한 개인화 메시지(출처: 29CM, 오늘의집, 런드리고)

어떤가요? 인기 있는 키워드만 강조했을 때보다 개인화된 맞춤 메시지라는 느낌이 들고, 나에게만 특별히 주어지는 혜택이라는 인식이 들어 더 클릭하고 싶어지지 않나요? 무수히 많은 메시지가 난무하는 시장에서 선택받는 하나의 메시지가 되기 위해서는 고객의 입장에서 깊이 있는 고민이 필요합니다. 인기 있는 키워드를 무조건 활용하는 것이 아니라 이를 어디에 어떻게 결합할 때 고객의 마음을 가장 잘 움직일 수 있는지 정확히 아는 것이 마케터의 힘이고 능력입니다.

4.6) 고객은 정말 '쿠폰'만 좋아할까?

'쿠폰'은 그 무엇보다도 강력한 마케팅 수단입니다. 사실 아무리 푸시 메시지나 문자 메시지를 보낸다고 하더라도 여기에 할인이라는 소재가 결합되지 않는다면 비즈니스에 영향을 미칠 만한 성과를 단기간에 이뤄 내기는 아주 힘듭니다. 그만큼 '쿠폰'이라는 수단은 고객을 전환하는 데 있어 너무나 강력하기 때문에 가장 쉽게 선택되는 수단이기도 합니다. 저도 IT 호황기 시절에는 많게는 한 달에 수십억 원씩 쿠폰 비용을 집행해 본 경험이 있고, 이 방법으로 큰 성과를 달성한 적도 있습니다. 하지만 최근 경제 침체 분위기가 심화되고 서비스 수익성에 대한 투자 압박이 커지면서 예전처럼 쿠폰 비용을 자유롭게 사용할 수 없는 상황이 되었습니다. 따라서 마케터들에게는 **쿠폰 비용을 최대한 사용하지 않으면서 고객의 구매 전환을 이끌어 내는 것**이 중요한 과제가 되고 있습니다. 이것이 정말 쉽지 않은 과제라는 것을 마케터라면 모두 공감할 것입니다. 저 또한 현업에서 마케팅 비용을 사용하지 않고도 어떻게 하면 고객을 전환시키고 유지시킬 수 있을지에 대해 많은 가설을 세우고 실제로 다양한 테스트를 진행해 보며 시행착오를 겪어왔습니다. 이 결과 모든 고객이 오직 '쿠폰'에만 반응하는 것은 아니라는 인사이트를 얻을 수 있었습니다. 그렇다면 어떤 소재를 활용해 고객을 전환시킬 수 있을까요? 그림 4.23의 라이프 스타일 앱 '오늘의집', 커머스 '마켓컬리' 사례처럼 인기 있는 상품을 고객들에게 추천해 주는 것도 좋은 전략입니다.

14,701명이 저장한 전설의 꿀팁! 어제 오후 4:33
(광고) 좁지만 예쁘게 살고싶어 😎 7평
원룸 알차게 쓰는 자취팁

*수신거부 : 마이페이지>알림>설정

💚**최*연님, 연말 선물 고민하…** (월) 오전 11:39
(광고) 가장 반응 좋은 선물만 모았어요!
지금 주문하면 내일 도착 🚚

*수신거부: 마이컬리 > 알림설정...

그림 4.23 오늘의집의 푸시 메시지 사례

대부분의 고객은 '인기 상품', '베스트셀러', '리뷰 많은 상품'에 반응하고 기본적인 관심도가 높기 때문에 해당 소재를 적극적으로 활용하는 것이 구매 전환에 도움이 됩니다.

또한 그림 4.24의 '브랜디'와 '마켓컬리' 사례처럼 시즈널리티와 최신 트렌드 키워드를 반영해서 상품을 추천해 주는 것도 좋은 방법입니다.

👻 **새해에 데일리로 입기 좋은!** 오후 3:01
(광고) 페미닌룩 [할인 & 쿠폰 💜] 있어요!

수신거부: MY > 설정

회원님, 신년모임 많으시죠? 🍶 오전 10:50
(광고) 새해 코디 4종 쿠폰팩 준비했어요 🖤

수신거부: MY > 설정

❄️ **1월에는 이렇게 입어보세요...** 어제 오후 8:30
(광고) 새해를 빛내줄 코디북 한눈에! 👀

수신거부: MY > 설정

2024 새해 뷰티 트렌드는 어제 오전 11:45
(광고) 정답은 바로 → "슬로에이징 🧖‍♀️"
피부 노화 피할 수 없다면 천천히!

*수신거부:마이컬리>알림설정

그림 4.24 브랜디/마켓컬리의 추천 사례

기존 상품 중 인기 상품을 시즈널리티와 결합해 새로운 콘텐츠처럼 재구성해서 고객에게 추천해 주는 방식은 고객으로 하여금 기존 상품을 새로운 흥미로운 정보로 느끼게 할 수 있습니다.

고객의 구매 패턴을 반영해서 구매 타이밍을 리마인드하는 것도 좋은 전략입니다. 그림 4.25의 모빌리티 앱 '타다'의 사례는 굉장히 인상 깊은 푸시 중 하나입니다.

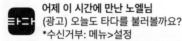

그림 4.25 타다 푸시 메시지 사례

고객이 최근 택시를 호출했던 시간에 맞춰 서비스를 이용해 볼 것을 제안하는 푸시를 발송하고 있는데, 할인 소재가 없더라도 굉장히 반응이 높을 것으로 추측됩니다. 저는 타다 사례뿐만 아니라 라이프스타일 관련 서비스, 필수재를 다루는 커머스 서비스에서도 구매 주기를 고려해서 "고객님 00상품 구매할 때 되지 않으셨나요?"라는 메시지를 종종 받는데, 이 메시지를 받고 즉각적인 구매를 할 때가 많았습니다.

이와 비슷하게 고객의 행동을 기반으로 실시간 개인화 메시지를 발송해서 구매로 이어지게 하는 전략도 좋은 방법입니다. 그림 4.26의 쇼핑 서비스 'W컨셉' 사례처럼 고객이 클릭했던 상품을 기반으로 해당 상품에 대한 리마인드 메시지를 발송해서 결제를 유도합니다.

그림 4.26 W컨셉의 푸시 메시지 사례

단순히 리마인드 메시지임에도 불구하고 고객 입장에서 한 번 더 상품을 살펴보고 구매 욕구가 커질 수밖에 없습니다.

쿠폰 플레이는 즉각적이고 쉽습니다. 하지만 비용을 쓰지 않고 고객의 구매 욕구를 이끌어내는 것은 이처럼 번거롭고 쉽지 않은 길입니다. 그럼에도 불구하고 마케터의 진정한 역량은 이렇게 어려운 환경 속에서 진가를 발휘하게 되는 것 아닐까, 하는 생각이 들기도 합니다. 마케팅 비용을 많이 쓸수록 성과가 올랐던 과거의 단순한 성공 방식과는 다르게, 어떻게 하면 고객들에게 할인 이상의 가치를 줄 수 있을지를 계속해서 고민하고 다양한 시도를 해나가면서 성장해 나갈 수 있는 기회가 온 것이라고 생각합니다.

4.7 카카오톡 채널 친구 모으는 방법부터 성과 측정까지

"카카오톡 채널 친구 추가하면 쿠폰을 드립니다." 이런 메시지를 아마 한 번쯤 본 적이 있을 것입니다. 왜 고객에게 적지 않은 금액의 쿠폰을 주면서까지 카카오톡 채널 친구 추가를 하게 하는지 궁금하지 않으셨나요? 우선 카카오톡 채널은 대한민국 국민이라면 대부분 매일 사용하는 채널이라는 점에서 영향력이 막강하고, 푸시, 문자 채널과는 달리 다양한 형태의 메시지를 발송할 수 있기 때문에 굉장히 효과적인 채널이기 때문입니다. 그림 4.27의 패션 브랜드 '앤아더스토리즈' 사례처럼 자사의 상품을 카카오톡 채널을 통해 굉장히 매력적인 콘텐츠 형태로 고객에게 제공할 수 있습니다.

그림 4.27 카카오톡의 채널 활용 예시(출처: 앤아더스토리즈)

하지만 자사 채널이 아닌 외부 채널이기 때문에 그만큼 고객이 채널 추가를 하게 만드는 것이 어렵기도 합니다. 그렇다면 카카오톡 채널 친구를 모으기 위해서는 어떻게 해야 할까요? 대부분 서비스에서 자사의 카카오톡 채널을 추가할 경우 그림 4.28처럼 리워드를 제공하는 방식을 선호합니다.

그림 4.28 카카오톡의 채널 획득 캠페인(출처: 지그재그, W컨셉)

카카오톡 친구를 대상으로 카카오톡 채널을 통해 쿠폰을 발급해 줌으로써 고객이 자발적으로 채널 추가를 하도록 유인하는 전략입니다. 또한 그림 4.29의 뷰티 브랜드 'DEWYCEL' 사례처럼 외부 광고 노출을 통해 친구 획득 효과를 극대화할 수 있습니다.

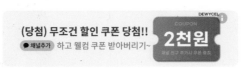

그림 4.29 카카오 친구톡의 채널 추가 광고(출처: DEWYCEL)

이 방식은 굉장히 효과가 좋지만 쿠폰 비용과 광고 비용이 많이 발생할 수 있다는 단점이 있습니다.

사실 빠르게 카카오톡 채널의 친구를 획득하기 위해서는 '카카오 싱크'를 서비스에 연동하는 것이 가장 효과적인 방법입니다. '카카오 싱크'란 그림 4.30에서 볼 수 있듯이 카카오에서 제공하는 간편 회원 가입 비즈니스 솔루션으로, 회원 가입 과정이 간단하고, 카카오 싱크를 통해 회원 가입 시 자사의 카카오 채널을 자동으로 추가할 수 있습니다.

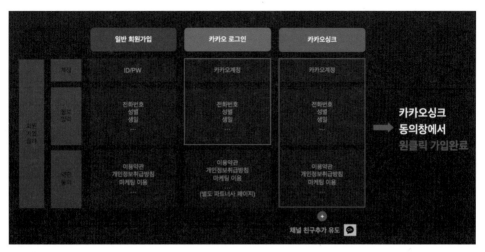

그림 4.30 카카오 싱크의 기능 안내(출처: 카카오 비즈니스)

그림 4.31의 영양제 브랜드 'IAM_' 사례처럼 자사 서비스 회원 가입 자체를 카카오 간편 가입으로 진행하는 방식으로 회원 가입과 동시에 카카오톡 채널 친구 추가가 자동으로 되게 할 수도 있습니다. 굉장히 쉽고 빠르게 카카오톡 친구를 모을 수 있기 때문에 많은 서비스에서 선호하는 방식입니다. 이는 별도의 쿠폰 비용이나 광고 비용을 집행하지 않아도 자연스럽게 카카오톡 채널 친구를 획득할 수 있는 방법이기 때문에 추천합니다.

그림 4.31 카카오 싱크 사례(출처: IAM_)

이렇게 많은 서비스가 카카오톡 친구를 획득하려고 노력하는 만큼이나 카카오 친구톡은 굉장히 효율적인 채널입니다. 반면, 아이러니하게도 회사 대표들과 이야기를 나누다 보면 카카오 친구톡 메시지 발송 비용이 가장 아깝다고 생각하는 경우도 많습니다.

여기에는 두 가지 이유가 있습니다. 첫째, 앱 푸시의 경우 내부 DB(데이터베이스)를 통해 클릭률과 구매 전환율에 대한 결과를 모두 확인할 수 있지만, 카카오 친구톡의 경우에는 클릭률에 대한 데이터만 제공하기 때문입니다. 따라서 매출 증대가 목표인 경우 카카오 친구톡이 얼마나 매출 증대에 기여했는지 판단하기 어려운 문제가 있습니다. 둘째, 외부 채널이기 때문에 카카오 싱크를 통해 고객 정보를 자사 데이터와 연동했을 경우를 제외하고 정확히 어떤 고객이 클릭했고 구매했는지 식별하기가 어렵습니다.

그렇다면 카카오 친구톡은 단순히 클릭을 통한 유입 증대 목적으로만 활용해야 할까요? 그렇지 않습니다. 간단한 방법으로 이 문제점을 해결할 수 있는데, 바로 카카오 친구톡 발송용 랜딩 페이지를 별도로 제작하는 것입니다. 별도로 생성한 랜딩 페이지 URL을 카카오 친구톡 메시지 발송에 사용하고 그 이후 내부 DB에서 해당 URL을 클릭한 고객 ID를 수집합니다. 그리고 해당 고객 ID를 구매 데이터와 연결해서 살펴보면 카카오 친구톡 메시지를 클릭한 후 구매 전환한 비율을 알 수 있고, 어떤 고객이 클릭하고 구매했는지까지 식별할 수 있습니다.

이는 조금 번거롭기는 하지만, 적지 않은 발송 비용이 드는 유료 채널인 카카오 친구톡이 얼마나 구매 전환에 기여하는지 정확히 알기 위해서는 꼭 필요한 작업입니다. 또한 카카오 친구톡 전용 랜딩 페이지를 클릭한 고객 ID를 적재해서 계속해서 메시지를 클릭하지 않는 고객에게는 메시지를 발송하지 않는 방법으로 발송 비용을 아낄 수 있습니다.

카카오톡 채널 메시지의 성과 측정 방식

1. 카카오톡 채널 메시지 발송용 랜딩 페이지를 별도 생성
2. 랜딩 페이지 URL로 메시지 발송
3. 내부 DB에서 해당 랜딩 페이지를 클릭한 고객 ID 추출
4. 해당 고객 ID와 구매 데이터 조인
5. 구매 성과 집계

05장

퍼포먼스 마케팅은
정말 끝났을까?

퍼포먼스 마케팅의 인기가 시들해지고 있습니다. 특히 지난 1~2년간 광고를 모두 중단하기로 결정을 내린 기업을 많이 봤습니다. 몇 년 전까지만 해도 퍼포먼스 마케팅 업계에는 성공 보증 공식이 만연했습니다. '소재는 이렇게 만들어야 한다', '캠페인 구조는 이렇게 해라', '이 지표만 보면 된다'와 같은 이야기입니다. 하지만 소비자들이 더 이상 광고에 낚이지 않을뿐더러 개인정보 보호와 같이 광고 업계에 다양한 규제가 생기면서 더 이상 성과를 내기가 어려워졌습니다. 비용을 들여 신규 고객을 확보하기보다는 기존 고객의 재구매를 유도하는 편이 더 효율적이라는 업계의 분위기도 한몫했습니다.

그렇다면 퍼포먼스 마케팅을 앞으로 어떻게 운영해야 할까요? 개인정보 보호 정책이 왜 퍼포먼스 마케팅 성과를 떨어뜨리는 걸까요? 이 모든 문제의 근간에는 데이터가 있습니다.

5.1 신입부터 대표까지 꼭 알아야 할 데이터 관리법

퍼포먼스 마케팅이 성과를 내려면 데이터가 중요하다고 말합니다. 실시간 데이터를 기반으로 최적화하고 매일, 매주, 매월, 매년 축적된 데이터를 기반으로 의사결정을 내리는 것이 바로 퍼포먼스 마케팅이기 때문입니다. 그래서 모두가 데이터 수집과 관리의 중요성을 매우 잘 알고 있습니다.

하지만 실무 환경에서 데이터를 어떻게 다뤄야 하는지는 아무도 얘기해 주지 않습니다. 또는 중요성은 잘 알고 있으나, 어디서부터 시작해야 할지 막막한 분도 있을 것입니다. 심지어 관리자 중 매일 보는 대시보드의 숫자를 실무자가 출근하자마자 일일이 복사해서 붙여넣고 있다는 사실을 알고 충격을 받는 경우도 봤습니다. 귀한 실무자의 시간을 단순 업무에 할애하고 있는 것입니다. 그리고 다른 기업의 사례를 속속들이 알지 않는 이상 우리 회사의 데이터 관리 프로세스가 어떤지 판단하기가 어려운 것도 사실입니다. 먼저, 다음 체크리스트를 읽어보고 우리 팀에 해당한다고 생각하는 항목에 표시해 보세요.

1. 특정 마케팅 캠페인의 성과를 자신 있게 평가할 수 없다.

2. 퍼포먼스 마케팅 예산을 감으로 분배한다.

3. 어떤 소재가 가장 성과가 좋은지 알 수 없다.

4. 퍼포먼스 마케팅 성과를 분석하려면 데이터 팀이나 개발 팀의 도움이 필요하다.

5. 데이터를 엑셀 파일이나 구글 스프레드시트에 수동으로 업데이트하고 있다.

6. 하루에 30분 이상 데이터 업데이트 업무로 쓰고 있다.

7. 퍼포먼스 마케팅 성과를 모니터링하려면 3개 이상의 대시보드를 확인해야 한다.

8. 데이터 분석을 할 때 정신이 없다고 느낀다.

9. 내가 보는 데이터에서 어떤 인사이트를 도출해야 할지 모르겠다.

10. 매출이나 트래픽이 떨어졌을 때 원인을 찾기 위해 어떤 대시보드를 봐야 하는지 모른다.

1~3은 데이터를 잘 수집하고 있는지, 4~6번은 데이터를 안전하게 저장하고 있는지, 그리고 7~10은 데이터를 효율적으로 구성하고 시각화하고 있는지를 알 수 있는 질문입니다. 데이터를 안전하게 저장하려면 데이터 수집이 선행돼야 하고, 효율적인 시각화를 위해서는 데이터가 잘 저장돼 있어야 하기 때문에 1~3번 항목에서 문제를 겪는 마케팅 조직은 시각화에도 어려움을 겪고 있을 가능성이 높습니다.

퍼포먼스 마케팅 성과 분석을 위한 데이터 수집은 조금 까다롭습니다. 그림 5.1처럼 서로 다른 곳에서 발생하는 데이터를 조합해야 하기 때문입니다. 직접 수집하고 구축하는 내부 데이터베이스와 달리 광고 매체를 통해 수집하는 데이터는 그 항목이나 형식도 제각각이라 난감할 때도 많습니다.

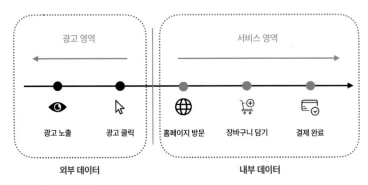

그림 5.1 외부 데이터와 내부 데이터

어떤 소재를 클릭했는지는 인스타그램이나 유튜브 같은 광고 채널에서 발생하는 일이고, 회원 가입, 장바구니에 담기, 구매와 같은 행동은 서비스 내에서 일어나는 행동입니다. 각각은 하나로 꿰지 않으면 의미가 없는 데이터입니다. 왜냐하면 퍼포먼스 마케팅 데이터의 핵심은 그 광고를 통해 누가 구매했는지 혹은 하지 않았는지를 파악하는 것이기 때문입니다. 잘 꿰지 않은 데이터로는 어떤 채널이 구매에 가장 많이 기여하는지, 즉 가장 성과가 좋은 채널이나 소재가 무엇인지에 관한 인사이트를 얻을 수 없습니다. 이 상태로 퍼포먼스 마케팅 예산을 분배하고 있었다면 데이터에 기반한 것이 아닌 감으로 의사결정을 내리고 있는 것입니다. 먼저 표 5.1을 보겠습니다.

표 5.1 데이터를 기반으로 마케팅 예산을 분배하지 못하는 경우

광고 매체	예산(원)	노출 수	클릭 수	클릭당 비용(원)	장바구니 담기(건)	구매(건)
네이버	400,000	100,000	1,100	364		
카카오	700,000	180,000	2,000	350	1,000	500
틱톡	500,000	170,000	1,200	417		

네이버, 카카오, 그리고 틱톡까지 세 개의 광고 매체를 통해 장바구니 담기와 구매 전환이 일어나고 있습니다. 하지만 각각의 매체에서 몇 건의 전환이 일어났는지는 확인할 수 없습니다. 이 상태에서 다음 달 예산을 분배한다고 생각해 봅시다. 어떤 매체에 얼마를 분배해야 할까요? 클릭 수가 가장 많은 카카오에 예산을 많이 분배해야 할까요? 클릭당 비용이 가장 높은 틱톡에 예산을 계속 써도 될까요? 이렇게 되면 결국 감으로 예산을 쓸 수밖에

없습니다. 외부 데이터와 내부 데이터는 고유 식별 값을 기준으로 잘 꿰어야 의미 있는 데이터로 활용할 수 있습니다. 그림 5.2를 보겠습니다.

그림 5.2 고유 식별 값으로 데이터를 엮는 경우

식별 값으로 광고 데이터와 내부 데이터를 연결하면 고객이 광고를 접하는 시점부터 연결성 있게 광고 데이터를 볼 수 있습니다. 그렇다면 이 식별 값의 정체는 무엇일까요? 광고 환경에서는 누구나 고윳값을 부여받는데, 안드로이드의 경우 ADID(Advertising ID), 애플은 IDFA(Identifier for Advertisers)를 통해 사용자의 휴대기기를 식별할 수 있습니다. 고유 식별 값으로 데이터를 합치는 과정은 대부분 광고 매체가 제공하는 SDK를 통해 손쉽게 구현할 수 있습니다. SDK란 'Software Development Kit'의 약자로, 앱이나 웹사이트에 설치하면 손쉽게 광고 성과를 분석할 수 있게 도와줍니다. 그림 5.3과 같이 페이스북을 통해 앱을 설치한 고객이 회원가입을 하거나 결제를 완료했을 때 앱에서 신호를 보내주면 광고 매체가 수신해서 대시보드에 집계해서 보여주는 원리입니다.

그 고객이 지금 막 결제를 완료했어!
이벤트 포스트백 가능
(Event Postback)

그림 5.3 SDK와 이벤트 포스트백[1]

---

1 이벤트 포스트백(Event Postback): 웹 페이지나 웹 애플리케이션에서 발생한 이벤트 데이터를 서버로 전송하는 프로세스

서비스에 페이스북 SDK를 설치하면 광고를 통해 발생한 성과를 더 깊이 있게 분석할 수 있습니다. 그림 5.4를 보겠습니다.

광고 세트	도달수	노출	클릭	앱 설치↓	구매
광고세트 1	350,139	705,578	3,345	2,283	7 [2]
광고세트 2	296,973	1,384,967	555	389	464 [2]
광고세트 3	2,998,087	8,178,246	809	204	335 [2]
광고세트 4	180,033	824,919	255	168	314 [2]
광고세트 5	181,207	804,291	333	130	205 [2]
광고세트 6	21,939	326,876	99	74	389 [2]
광고세트 7	78,205	121,528	160	70	140 [2]

기본 수집 데이터   SDK 연동 후 수집 가능한 데이터

그림 5.4 페이스북 SDK 연동 후 수집 가능한 지표

SDK를 설치하지 않고 광고 성과를 분석한다면 노출, 도달, 클릭과 같은 정도의 데이터로 캠페인 성과를 판단해야 합니다. 반면 SDK를 연동하면 앱 설치, 장바구니 담기, 구매 등 서비스 내에서 일어난 행동 데이터를 확인할 수 있습니다. 즉, 어떤 캠페인이 매출에 얼마나 기여하고 있으며, 서비스 성장을 견인하고 있는지 파악할 수 있습니다. 표 5.1로 돌아가 다시 예산 분배를 해 보겠습니다. 같은 경우에 SDK를 연동해 각 매체의 전환 데이터를 수집했다면 표 5.2와 같이 정리할 수 있습니다.

표 5.2 데이터를 기반으로 마케팅 예산을 분배하는 경우

광고 매체	예산(원)	노출 수	클릭 수	클릭당 비용(원)	장바구니 담기(건)	구매(건)	구매당 비용(원)
네이버	400,000	100,000	1,100	364	500	250	1,600
카카오	700,000	180,000	2,000	350	200	100	7,000
틱톡	500,000	170,000	1,200	417	300	150	3,333

이제는 각 매체에서 몇 건의 구매가 발생하는지를 알 수 있으며, 구매 1건을 발생시키는 데 얼마가 드는지를 나타내는 구매당 비용을 근거로 예산 분배를 할 수 있습니다. 네이버와 카카오의 경우 클릭당 비용은 거의 비슷하지만, 장바구니나 구매 단계로 이동하면 상당한 효율 차이가 발생합니다. 만약 계속 카카오에 가장 많은 예산을 투입했다면 예산을 계속 낭비했을 수도 있습니다.

이렇게 우리는 보통 하나의 매체만을 집행하지 않습니다. 틱톡, 페이스북, 네이버, 카카오 등 다양한 매체를 동시에 집행하는데, 그때마다 일일이 SDK를 연동해서 성과를 분석해야 할까요? 만약 직접 해야 한다면 수집을 위한 연동 작업부터 분석을 위해 데이터의 형식을 통일하는 과정까지 엄청난 공수가 들어갑니다. 그런 번거로운 과정을 줄이고 하나의 도구로 수집과 분석을 할 수 있게 도와주는 솔루션이 바로 모바일 측정 파트너(MMP, Mobile Measurement Partner)입니다. MMP의 작동 원리를 그림 5.5를 통해 살펴보겠습니다.

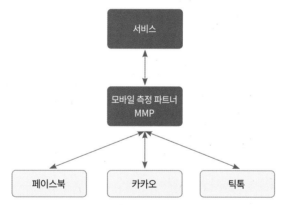

그림 5.5 모바일 측정 파트너의 원리

그림 5.5처럼 앱에 MMP SDK를 설치한 후 MMP와 광고 매체를 연동하면 MMP는 광고 매체들과 앱 사이에서 데이터를 주고받습니다. 앱에서 전환 이벤트를 전달받고 매체로부터 광고 성과를 받아 양쪽에서 수집한 데이터를 연결하고 취합하는 컨트롤타워 역할을 하는 것입니다. MMP와 최초 한 번 연동해 놓으면 채널을 추가할 때마다 SDK를 추가하는 번거로운 작업을 하지 않아도 됩니다. 채널을 추가할 때는 그림 5.6과 같이 MMP의 채널 연동으로 들어가 토글을 켜는 간단한 방식으로 연동이 가능합니다.

그림 5.6 MMP에서 광고 채널 연동하기(출처: 에어브릿지)

기술적인 차원에서도 앱에 수많은 광고 SDK 코드를 삽입하는 것보다 MMP SDK 하나만 설치하면 되므로 효율적입니다. MMP를 사용하면 데이터를 수집하는 것뿐만 아니라 시각화하는 데도 많은 도움을 받을 수 있습니다. 많은 마케팅팀이 여전히 구글 스프레드시트에서 데이터를 모니터링하고 있습니다. 구글 스프레드시트도 좋은 툴이지만 데이터가 많아지면 내용을 불러오는 데 상당히 긴 시간이 소요되고 실수로 모든 데이터를 날릴 위험도 있는 만큼 안전한 저장 방법은 아닙니다. 또 시각화에 최적화된 도구는 아니다 보니 즉각적으로 인사이트를 도출하거나 문제를 감지하기가 쉽지 않습니다.

반면 그림 5.7과 그림 5.8과 같이 MMP에서 기본으로 제공하는 다양한 보고서를 활용하면 손쉽게 우리 팀에 맞는 대시보드를 구성할 수 있습니다. 또 갑자기 매출이 줄어들거나 트래픽이 폭증했을 때 트렌드 차트나 퍼널 데이터를 보고 원인을 즉각적으로 파악할 수 있다는 장점도 있습니다.

MMP 사용을 권장하는 가장 큰 이유는 마케팅팀이 직접 데이터를 다룰 수 있게 해주기 때문입니다. 개발 팀이나 데이터 팀의 도움 없이 독립적으로 데이터를 분석함으로써 전문성을 강화하고 업무 효율도 높일 수 있습니다. MMP의 다양한 활용은 뒤에서도 반복해서 언급되니 이번 장에서 다룬 기본 원리를 꼭 이해하고 넘어가기 바랍니다.

그림 5.7 에어브릿지 트렌드 보고서(출처: 에어브릿지)

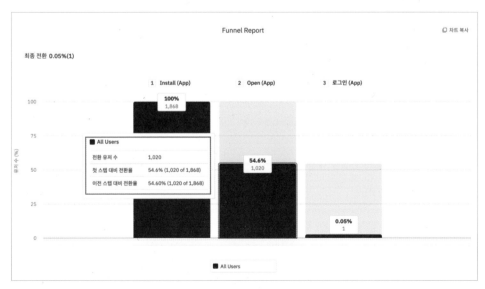

그림 5.8 에어브릿지 퍼널 보고서(출처: 에어브릿지)

5.2 개인정보 보호 시대, 왜 문제일까?

iOS 14 버전 업데이트를 기점으로 개인정보 보호 정책이 본격적으로 시행되면서 **퍼포먼스 마케팅은 끝났다**고 말하곤 합니다. 여러분은 얼마나 실감하고 있으신가요? 개인정보 보호 정책이 치명적인 이유는 우리가 그동안 퍼포먼스 마케팅 데이터를 분석하기 위해 수집하던 항목에 제한이 생기고 새로운 측정법을 도입해야 하기 때문입니다.

새로운 광고를 세팅하다 보면 결혼 여부, 학력, 성별 등 인구통계학적 특성으로 타기팅하는 경우가 많습니다. 그림 5.9처럼 취미, 관심사, 인구 통계학적 특성으로 타깃을 설정할 수 있습니다. 또는 5.10처럼 특정 앱을 설치한 사람과 비슷한 고객을 대상으로 광고를 노출할 수도 있습니다.

맞춤 타겟   새로 만들기 ▼

🔍 기존 타겟 검색

연령

19 ▼   28 ▼

성별

◯ 전체   ◯ 남성   ● 여성

상세 타게팅
일치하는 사람 포함 ❶

관심사 > 기타 관심사

건강식(개인 관리)

관심사 > Sports and outdoors > Sports (sports)

Swimming (water sport)

인구 통계학적 특성 > 학력 > 학력 수준

대학교 재학 중

🔍 인구 통계학적 특성, 관심사 또는 행동 추가   추천 찾아보기

그림 5.9 페이스북의 상세 타기팅

그림 5.10 구글애즈의 상세 타기팅

네이버에서 '겨울 외투'를 검색했는데, 얼마 후 인스타그램과 유튜브에서 각종 의류 브랜드 광고가 표시되는 것을 누구나 한 번쯤 겪어봤을 겁니다. 이렇게 여러분이 무엇을 검색하는지, 어떤 콘텐츠를 보는지, 무슨 앱을 즐겨 사용하는지가 타기팅의 재료가 됩니다. 고웃값을 기준으로 수집된 여러 가지 개인정보 중 광고주가 원하는 타기팅 항목에 해당하는 사람들에게 광고를 보여줍니다.

그림 5.11 ADID와 개인정보

개인정보 보호 정책의 핵심은 수집하는 개인정보 항목을 명시하고 활용 동의를 명확하게 받는 것입니다. 과거에는 개인정보 수집 및 활용을 거부하지 않으면 동의하는 것으로 간주했기 때문에 눈속임으로 은근슬쩍 동의율을 높이는 편법도 있었는데, 이제는 그런 행위가 모두 불가합니다. 아이폰을 사용하는 사람은 iOS 14 버전 업데이트부터 앱을 설치했을 때 그림 5.12와 같은 동의 팝업을 봤을 것입니다. 앱 투명성 정책(ATT, App Tracking Transparency) 팝업이라 부르는데, 기업은 이에 동의하지 않은 고객의 데이터는 광고나 마케팅에 사용할 수 없습니다.

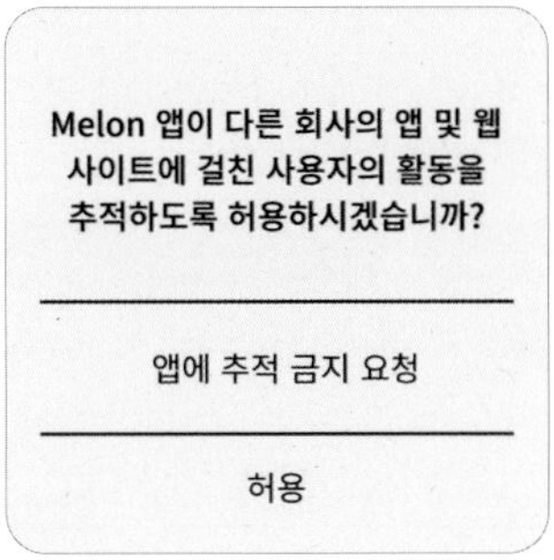

그림 5.12 iOS 14 이후 버전의 앱 추적 동의 팝업

표 5.3 iOS14 버전 이후 변화

iOS 14 버전 이전	iOS 14 버전 이후
설정에서 '동의하지 않음'을 선택하지 않으면 동의하는 것으로 간주하고 수집	'허용'을 누른 고객에 한해 수집

마케팅 측면에서 보면 개인정보 보호 정책은 비용 효율과 성과 분석의 두 가지 측면에서 문제가 됩니다. 먼저 고객을 타기팅할 수 없기 때문에 비용 효율이 크게 떨어집니다. 이해를 돕기 위해 극단적인 사례를 들어보겠습니다. 육아 용품을 판매하는 기업에서 영유아를 양육 중인 부모를 대상으로 광고를 집행해 오고 있었습니다. 이전에는 인구통계학적 특징 중 '부모'로 추정되며, 육아 관련 앱을 설치한 사람들을 타깃으로 광고를 운영했습니다. 그러나 이제는 자녀 유무나 설치한 앱으로 사람들을 특정할 수 없다고 가정해 봅시다. 모든 사람에게 광고를 보여주고, 자녀가 있는 사람이 광고를 클릭하도록 유도해야 합니다. 예전과 달리 자녀가 있는 사람 100명을 찾기 위해 1천 명이 될지 1만 명이 될지 모르는 사람에게 광고를 보여줘야 하니 훨씬 더 많은 광고비가 드는 것입니다.

성과 분석 측면에서는 어떤 문제가 발생할까요? 매체, 캠페인, 소재 단위의 광고 성과 분석이 불가합니다. 앞서 데이터 수집의 중요성에 대해 설명하면서 광고 성과 분석의 키는 ADID나 IDFA와 같은 고윳값이라고 설명했습니다.

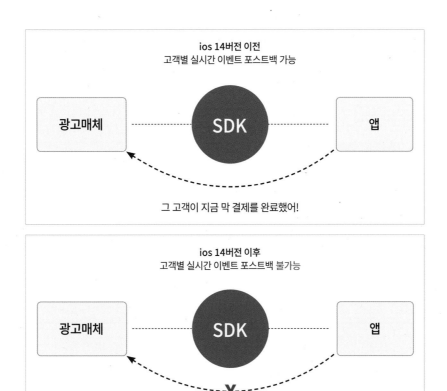

그림 5.13 iOS 14 버전 이후 앱에서 ATT에 미동의한 경우 고객별 실시간 포스트백 불가

그림 5.13과 같이 ATT에 미동의한 고객은 IDFA가 포함된 정보를 광고 매체에 전달할 수 없습니다. 광고 매체 입장에서는 광고를 클릭하고 난 이후 구매 전환에 대한 정보를 회신 받지 못해 전환 수를 기록할 수 없습니다. 실제로 구매가 일어났더라도 대시보드에 반영되지 않으니 광고의 성과가 왜곡될 수 있다는 뜻입니다.

국내 애플 사용자들의 ATT 동의율은 얼마나 될까요? 모바일 측정 플랫폼 애드저스트의 조사에 따르면 2023년 1분기 모바일 업계의 평균 동의율은 29%입니다. 10명 중 3명만이 정보 제공에 동의하는 꼴이며, 이마저도 전년 동 분기 대비 증가한 수치입니다. 이대로라면 고객의 30% 정도 데이터밖에 볼 수가 없고 잘못된 인사이트를 기반으로 의사결정을 내릴 위험도 커집니다. 이런 이유로 퍼포먼스 마케팅에 위기가 왔다는 분위기가 조성된 것 같습니다. 실제로 iOS 유저 대상 마케팅 비용 효율이 크게 떨어지고 있다는 말도 종종 들려옵니다. 그렇다면 이제 어떻게 광고 성과를 측정해야 할까요?

5.3 | 광고 성과를 측정하는 새로운 기준

다행히도 구글과 애플은 개인정보를 보호하면서 광고 성과 측정의 정확도와 비용 효율을 높이는 방법을 제공하기 위해 노력하고 있습니다. 애플은 이미 SK Ad Network(이하 SKAN)라는 API를 통해 개인 고유 식별값 없이도 광고 성과를 측정할 수 있는 방법을 제공하고 있습니다. 구글 역시 2024년 완전 도입을 목표로 구글 프라이버시 샌드박스를 테스트 중이라고 발표했습니다. 지금까지 공개된 구글 프라이버시 샌드박스와 애플 SKAN의 차이점을 주목해 볼 필요가 있습니다. 다음 표 5.4를 살펴보겠습니다.

표 5.4 애플과 구글의 새로운 데이터 집계 방식

	애플	구글
프레임워크	SKAN(SK Ad Network)	프라이버시 샌드박스
성과 제공 기준	성과가 특정 수치 이하일 경우 데이터 미제공	적은 수의 성과도 제공
전환 데이터 제공 방식	개인을 특정할 수 없는 형태의 데이터를 48시간 이내 무작위 시간에 제공	유저 식별을 방지하기 위해 통계적 소음을 유발하는 가짜 데이터를 집계해서 항상 제공

웹은 어떨까요? 애플은 이미 사파리에 ITP(Intelligent Tracking Prevention)를 도입해 사용자의 데이터를 보호하고 있으며, 구글 역시 크롬용 프라이버시 샌드박스를 2024년 4분기에 완전히 도입하기로 계획하고 있습니다.

그림 5.14 크롬의 프라이버시 샌드박스 도입 타임라인
(출처: 구글 더 프라이버시 샌드박스, https://privacysandbox.com/intl/ko_kr/)

SKAN과 같은 기술이 ATT 미동의 고객의 성과를 분석하게 해주니 고마운 기술임은 틀림 없습니다. 하지만 여전히 제약이 많습니다. 실제로 SKAN으로 iOS 고객의 성과를 분석하기 위해서는 SKAN 분석을 위한 별도의 조치가 필요합니다. 그림 5.15와 같이 개인을 특정할 수 없도록 의도적으로 데이터 송신 시간을 지연시키기 때문에 실시간 분석이 불가합니다.

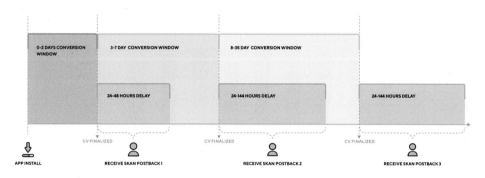

그림 5.15 SKAN의 데이터 수집 지연 원리

안드로이드는 기존 방식으로 성과를 측정하기 때문에 결국은 두 개의 소스에서 수집한 데이터를 취합해야 하는 번거로움도 있습니다. 구글 프라이버시 샌드박스가 본격적으로 도입됐을 때 어떤 제약 사항이 발생할지 알 수 없습니다.

심지어 SKAN은 이미 4.0 버전까지 출시되었는데, 현실적으로 마케팅팀에서 이렇게 빨리 변하는 트렌드를 실시간으로 따라잡고 반영하기는 어렵습니다. 하지만 MMP를 사용하면 MMP 개발사에서 도입한 SKAN 분석 기능을 활용할 수 있습니다. 그림 5.16은 앱스플라이어의 SKAN 대시보드입니다.

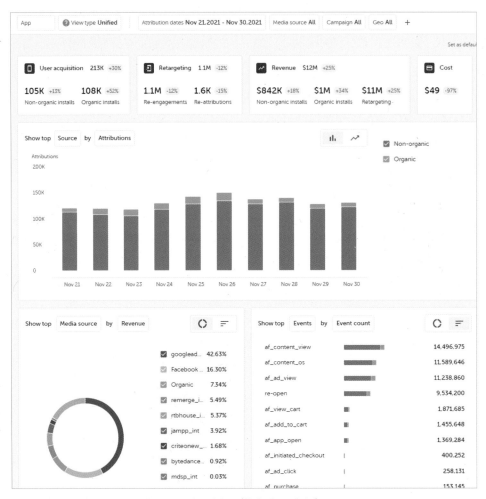

그림 5.16 앱스플라이어에서 제공하는 SKAN 개요 대시보드(출처: 앱스플라이어)

MMP 사는 수년 전부터 모바일 광고 업계의 고도화와 변화를 가장 선두에서 지휘하고 있습니다. 특히나 리소스가 귀중한 스타트업에서는 MMP 사에서 마련하는 솔루션을 적극적으로 활용하면 도움이 됩니다.

대기업, 스타트업, OS, 매체사 모두 개인정보 보호의 움직임에 많은 영향을 주고받습니다. 이는 퍼포먼스 마케팅의 개념이 확립된 이래 가장 큰 변화라고도 합니다. 애플과 구글 모두 공식적으로 타임라인을 공개해 놓은 만큼 여러분도 진행 상황과 업계의 대응에 항상 귀를 기울이고 어떻게 대응할지 고민해야 합니다.

5.4 앞으로는 어떻게 될까?

완전한 개인정보 보호 시대가 시작되면 앞으로 퍼포먼스 마케팅은 어떻게 될까요? 퍼포먼스 마케팅의 중요도가 점점 떨어질까요? 예전만큼 비용을 많이 쓰지는 못할 것이며 CRM의 중요성이 점점 높아질 것은 명백합니다. 하지만 퍼포먼스 마케팅은 여전히 성장을 위해 꼭 필요한 부분이기 때문에 앞으로의 변화와 퍼포먼스 마케터의 역할에 대한 고민이 필요합니다.

먼저 자동화된 광고, 즉 머신러닝 광고 최적화 기술이 고도화되고 있고 마케터들은 이를 잘 활용할 수 있어야 합니다. 퍼포먼스 마케터가 제한적인 데이터를 바탕으로 예산을 분배하거나 광고 운영을 해야 하는 상황은 큰 부담으로 다가옵니다. 특히 과거에 넘쳐나는 데이터를 자유자재로 분석하며 다양한 실험을 해오던 마케터라면 막막할지도 모릅니다. 하지만 앞으로 구글이나 메타 같은 대형 광고매체가 제공하는 머신러닝 광고는 퍼포먼스 마케팅 성과 달성에 중요한 역할을 할 것입니다. 그림 5.17과 같이 구글은 실적 최대화 캠페인을 통해 제한적인 데이터 활용을 보완하면서 최적의 성과를 낼 수 있는 방법을 제시합니다.

그림 5.17 구글애즈가 강조하는 실적 최대화 캠페인의 강점(출처: 구글 애즈)

메타의 어드밴티지+도 상당히 좋은 성과를 내고 있습니다. 역시 마케터가 세부적인 설정을 일일이 하거나 성과가 저하됨에 따라 소재, 예산, 최적화 전략 등을 일일이 바꾸지 않아도 머신러닝을 통해 최적의 광고 성과를 만들어 냅니다.

어드밴티지+ 쇼핑 캠페인 ✦
성과를 극대화하고 새로운 고객을 찾으세요.
기본 설정에는 자동 노출 위치, 최저 비용 입찰 전략 등이 포함됩니다.

그림 5.18 메타의 자동화된 광고 어드밴티지+(출처: 메타)

다음으로, OS에서 업데이트하는 정책에 언제나 귀를 기울이고 기민하게 반응해야 합니다. 내가 보는 데이터를 수집하고 관리하는 과정에서 어떤 변화가 일어나고 있는지 정확히 인지하고 있어야 한다는 뜻입니다. iOS 14 버전 업데이트 이후 한 마케팅 담당자를 만나 이야기를 나눈 적이 있습니다. 'OS 정책 변화는 기술적인 대응이므로 개발 담당자의 일'이라고 말하는 것을 듣고 정말 놀랐습니다. 기술적으로 적용하는 것은 개발자의 일이라고 하더라도 나와 팀의 성과에 가장 밀접하게 관련된 정책의 변화에는 책임감을 가져야 합니다.

퍼포먼스 마케팅이 예전처럼 화려하고 사치스럽던 시절로 돌아갈 수는 없습니다. 제한된 상황에서 성과를 달성하는 데 집중해야 합니다. 이럴 때일수록 퍼포먼스 마케팅의 본질을 잊지 말아야 합니다. 퍼포먼스 마케팅 호황기에 유행처럼 사용하던 분석 기법이나 복잡한 용어는 더 이상 통하지 않습니다. 지금부터는 실전에서 우리가 무엇을 목표로 어디에 집중해야 하는지 알아보겠습니다.

06장

광고로 고객 1명을
데려오는 데 드는 비용

예전에는 큰 비용을 들여서라도 신규 고객을 최대한 많이 획득하는 것이 중요했지만 이제는 돈을 써서 신규 고객을 데려오는 것이 낭비일 수 있다는 의문을 가져야 할 때입니다. 비용을 써서 데려온 신규 고객이 기업에 얼마나 이익을 가져다주는지에 대한 분석이 더 깊이 있게 이루어지고 있지 않다면 마케팅 예산을 효율적으로 쓰고 있지 못하고 있는 것입니다. 분석의 핵심은 고객 한 명을 데려오는 데 얼마를 썼고, 비용이 적절했는지를 판단하는 것입니다. 실제로 우리 기업은 고객 1명을 데려오는 데 얼마를 쓰고 있을까요? 비용은 적절한 수준일까요? 과연 우리는 얼마까지 고객 획득 비용을 줄일 수 있을까요? 이번 장에서 자세히 알아보겠습니다.

6.1 신규 고객 획득에 얼마가 들까?

고객 1명당 획득 비용(CAC, Customer Acquisition Cost)은 신규 고객 유치를 위해 투입한 총 지출을 신규 고객의 수로 나눠서 구합니다.

$$CAC = \frac{총비용}{총\ 신규\ 고객\ 수}$$

여기서 비용이란 광고 비용뿐만 아니라 고객을 유인하기 위해 지출한 쿠폰이나 포인트 비용까지 모두 포함합니다. 고객 수는 빈도나 횟수를 반영하지 않은 신규 고객의 고유 숫자의 총합입니다. 다음 예제 6.1을 통해 실제로 CAC를 계산해 보겠습니다. A 기업의 3월 CAC는 얼마일까요?

예제 6.1 월간 퍼포먼스 마케팅 요약

반려동물 용품 커머스 A사의 2023년 3월 퍼포먼스 마케팅 요약

광고 비용: 5,000,000원

신규 구매 독려 쿠폰 비용: 1,000,000원

앱 설치 수: 7,500건

신규 회원 수: 5,000명

첫 구매 고객 수: 2,400명

총 신규 구매 건: 3,000건

CAC를 어떻게 구하셨나요? 비용을 신규 회원 수로 나눈 분도, 첫 구매 고객 수로 나눈 분도 있을 겁니다. 신규 고객은 보통 **매출 발생에 기여한 고객**을 뜻하지만, 실제로는 서비스마다 다른 의미로 정의됩니다. 이 책에서는 별다른 언급이 없다면 CAC를 구하기 위해 사용하는 신규 고객을 신규 구매 고객으로 정의하겠습니다. 예제 6.1에서 A사의 신규 고객이란 첫 구매를 완료한 고객이므로 CAC는 마케팅 비용의 총합인 6,000,000원을 첫 구매 고객 수 2,400명으로 나눈 2,500원입니다. 한 가지 예제를 더 살펴보겠습니다. 예제 6.2에서 게임 개발사 B의 CAC는 얼마일까요?

예제 6.2 월간 퍼포먼스 마케팅 요약

테트리스 앱 개발사 B의 2023년 3월 퍼포먼스 마케팅 요약

B사는 고객이 게임 아이템을 얻기 위해 시청하는 광고를 통해 수익 창출

광고 비용: 3,000,000원

앱 설치 수: 5,000건

첫 게임 실행 고객 수: 4,300명

첫 광고 시청 고객 수: 3,750명

B사는 고객이 게임 플레이에 도움이 되는 아이템을 얻으려면 광고를 시청해야 하는 모델을 구축했습니다. 제품이나 유료 서비스를 판매하는 형태가 아니므로 이와 같은 경우에는 매출 상승에 기여하는 행동인 광고 시청이 신규 고객의 기준이 됩니다. 따라서 CAC는 마케팅 비용 3,000,000원을 첫 광고 시청 고객 수인 3,750으로 나눈 800원입니다. 여기에서 A사의 2,500원과 B사의 800원은 각각 어떤 의미를 가질까요? A사의 CAC가 B사보다 비싸다고 판단할 수 있을까요? 그렇지 않습니다. 예제 6.3과 6.4에서 A사와 B사의 고객 데이터 분석 결과를 살펴보겠습니다.

예제 6.3 커머스 A사와 게임 개발사 B사의 고객 데이터 분석 결과

반려동물 용품 커머스 A사

- CAC: 2,500원
- 첫 구매 고객의 객 단가: 14,000원
- 고객 1명이 평생 발생시키는 매출: 82,000원
- 마진율: 15%

A사의 경우 고객 한 명이 평생 발생시키는 매출이 평균 82,000원이고 순수익은 마진율을 곱한 12,300원입니다. A사가 고객 한 명을 획득하는 데 드는 비용이 2,500원이므로 기업은 고객 한 명당 12,300원−2,500원 = 9,800원의 순이익을 올리고 있습니다.

예제 6.4 개발사 B사의 고객 데이터 분석 결과

테트리스 게임 앱 개발사 B사

- CAC: 800원
- 첫 광고 시청 시 발생하는 평균 광고수익: 60원
- 고객 1명이 평생 발생시키는 평균 광고수익: 680원
- 마진율: 100%

반면 B사는 마진율이 100%로 고객 한 명이 평생 발생시키는 순수익이 680원입니다. 순수익에서 고객 획득 비용을 빼면 680원−800원=−120원, 즉 마이너스 수익이 발생하고 있습니다. 광고비를 지출해서 신규 고객을 획득할수록 회사는 손해를 보는 셈입니다.

이처럼 CAC는 업종, 서비스 특성, 비즈니스 모델과 밀접한 연관이 있습니다. 어떻게 보면 고객에게 광고 1개를 보게 하는 것보다 14,000원어치 소비를 하게 만드는 것이 더 어려운 일이고 훨씬 더 많은 마케팅 비용이 필요한 것은 당연하다고 생각할 수 있습니다. 하지만 여전히 "저희 쇼핑몰 CAC가 5천 원인데 낮은 건가요, 높은 건가요?"라고 묻거나 "우리 서비스는 CAC가 1,000원도 안 돼요!"라고 자랑하는 마케팅 담당자를 많이 봅니다. 하지만 앞선 예제들을 통해 알아봤듯이 CAC는 그 값 자체로는 어떤 판단도 내릴 수 없습니다. CAC의 개념을 이해했다면 지금부터는 CAC를 정의하고 평가하는 기준에 대해 알아보겠습니다.

6.1 | 우리 서비스에 맞는 CAC 정의하기

CAC의 정의를 알아보기는 했지만, 커머스가 아닌 모바일 게임이나 플랫폼 등에 몸 담고 있는 사람이라면 아직 명확하게 그림이 그려지지 않을 것입니다. 신규 구매 고객을 기준으로 구하는 CAC는 비즈니스 모델이 없거나 구매가 명확하게 일어나지 않는 경우 그대로 적용하기가 어렵기도 합니다. 그래서 실무에서는 서비스 특징과 상황에 맞게 다양하게 CAC를 정의합니다. 서비스에 맞는 CAC를 구하기 위해서는 고객이 어떤 행동을 했을 때 신규 고객 획득이라고 볼 것인지를 명확하게 정의해야 합니다. CAC의 정의에 따라 퍼포먼스 마케팅이 어떤 고객을 대상으로 무엇을 목표로 해야 할지가 결정되므로 매우 중요한 과정입니다.

먼저 우리 서비스에서 가장 의미 있는 행동이 무엇인지 생각해 보세요. 여기서 의미 있는 행동이란 매출에 직·간접적으로 영향을 주는 행동이어야 합니다. 커머스에서 리뷰 작성이 매우 중요하지만 퍼포먼스 마케팅의 목표로 삼을 수는 없듯이 말입니다. 그림 6.1과 같이 비즈니스에 따라 어떤 행동이든 신규 고객으로 정의될 수 있습니다. 이 단계에서 정하는 핵심 행동은 퍼포먼스 마케팅 활동의 목표가 되기도 합니다.

그림 6.1 신규 고객 정의

퍼포먼스 마케팅에서 신규 고객은 비용 투입 여부에 따라 **자연 유입 고객**과 **유료 고객**으로 다시 한 번 구분합니다. 유료 고객(Paid User)이란 데려오는 데 비용이 들어간 신규 고객을 뜻하고, 이를 위한 마케팅을 유료 마케팅(Paid Marketing)이라고 합니다. 자연 유입 고객(Organic User)은 비용을 들이지 않고 유입된 모든 고객으로, SNS 채널을 통해 유입된 고객이 대표적인 예입니다. 이러한 마케팅은 오가닉 마케팅(Organic Marketing)이라고 합니다. 신규 고객은 곧 자연 유입 고객과 유료 고객의 총합입니다.

그림 6.2 신규 고객은 자연 유입 고객과 유료 획득 고객의 총합

몇 가지 사례로 각각의 차이점을 알아보겠습니다. '오늘의집'은 인스타그램과 블로그 등 자사 채널에 인테리어 팁, 정리 정돈 노하우, 오늘의집 고객이 직접 꾸민 집을 보여주는 랜선 집들이 등의 자체 제작 콘텐츠를 지속해서 제작하고 있습니다. 그림 6.3과 같이 유용하거나 고객이 관심 있을 만한 정보를 담은 콘텐츠를 발행하는데, 소개하는 제품마다 해당 제품을 구매할 수 있는 링크가 첨부돼 있습니다.

그림 6.3 '오늘의집'의 고객 자연 유입 유도 사례

고객이 콘텐츠를 소비하면서 자연스럽게 구매까지 이어질 수 있도록 설계해 둔 것입니다. 이렇게 특정 행동을 유도하는 문구나 요소를 콜 투 액션(Call-to-Action, CTA)이라고 부릅니다. 고객이 오늘의집 인스타그램 콘텐츠를 조회하다가 관심 상품을 발견하면 콘텐츠의 쇼핑 아이콘이나 [Shop 보기] 버튼을 클릭합니다. 콜 투 액션 버튼을 클릭하면 해당 상품을 구매할 수 있는 오늘의집 페이지로 이동하고, 고객은 바로 그 상품을 구매할 수 있습니다. 오늘의집 앱을 열어 상품을 찾아보는 절차를 생략해 그림 6.4와 같이 매끄러운 유저 경험을 제공합니다.

그림 6.4 오늘의집 오가닉 마케팅의 고객 플로우

다음은 국내 OTT 서비스인 왓챠의 사례입니다. 왓챠는 유튜브 채널에 자사에서 제공하는 영화나 드라마의 명장면을 짧게 편집해서 콘텐츠를 업로드합니다. 영상을 통해 흥미를 느낀 고객이 바로 서비스로 유입될 수 있도록 '왓챠플레이에서 감상하기'와 같은 콜 투 액션 요소가 들어가 있는 것을 확인할 수 있습니다.

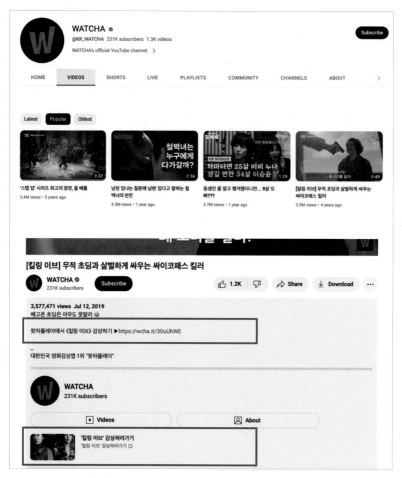

그림 6.5 왓챠의 오가닉 마케팅 사례(출처: 왓챠 공식 유튜브)

한편 오가닉 마케팅은 이미 브랜드를 알고 있거나 관심이 있던 고객에게만 도달할 수 있다는 한계가 있습니다. 소위 말하는 '알고리즘'에 의해 관심 고객에게 편향되어 콘텐츠가 노출되기 때문입니다. 오늘의집 사례의 경우 브랜드를 모르거나 인테리어에 관심이 많지 않은 사람들에게는 콘텐츠가 노출될 가능성이 적다는 뜻이기도 합니다. 따라서 더 많은 잠재고객에게 도달하기 위해서는 유료 마케팅을 집행해야 합니다. 그림 6.6과 같이 오늘의집역시 유료 광고를 집행하고 있습니다. 인테리어에 관심이 없더라도 생필품이나 살림에 필요한 용품은 누구나 구매해야 하는 물품입니다. 1인 가구, 주부, 혹은 인테리어에 관심이 있는 사람을 타깃으로 광고를 노출하여 구매를 유도할 수 있습니다.

그림 6.6 '오늘의집' 유료 광고(출처: 오늘의집)

다음으로는 누구나 한 번쯤 봤을 만한 테스트 콘텐츠입니다. 그림 6.7은 간식 리뷰 콘텐츠를 제공하는 스낵팟, 오늘의집, 데이팅 앱 글램에서 서비스 특성에 맞는 주제로 제작한 콘텐츠입니다. 왜 이런 콘텐츠가 쏟아져 나온 걸까요? 테스트를 통해 자연스럽게 서비스로 유입시킬 수 있고, 테스트 참여자가 많아질수록 바이럴 효과를 기대할 수 있기 때문입니다.

그림 6.7 MBTI 기반의 테스트 콘텐츠(출처: 스낵팟, 오늘의집, 글램)

구인구직 사이트인 인크루트는 나에게 맞는 회사를 찾는 주제의 테스트를 제공합니다. 결과를 보려면 회원가입 혹은 로그인하도록 유도해 많은 신규 회원을 획득했을 것입니다. 결과 페이지 하단에는 나에게 맞는 회사를 추천해서 자연스럽게 인크루트에 게재된 구인 공고까지 보게 합니다. 이 콘텐츠의 핵심은 **공유하기** 기능입니다. 테스트 참가자가 늘어날수록, 결과를 공유하는 사람이 많을수록 바이럴 되므로 많은 기업이 콘텐츠를 만들어서 유행처럼 배포하기도 했습니다. 얼마나 매출로 이어졌는지는 알 수 없지만 단기간에 오가닉 고객을 획득할 수 있는 수단입니다.

그림 6.8 회원가입을 자연스럽게 유도하는 테스트 콘텐츠(출처: 인크루트)

시간이 지나면 자연스레 효율이 떨어지는 유료 마케팅과 달리 오가닉 마케팅은 성과가 지속되는 기간이 길고 콘텐츠에 참여하는 사람이 많을수록 그 효과가 더 커집니다. 그리고 콘텐츠 소비자들의 자발적 공유를 기반으로 확산되기 때문에 유료 마케팅에 비해 비용 효율도 높습니다. 유료 광고를 1,000명에게 노출하는 데 몇천 원이 드는데, 오가닉 마케팅 콘텐츠는 비용이 거의 들지 않는 데다가 사용자들이 자발적으로 공유를 합니다. 하지만 모든 기업이 오가닉 마케팅을 활용하지는 않습니다. 성과가 보장되지 않을뿐더러 원하는 결과를 얻기까지 많은 시간과 리소스가 들기 때문입니다. 이런 이유로 단기적으로 성과를 낼 수 있는 유료 마케팅에 집중하는 경우가 많지만, 그렇다고 어느 한 쪽에 정답이 있는 것은 아닙니다. 각자 상황에 맞는 최선의 전략을 선택하면 됩니다. 예제 6.5에서 오가닉 마케팅을 적극적으로 활용해 신규 고객을 모집하는 A사와 유료 마케팅만 집행하는 B사의 사례를 보겠습니다.

예제 6.5 오가닉 마케팅을 적극적으로 활용하는 A사와 그렇지 않은 B사의 비교

(1) A사

- 마케팅 예산: 4,000만 원
- 콘텐츠 제작 비용: 200만 원
- 신규 유료 고객: 8,000명
- 신규 오가닉 고객: 4,500명

CAC: (4,200만 원)/(8,000명 + 4,500명) = 3,360원

(2) B사

- 마케팅 예산: 4,000만 원
- 신규 유료 고객: 9,000명
- 신규 오가닉 고객: 800명

CAC: (4,000만 원)/(9,000명 + 800명) = 4,082원

(모든 조건은 동일하다고 가정)

A사와 B사의 CAC를 비교해 보면 A사의 CAC가 3,360원으로 B사의 4,082원보다 낮으므로 A사가 오가닉 마케팅을 활용한 덕에 비용을 더 효율적으로 사용한 것을 알 수 있습니다. 하지만 여기에서 B사가 무작정 마케팅비를 잘못 쓰고 있다고 판단해도 될까요? 오가닉 마케팅의 영향을 배제하고 유료 마케팅의 성과만 측정하고 싶을 경우 유료 고객의 CAC(Paid CAC)를 별도로 구해서 일반 CAC의 보조 또는 대체 지표로 활용할 수 있습니다. 일반 CAC는 광고비와 신규 고객을 위해 지출한 쿠폰 및 포인트 비용 등 모든 비용의 합을 총 신규 고객 수로 나누어 구합니다.

$$일반\,CAC = \frac{총비용}{총\,신규\,고객\,수}$$

반면 유료 고객의 CAC는 오직 광고 비용의 총합을 신규 유료 고객 수로 나누어 구합니다.

$$유료\ 고객의\ CAC = \frac{총\ 광고\ 비용}{총\ 신규\ 유료\ 고객\ 수}$$

유료 고객의 CAC는 유료 마케팅의 효율성을 측정하는 지표입니다. 따라서 유료 마케팅을 집행하는 데 쓰인 광고 비용과 이를 통해 획득한 유료 고객 수에 대해서만 설명합니다. 그렇다면 이번에는 예제 6.6을 통해 A사와 B사의 유료 고객 CAC를 비교해 보겠습니다.

예제 6.6 오가닉 마케팅을 적극적으로 활용하는 A사와 그렇지 않은 B사의 유료 고객 CAC 비교

(1) A사

- 마케팅 예산: 4,000만 원
- 콘텐츠 제작 비용: 200만 원
- 신규 유료 고객: 8,000명
- 신규 오가닉 고객: 4,500명

CAC: (4,200만 원)/(8,000명 + 4,500명) = 3,360원

유료 고객 CAC: 4,000만 원/8,000명 = 5,000원

(2) B사

- 마케팅 예산: 4,000만 원
- 신규 유료 고객: 9,000명
- 신규 오가닉 고객: 800명

CAC: (4,000만 원)/(9,000명 + 800명) = 4,082원

유료 고객 CAC: 4,000만 원/9,000명 = 4,445원

유료 고객 CAC는 B사가 4,445원으로 A사의 5,000원보다 12%가량 낮습니다. 유료 마케팅 측면에서는 B사가 예산을 더 효율적으로 사용했다고 볼 수 있습니다. 일반 CAC와 유료 고객 CAC의 차이도 눈여겨볼 필요가 있습니다. A사는 오가닉 마케팅을 집행함으로써 고객 1명 획득 단가를 33% 절감하는 효과를 얻었지만, B사는 유료 고객 CAC와 일반 CAC가 비슷한 수준입니다. B사와 같이 자연 유입 고객의 비중이 적고 대부분 고객이 유료 광고를 통해 유입되는 상황이라면 유료 고객 CAC를 따로 주의해서 관리하지 않아도 됩니다. 반면

오가닉 마케팅 캠페인을 꾸준히 진행하고 자연 유입 고객의 비중이 높은 편인 A사의 경우 유료 고객 CAC를 별도로 관리하면 가장 성과가 좋은 캠페인과 낮은 캠페인을 구분해 기민하게 대응할 수 있습니다. 표 6.1은 오가닉 마케팅을 적극적으로 활용하는 한 기업의 성과입니다.

표 6.1 오가닉 마케팅 비중이 큰 기업의 일반 CAC와 유료 CAC

지표	1월	2월	3월	4월	5월	6월	7월	8월
마케팅 비용(원)	40,000,000	40,000,000	40,000,000	40,000,000	40,000,000	40,000,000	40,000,000	40,000,000
신규 회원(명)	7,535	7,690	6,507	7,108	9,601	8,407	9,632	11,000
오가닉(명)	4,123	4,578	4,394	5,110	6,908	5,309	5,520	7,120
유료(명)	3,412	3,112	2,113	1,998	2,693	3,098	4,112	3,880
일반 CAC (마케팅 비용/ 신규회원)(원)	5,309	5,202	6,147	5,627	4,166	4,758	4,153	3,636
유료 CAC (마케팅 비용/ 유료 회원)(원)	11,723	12,853	18,930	20,020	14,853	12,912	9,728	10,309

그림 6.9는 일반 CAC와 유료 고객 CAC의 추이를 나타내는 표입니다.

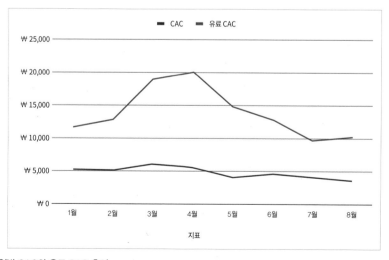

그림 6.9 일반 CAC와 유료 CAC 추이

일반 CAC(파란 선)만 추적하면 1월부터 8월까지 안정적으로 일반 CAC가 하락한 것으로 보입니다. 그러나 유료 CAC(빨간 선)를 보면 2월부터 유료 CAC가 크게 상승해서 4월에 정점을 찍었다가 7월까지 서서히 하락합니다. 유료 마케팅 성과가 좋지 않았지만, 오가닉 마케팅 성과가 좋아 자연유입 고객이 일반 CAC를 크게 낮췄습니다. 유료 마케팅 성과를 따로 측정한 덕에 적절한 타이밍에 조치를 취할 수 있었다고 볼 수도 있습니다. 이렇게 오가닉 마케팅 비중이 크다면 일반 CAC와 함께 유료 CAC를 꼭 함께 주시해야 합니다.

정리하자면 서비스마다 특성과 상황이 다르기에 신규 고객의 정의와 CAC를 구하는 방법도 같을 수 없습니다. 이 말은 같은 CAC를 두고 서로 다른 의미로 해석할 수 있다는 뜻이기도 합니다. 실제로 마케팅 대시보드에 적힌 CAC를 대표는 신규 회원 획득 비용으로, 재무 담당자는 신규 방문자 획득 비용으로, 또 마케팅 조직은 신규 구매 회원 획득 비용으로 해석하는 사례를 본 적도 있습니다. 따라서 마케팅팀 내에서 CAC를 정의했다면 유관 부서와 전사에 공유하고 합의하는 과정을 반드시 거쳐야 합니다.

> **CAC를 정의하는 3단계**
>
> - 서비스에 맞는 신규 고객을 정의합니다.
> - 신규 고객 획득 비용을 구하는 공식을 정의합니다.
> - 측정할 지표를 확정하고 전사적으로 합의합니다.

6.3 | 적절한 고객 획득 비용은 얼마일까?

지금까지 CAC를 정의하는 법을 알아봤는데, CAC가 적절한지 또는 얼마를 목표로 잡아야 할지는 어떻게 판단할까요? CAC를 판단하려면 무엇을 기준으로 삼을지, 얼마가 적절할지를 알아야 합니다. 이론적으로 고객 1명을 획득하는 데 드는 비용은 고객이 발생시키는 매출보다 작아야 합니다. 앞서 살펴본 예제 6.4에서처럼 마케팅 비용을 투입할수록 기업이 적자를 보는 일은 없어야 하기 때문입니다. 고객 한 명이 발생시키는 매출을 LTV(Lifetime Value)라고 부르는데, CAC가 LTV와 같거나 LTV를 초과하면 기업 수익성이 악화됩니다. 여기에서 잠시 멈추고 구글에서 LTV 구하는 법을 한 번 검색해 보기 바랍니다. 국내는 물론이고 실리콘밸리의 전문가들도 서로 다른 공식을 제안하는 경우가 많고, 조금씩 다른 수십 가지 공식이 존재합니다. 심지어 다음과 같이 난해한 공식이 발견되기도 합니다.

$$LTV = \sum_{t=0}^{T} \frac{(p_t - c_t) r_t}{(1+i)^t} - CAC$$

(t = 기간, p = 고객이 서비스에 지불한 값, c = 고객에게 서비스를 제공하는 데 필요한 비용)

1장에서 분명 LTV를 측정할 필요가 없다고 말씀드렸습니다. 그런데 CAC가 적절한지 판단하려면 LTV를 알기는 해야 할 것 같고, 투자 시장에서 마케팅의 성과는 LTV에 비해 CAC가 얼마나 낮은지를 보고 평가하는 경우가 많으니 혼란스러울 겁니다. 저 역시 LTV를 구해달라는 문의를 많이 받아봤는데, 공식을 임의로 각색하거나 회사에 유리한 숫자를 대입해 억지로 LTV를 구하는 경우도 왕왕 봤습니다. LTV를 구하는 공식의 요지는 고객 1명의 평균 소비 금액과 재구매율로 그 고객이 평생 우리 서비스에서 지출하는 금액을 추정하는 것입니다. 추정이라고 말하는 이유는 이번 달에 처음으로 구매한 고객 그룹도 평생 얼마를 쓸지 예측해야 하는 개념이기 때문입니다. 여기에서 핵심은 고객이 우리 서비스를 얼마나 오래 이용하는지와 얼마를 소비하고 이탈하는지를 아는 것입니다.

다음 그림 6.10은 정기구독 앱 A의 2022년 11월 가입 고객 그룹의 월별 구독권 재구매율입니다. A사는 고객이 평균 5개월 정도 서비스를 이용한 후 이탈한다고 결론을 내렸습니다. 이 경우 A사의 2022년 11월 가입 고객 그룹의 5개월 이내 재구매율은 약 10%, 5개월 이내 이탈률은 약 90%라고 할 수 있습니다.

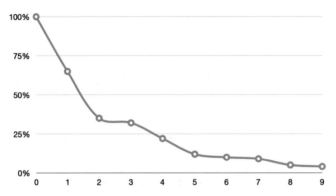

그림 6.10 A사의 2022년 11월 가입 고객의 월별 구독권 재구매율

그런데 이탈률은 시기에 따라 변하기 때문에 고정값을 적용하기가 어렵습니다. 예를 들어, A사에서 재구매 할인 혜택을 줄이면 그 시기에는 리텐션이 떨어질 수도 있습니다. 반면 CRM 캠페인에 따라 특정 기간의 리텐션이 높아질 수도 있습니다. 따라서 리텐션은 같은 조건의 고객끼리 묶어, 즉 동질 그룹으로 나누어 분석합니다. 다음 그림 6.11은 A사의 가입 월별 월간 재구매율 코호트 분석 차트입니다.

가입월	0달 째	1달 째	2달 째	3달 째	4달 째	5달 째	6달 째	7달 째
2022년 10월	100%	66%	33%	28%	23%	12%	4%	3%
22년 11월	100%	65%	35%	32%	22%	12%	3%	
22년 12월	100%	68%	32%	28%	21%	13%		
23년 1월	100%	61%	37%	31%	22%			
23년 2월	100%	66%	39%	33%				
23년 3월	100%	59%	28%					
23년 4월	100%	69%						

그림 6.11 A사의 가입 월별 월간 재구매율 코호트(2023년 5월까지)

앞서 그림 6.10에서 평균 서비스 이용 기간을 5개월이라고 정의했는데, 아직 5개월이 경과하지 않은 기간은 어떻게 이탈률을 적용할까요? 그림 6.11에서 2022년 10월부터 2022년 12월까지의 그룹별 5개월 리텐션은 12~13% 수준입니다. 그런데 2023년 1월부터 4월까지는 아직 5개월이 경과하지 않았습니다. 이 경우 5개월이 지날 때까지 기다리거나, 지난 데이터를 기반으로 예측해야 합니다. 현실적으로 현업에서 실무자가 이렇게 복잡한 요소를 고려해서 LTV를 구하는 것은 쉬운 일이 아닙니다. 설령 구한다고 해도 지속적으로 모니터링하면서 데이터의 정합성을 판단하기가 매우 까다롭습니다. 현업에서는 이 문제를 어떻게 해결할까요?

먼저 가장 편리한 방법은 MMP를 활용하는 것입니다. 많은 MMP사가 솔루션 내에서 광고 효율을 판단할 수 있도록 여러 가지 장치를 제공하는데, 그중 하나가 LTV 예측 기능입니다. 그림 6.12는 앱스플라이어(Appsflyer)에서 볼 수 있는 LTV 그래프의 예시입니다. 아직 도래하지 않은 날짜의 데이터는 지난 구매와 이탈 데이터를 기반으로 예상 매출을 점선으로 보여줍니다.

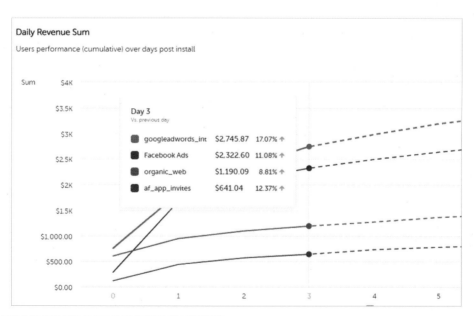

그림 6.12 일별 매출 코호트 대시보드(출처: 앱스플라이어)

그림 6.13은 에어브릿지(Airbridge)에서 제공하는 예측 LTV 대시보드입니다. 역시 과거 데이터를 기반으로 예측 LTV를 산출하며, CAC와 즉시 비교도 가능합니다. 단, MMP에서 보여주는 LTV는 마진율을 고려하지 않은 매출의 개념이기에 이 자료만으로 마케팅의 성공 여부를 판단할 수는 없습니다.

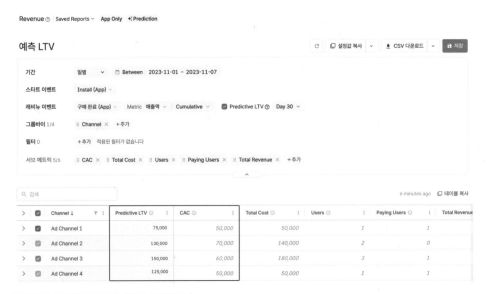

그림 6.13 예측 LTV 대시보드(출처: 에어브릿지)

이렇게 퍼포먼스 마케팅에서 LTV를 중요하게 생각하는 이유는 CAC의 기준 값이 필요하기 때문입니다. 여기에서 다시 한 번 LTV를 몰라도 된다고 말씀드리고 싶습니다. MMP에서 제공하는 LTV를 활용하는 것은 괜찮지만 직접 계산하며 시간을 낭비하지는 마세요. 단순하게 생각하면 고객을 획득하는 데 들인 비용 대비 수익이 커야 합니다. 그리고 반대로 생각하면 신규 고객이 발생시킨 수익 대비 고객 획득 비용이 작아야 합니다. LTV가 평생동안의 구매 금액을 예측한 값이라면, 평생이라는 모호한 요소를 배제하고 **실제로 고객이 발생시킨 매출**과 비교해 보세요. 표 6.2를 통해 실무에서 이를 어떻게 분석하는지 알아보겠습니다.

표 6.2 한 기업의 마케팅 성과(4월~8월, 마진율: 12%)

	4월	5월	6월	7월	8월
마케팅 비용(원)	40,000,000	40,000,000	40,000,000	40,000,000	40,000,000
신규 회원(명)	7,108	9,601	8,407	9,632	11,000
CAC(원)	5,627	4,166	4,758	4,153	3,636
7일 이내 발생 매출(원)	344,738,000	398,441,500	332,076,500	399,728,000	390,500,000
30일 이내 발생 매출(원)	376,724,000	456,047,500	357,297,500	457,520,000	434,500,000

표 6.2는 한 기업의 5개월간 마케팅 성과입니다. 해당 월에 가입한 신규 회원을 기준으로 CAC를 구했으며, 신규 회원이 해당 기간에 발생시킨 매출을 볼 수 있습니다. 마진율과 표의 데이터를 기반으로 순이익을 계산한 결과가 표 6.3입니다.

표 6.3 마진율을 반영한 1인당 순이익

	4월	5월	6월	7월	8월
마케팅 비용(원)	40,000,000	40,000,000	40,000,000	40,000,000	40,000,000
신규 회원(명)	7,108	9,601	8,407	9,632	11,000
CAC(원)	5,627	4,166	4,758	4,153	3,636
7일 이내 발생 매출	344,738,000	398,441,500	332,076,500	399,728,000	390,500,000
ㄴ순이익(원)	41,368,560	47,812,980	39,849,180	47,967,360	46,860,000
ㄴ회원 1인당 순이익(원)	5,820	4,980	4,740	4,980	4,260
30일 이내 발생 매출(원)	376,724,000	456,047,500	357,297,500	457,520,000	434,500,000
ㄴ순이익(원)	45,206,880	54,725,700	42,875,700	54,902,400	52,140,000
ㄴ회원 1인당 순이익(원)	6,360	5,700	5,100	5,700	4,740

1인당 순이익보다 CAC가 낮아야 해당 월에 기업이 손해를 보지 않았다고 판단할 수 있습니다. 표 6.4를 통해 두 지표를 비교해 보겠습니다.

표 6.4 CAC와 1인당 순이익 비교

	4월	5월	6월	7월	8월
CAC	5,627	4,166	4,758	4,153	3,636
(7일 이내 발생 매출)회원 1인당 순이익	5,820	4,980	4,740	4,980	4,260
(30일 이내 발생 매출)회원 1인당 순이익	6,360	5,700	5,100	5,700	4,740

CAC와 30일 이내 발생한 매출 기준의 회원 1인당 순이익을 비교해 보겠습니다. 6월의 경우 7일까지는 CAC가 조금 높았지만 30일 이내에 비용을 모두 회수했습니다. 4월부터 8월까지 모든 달에 CAC보다 1인당 순이익이 높은 것을 알 수 있습니다. 다만 이 사례에서 기업은 손해를 보지는 않았지만 많은 이익을 남기지도 못했습니다. 즉, 이 상황이 계속되면

기업이 크게 성장하지는 못할 것입니다. 그렇다면 CAC가 적절하다고 볼 수 있을까요? 아닙니다. 기업의 이익을 최대가 되게 해주는 지점의 CAC를 우리는 적절한 CAC라고 부릅니다. 지금부터는 CAC를 얼마나 낮출 수 있을지, 적절한 수준은 얼마일지 알아보겠습니다.

6.4 CAC는 낮으면 낮을수록 좋은 걸까?

그렇다면 CAC는 낮으면 낮을수록 좋은 걸까요? 현실적으로 적절한 CAC는 얼마일까요? 이 질문에 답하기 위해 운동복을 판매하는 커머스 A사의 사례로 CAC에 대해 조금 더 깊은 이야기를 나눠보겠습니다. 표 6.5는 A사의 2022년 11월 광고 채널별 마케팅 성과입니다. A사는 페이스북, 틱톡, 유튜브, 카카오 등 4개의 매체를 집행했는데, 이 중 어떤 채널이 가장 우수하다고 판단할 수 있을까요?

표 6.5 운동복 커머스 A사의 2022년 11월 광고 채널별 마케팅 성과(마진율: 30%)

	비용(원)	회원가입(명)	신규 구매 고객(명)	매출(원)
페이스북	3,000,000	700	154	9,270,800
틱톡	2,000,000	460	87	4,260,060
유튜브	7,000,000	1,840	350	26,919,200
카카오	6,000,000	1,440	259	21,254,400
총계	18,000,000	4,440	850	61,704,460

어떤 채널이 가장 우수한 것으로 보이나요? 그 이유는 무엇인가요? 표 6.6을 통해 더 상세하게 분석해 보겠습니다.

표 6.6 표 6.5의 상세 분석(1)

	비용	회원가입	신규 구매 고객	매출	CAC	1인당 결제 금액	고객 1인당 순 매출
페이스북	₩3,000,000	700	154	₩9,270,800	₩19,481	₩60,200	₩18,060
틱톡	₩2,000,000	460	87	₩4,260,060	₩23,004	₩49,000	₩14,700

	비용	회원가입	신규 구매 고객	매출	CAC	1인당 결제 금액	고객 1인당 순 매출
유튜브	₩7,000,000	1,840	350	₩26,919,200	₩20,023	₩77,000	₩23,100
카카오	₩6,000,000	1,440	259	₩21,254,400	₩23,148	₩82,000	₩24,600
총계	₩18,000,000	4,440	850	₩61,704,460	₩21,183	₩72,616	₩21,785

먼저 각 채널의 CAC와 1인당 구매 금액을 구했습니다. 여기에서 유의해야 할 점은 기업이 얻는 순이익 분석을 위해 반드시 마진율을 반영해야 한다는 것입니다. 다음 표 6.7에서 1인당 결제 금액에 마진율(30%)을 곱하여 구한 1인당 순이익과 CAC를 비교해 값과 CAC를 비교해 매체별 기업의 순이익을 확인해 보겠습니다.

표 6.7 표 6.5의 상세 분석(2)

	신규 구매 고객	CAC	1인당 결제 금액	1인당 순이익	고객 1인당 순 매출	순이익
페이스북	154	₩19,481	₩60,200	₩18,060	−₩1,421	−₩218,760
틱톡	87	₩23,004	₩49,000	₩14,700	−₩8,304	−₩721,982
유튜브	350	₩20,023	₩77,000	₩23,100	₩3,077	₩1,075,760
카카오	259	₩23,148	₩82,000	₩24,600	₩1,452	₩376,320
총계						₩511,338

먼저 페이스북은 CAC가 가장 낮지만 기업 순이익은 마이너스로 확인됩니다. 다음으로 CAC가 2만 3천 원대로 유사한 틱톡과 카카오를 비교해 보겠습니다. CAC는 비슷하지만 고객 1인당 결제액은 3만 3천 원의 차이가 발생해 기업 순이익에도 많은 차이를 보입니다. 결론적으로는 CAC가 낮으면 낮을수록 좋은 것이냐는 질문에는 '아니다'라고 답할 수 있습니다. CAC를 낮추는 데 집중하면 정작 기업 이익은 줄어들거나 오히려 손해를 보는 결과를 낳을 수도 있습니다. 또 너무 낮은 수준의 CAC를 유지하기 위해 비용을 줄이거나 마케팅 활동을 줄이면 신규 고객을 유치하는 데 문제가 생길 수 있습니다. 앞선 사례에서도 확인했듯이 기업의 이익이 극대화되려면 구매 고객을 최대로 확보할 수 있는 적정 수준의 CAC를 유지하면서 고객의 결제 금액을 높이려는 노력이 동반돼야 합니다.

6.5) CAC와 ROAS

지금까지 퍼포먼스 마케팅의 핵심 지표인 CAC에 대해 알아봤는데, "그럼 이 지표는?" 혹은 "이 지표가 더 중요한 것 아닌가?"라는 의문을 가진 분들이 있을 겁니다. 네, 맞습니다. CAC와 함께 퍼포먼스 마케팅에서 가장 많이 활용되는 지표가 ROAS입니다. ROAS(Return on Ad Spend)는 광고 비용 회수율을 보여주는 개념으로, 광고로 인해 발생한 매출을 광고 비용으로 나눈 후 100을 곱해서 백분율(%)의 형태로 산출되는 지표입니다.

$$ROAS = \frac{광고로\ 인해\ 발생한\ 매출\ 총액}{총\ 광고\ 비용} \times 100$$

ROAS가 100% 미만일 경우 매출보다 많은 광고비를 지출하고 있어 비용을 쓸수록 적자가 발생함을 의미합니다. 반대로 ROAS가 300%라면 매출액이 광고비의 3배에 달한다고 해석할 수 있습니다. ROAS를 다른 각도에서 해석하면 투자한 광고비를 얼마만에 회수할 수 있는지를 알 수 있습니다. 그림 6.14와 같이 ROAS는 시간의 흐름이 반영된 개념이기도 하기 때문입니다. 고객 1명을 획득하는 시점에는 비용이 발생합니다. 시간이 흐르면서 고객이 정기적으로 매출을 발생시킴에 따라 최초에 들어간 비용을 상쇄하고, 어느 지점부터는 이익이 발생하기 시작합니다.

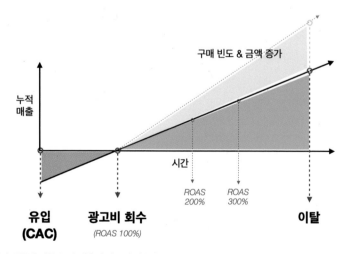

그림 6.14 시간의 흐름에 따른 누적 매출과 광고비 회수

광고비를 회수하는 시점이 빨라질수록, 구매 빈도와 금액이 증가할수록 기업이 취하는 이익은 커집니다. 표 6.8은 한 기업의 월별 ROAS입니다. 이 기업의 마진율을 100%라고 가정하고 광고비 회수 기간을 살펴보겠습니다.

표 6.8 ROAS로 알아보는 광고비 회수 기간

	마케팅 비용	신규 고객	CAC	ROAS		
				Month 1	Month 2	Month 3
2022년 1월	₩32,000,000	2,025	₩15,802	121%	142%	155%
2022년 2월	₩32,000,000	1,980	₩16,162	89%	103%	111%
2022년 3월	₩32,000,000	2,010	₩15,920	92%	108%	115%
2022년 4월	₩35,000,000	2,450	₩14,286	242%	256%	262%

이 기업은 적어도 2개월 안에는 광고비를 모두 회수하는 것으로 보이는데, 이 데이터로 어떤 의사결정을 내릴 수 있을까요? 첫 번째로 CAC 판단의 기준을 신규 고객의 2개월 이내 결제 금액으로 설정할 수 있습니다. 다시 말하면 신규 고객이 2개월 이내 발생시킨 매출을 기준으로 목표 CAC를 설정하는 것입니다. 두 번째는 회수 기간을 1개월로 앞당기는 것을 목표로 마케팅 활동 계획을 세울 수도 있습니다.

CAC와 ROAS 두 지표 모두 퍼포먼스 마케팅 성과를 측정하기 위한 좋은 가이드로 활용할 수 있지만, 각 지표가 내포하는 의미나 성과 측정 방식에서 차이가 있습니다. 표 6.9를 통해 CAC와 ROAS를 비교해 보겠습니다. CAC는 지표를 판단하는 데 마진율이나 객 단가 등이 반영되므로 좀 더 복합적으로 성과를 인지할 수 있다는 장점이 있습니다. ROAS는 투자한 광고비 대비 매출을 명료하게 보여주는 지표입니다. 결괏값만으로 비용 효율성을 신속하게 판단할 수 있지만 마진율과 같은 요소가 고려되지는 않은 지표입니다.

표 6.9 CAC와 ROAS 비교

용어	CAC	ROAS
뜻	Customer Acquisition Cost	Return on Ad Spend
정의	신규 고객 1명당 획득 비용	광고비 투자 대비 매출
특징	고객에 초점	매출에 초점
판단 기준	고객 1명이 발생시키는 순매출보다 작아야 함	100%보다 커야 함 (매출 〉 비용)
장점	고객이 발생시키는 매출, 마진율 등이 함께 고려되는 지표	광고 매체 효율성을 신속하게 판단할 수 있음
단점	광고로 인해 발생한 매출을 고려하지 않음	광고로 인한 비용과 매출만 측정

CAC와 ROAS는 장단점이 명확하기 때문에 서로 보완하는 지표로 활용할 수 있습니다. 그림 6.15는 건강기능식품 커머스 A사의 페이스북 광고 대시보드입니다. 실무에서 ROAS와 CAC가 실제로 어떻게 활용되는지 알아보겠습니다.

캠페인	도달수	노출	지출 금액	구매 ROAS(광고 지출 대비 수익률) ↓	구매	구매당 비용
(1)신규 고객 캠페인 D (운동/건강 관심사)	303	2,603	₩164,073	6.98 [2]	9 [2]	₩18,230
(2)신규 고객 캠페인 A (4050여성)	4,509	22,974	₩835,701	4.18 [2]	45 [2]	₩18,558
(3)신규 고객 캠페인 B (2030남성)	8,717	39,395	₩1,365,312	3.01 [2]	51 [2]	₩26,771
(4)신규 고객 캠페인 B (4050남성)	968,996	2,440,508	₩67,870,725	2.45 [2]	1,790 [2]	₩37,917
(5)신규 고객 캠페인 F (기혼여성)	670,382	1,417,503	₩35,849,679	2.42 [2]	952 [2]	₩37,657

그림 6.15 페이스북 광고 대시보드

광고 대시보드상에서는 CAC를 보고 캠페인들이 어떤 상태인지 바로 판단하기가 어려운데, 이때 ROAS가 도움이 됩니다. 그림 6.15에서 (4)와 (5) 캠페인의 구매당 비용이 가장 높게 형성되는 추세지만 다른 캠페인과 달리 목표 예산을 소진하며 ROAS를 안정적으로 유지하고 있다는 점에 주목했습니다. A사는 (4)와 (5) 캠페인에 예산을 증액하며 4050 남성과 기혼 여성을 대상으로 하는 광고 캠페인에서 좋은 성과를 얻을 수 있었습니다. 예시로 살펴본 페이스북뿐만 아니라 모든 광고 매체 대시보드의 열은 여러분의 비즈니스에 맞게 맞춤 설정할 수 있습니다. ROAS, CAC를 비롯해 주요 지표들을 동시에 모니터링할 수 있는 환경을 만드는 것을 권장합니다.

이번 장에서는 CAC를 중심으로 LTV, ROAS, 그리고 광고비 회수 기간 등에 대한 개념을 알아봤습니다. 적정 CAC를 구하는 공식이나 정답을 기대했다면 실망했을 수도 있습니다. 그러나 적절한 CAC란 결국 구매 고객 수를 최대화하면서 기업 이익을 최대화하는 지점이기 때문에 모든 기업의 상황에 맞는 공식은 존재할 수 없습니다. 여러 지표 사이에서 이것을 판단하는 것이 퍼포먼스 마케터의 몫이라고 생각합니다. 지금 CAC를 유지하면 매출이 성장할 수 있을까? 사실 지금 기업이 마이너스 수익을 내는 것은 아닐까? CAC가 조금 오르더라도 구매 고객을 더 많이 확보할 수 있는 여지가 있을까? 결국 여러 각도에서 가설을 가지고 실험하는 방법 밖에는 없다는 점을 명심하기를 바랍니다.

MODERN
GROWTH
MARKETING

모던 그로스 마케팅

비용은 최소화하고 매출은 극대화하는
생존 마케팅 전략

07 장

성과를 내는 퍼포먼스
마케팅 전략

퍼포먼스 마케팅의 궁극적인 목표는 기업의 이익에 기여하는 것입니다. 하지만 그렇다고 비즈니스 목표가 그대로 퍼포먼스 마케팅의 목표가 될 수는 없습니다. 예를 들어, 올해 전사 목표가 순이익 20% 성장이라고 가정해 봅시다. 목표를 달성하기 위해서는 신제품 개발, 마진율 개선, 판매량 증가, 원가 절감 등 다양한 현업 부서가 각각 제 몫을 해내야 합니다.

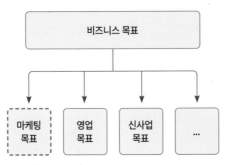

그림 7.1 비즈니스 목표와 하위 지표의 계층 구조

그렇다면 퍼포먼스 마케팅의 목표는 무엇이 돼야 할까요? 목표를 달성하기 위해 얼마나 예산이 필요하며 어디에 어떻게 써야 할까요? 이번 장에서는 매출을 올리는 퍼포먼스 마케팅 전략을 세우는 법에 대해 이야기해 보겠습니다.

7.1 퍼포먼스 마케팅 KPI 설정하기

여러분은 한라산 정상에 올라 보셨나요? 관음사 코스로 정상에 오르는 길 중반부에 삼각봉 대피소가 있습니다. 정상에 오르기 위해서는 이 삼각봉 대피소를 낮 1시 전에 무조건 통과해야 하고, 이 시간이 지나면 등반객을 통제합니다. 즉, 1시 전에는 이 대피소를 통과해야 시간 내에 정상까지 오를 수 있는 것입니다. 저는 퍼포먼스 마케팅 목표를 설정하기 어려워하는 분들에게 이 이야기를 꼭 들려드립니다. 비즈니스 목표를 달성하기 위한 길목에 있으면서 꼭 통과해야 하는 지점을 퍼포먼스 마케팅으로 삼는 것입니다. 조금 더 자세히 알아보면, 그림 7.2와 같이 비즈니스 목표를 달성하기 위해 반드시 먼저 달성해야 하는 지표가 있습니다.

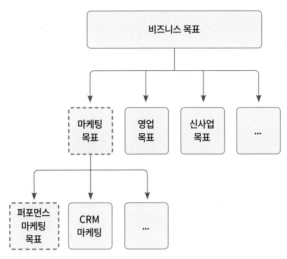

그림 7.2 비즈니스 목표의 계층 구조

그림 7.2와 같은 비즈니스 목표에서부터 시작되는 계층 구조를 이해하면 퍼포먼스 마케팅이 무엇을 목표로 어떤 일을 해야 하는지 이해하는 데 큰 도움이 됩니다. 그렇다면 실제로 어떤 지표를 KPI로 삼아야 할까요? 대부분 기업의 목표는 매출이고, 마케팅 역시 매출 상승에 기여해야 합니다. 서비스 내에서 고객이 발생시키는 행동을 이벤트(Event)라고 부르는데, 매출을 발생시키는 이벤트가 퍼포먼스 마케팅 KPI의 핵심입니다. 커머스의 경우 핵심 이벤트는 구매입니다. 커머스가 아닌 경우에는 구매가 아닌 매출을 발생시키는 다른 이벤트를 목표로 삼아야 합니다. 예를 들어, OTT 서비스라면 '구독'이, 전동 킥보드 공유 서비스라면 '킥보드 대여'가 될 것입니다. 하지만 다음의 경우 중 하나라도 해당한다면 핵심 이벤트를 결정할 때 주의해야 합니다.

- 고객 유입부터 매출 발생까지 시간이 많이 소요되는 경우
- 매출 발생까지의 과정이 복잡한 경우
- 비즈니스 모델이 없거나 모호한 경우

각각의 사례를 커머스와 그 외의 케이스를 나누어 살펴보겠습니다. 먼저 사례 7.1은 테트리스 게임 앱 개발사 A사의 사례입니다. A사는 어떤 이벤트를 KPI로 활용할 수 있을까요?

사례 7.1 테트리스 앱 개발사 A의 비즈니스 모델

- **비즈니스 모델**: 고객이 게임 아이템을 얻기 위해 30초짜리 영상 광고를 시청하면 광고 수익 발생

매출을 비즈니스 목표로 삼아도 괜찮을지 알아보기 위해 고객의 여정을 그려보겠습니다.

- 광고 〉 앱 설치 〉 게임 플레이 〉 유료 아이템 획득 시도 〉 매출 발생

데이터를 확인해 본 결과 신규 앱 설치 이후 매출 발생까지 6일이 소요되는 것을 확인할 수 있습니다. 이 경우에는 퍼포먼스 마케팅 실무자가 광고를 집행하면서 성과에 기민하게 대응하기가 어렵습니다. 따라서 퍼포먼스 마케팅 목표로는 선행 이벤트인 앱 설치가 적합할 것입니다. 동시에 A사는 처음 매출이 발생하는 시점을 앞당기기 위한 조치를 취해야 합니다. 다음 사례를 보겠습니다.

사례 7.2 개인 과외 선생님 매칭 플랫폼

- **비즈니스 모델**: 구인자(부모 고객)가 구인공고를 올리면 구직자(과외 선생님)가 지원하여 협의 후 매칭되면 수수료 발생
- **고객 여정**: 광고 〉 부모 고객이 과외 선생님 구인 공고 게시 〉 선생님 지원 〉 부모 고객이 수락 〉 매칭 완료 〉 매출 발생

사례 7.2는 매칭 플랫폼이며 상당히 복잡한 여정을 거쳐 매출이 발생합니다. 매출에 영향을 주는 이벤트는 부모님과 과외 선생님 매칭인데, 이 이벤트는 너무나 많은 요인에 의해 영향을 받고 유관 부서와의 협업이나 도움이 있어야 목표를 달성할 수 있습니다. 따라서 퍼포먼스 마케팅의 온전한 목표로 삼기 어렵습니다. 이 경우 회원 가입이나 공고 게시를 핵심 이벤트로 설정하는 것이 좋습니다.

사례 7.3 커머스사

- **비즈니스 모델**: 제품 구매 시 매출 발생

- **고객 여정**: 광고 〉 제품 구매 〉 매출 발생

커머스 사는 명백히 제품 구매를 핵심 이벤트로 설정하면 됩니다. 위에서 각각 목표로 삼았던 이벤트를 지표로 정리해 보겠습니다. 각각의 이벤트 한 건당 획득 비용은 표 7.1과 같이 정의할 수 있습니다.

표 7.1 이벤트 1건당 획득 비용 지표 정의

지표	정의	예시
CPA(Cost Per Action)	이벤트를 수행한 고객 1명 획득당 비용	튜토리얼 완료 고객 1명당 획득 비용
CPI(Cost Per Install)	신규 설치 1건당 비용	앱 설치 1건당 단가

이렇게 퍼포먼스 마케팅이 목표로 삼아야 할 핵심 이벤트를 정해봤습니다. 이제는 비즈니스 목표를 달성하기 위해 몇 건의 신규 구매가 필요한지, 몇 건의 앱 설치가 필요한지, 신규 고객은 몇 명이 필요한지 구체적인 목표 KPI를 사례를 통해 구해 보겠습니다.

사례 7.4 A사의 4분기 목표

- **매출 목표**: 2,000,000,000원

- **신규 매출 비중**: 40%

- **신규 매출 목표**: 800,000,000원

신규 매출 8억 원을 달성하기 위해 퍼포먼스 마케팅은 무엇을 목표로 삼아야 할까요? 먼저 표 7.2에서 A사의 지난 달 고객 데이터를 살펴보겠습니다.

표 7.2 A사의 지난 달 고객 데이터

앱 설치	10,000건
회원 가입	6,500건
구매 완료	520건
신규 구매 고객의 객 단가	50,000원

A사 고객의 앱 설치부터 구매까지 각 단계의 이탈률을 그림 7.3을 통해 살펴보겠습니다.

여기에서 회원가입 완료 후 구매 완료 전환율이 8%로 낮은 편이라 퍼포먼스 마케팅의 목표는 우선 신규 가입 회원 수 확보로 하는 편이 좋습니다. 그림 7.3에서 구한 전환율과 ARPU를 활용해 매출 8억 원을 달성하기 위해 필요한 신규 회원 수를 구해 보겠습니다.

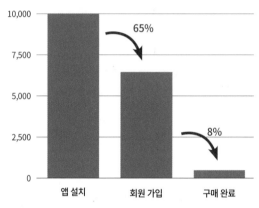

그림 7.3 A사 고객의 단계별 이탈률

표 7.3 목표 신규 회원 수 도출 수식

목표 신규 구매 고객 수	신규 매출 목표/신규 구매 객 단가	16,000명
목표 신규 회원 수	목표 신규 구매 고객/구매 완료 전환율(8%)	200,000명

신규 구매 고객의 건당 평균 구매액이 5만 원이므로 8억 원을 달성하기 위해서는 16,000명의 구매 고객이 필요합니다. 그리고 구매 전환율 8%를 기반으로 역산하면 신규 회원은 20만 명이 필요합니다. 신규 매출 8천만 원을 달성하기 위해서는 신규 가입 고객이 20만 명은 있어야 한다는 뜻으로 해석할 수 있습니다. 이렇게 고객 데이터를 기반으로 역산해서 퍼포먼스 마케팅 KPI를 계산합니다. 이 방식은 연간 목표를 세우거나 캠페인 혹은 매체 단위의 목표를 설정하는 데도 도움이 됩니다.

이렇게 퍼포먼스 마케팅의 KPI를 설정해 봤습니다. 그런데 KPI 달성에 매몰돼 퍼포먼스 마케팅은 결국 비즈니스 목표를 달성하기 위한 것임을 잊는 경우를 많이 봤습니다. 퍼포먼스 마케팅 목표를 달성해 매출도 올랐는지, 계산에 참고했던 보조 지표가 바뀌지는 않았는지 등을 언제나 염두에 둬야 합니다. 그리고 비즈니스 목표 달성을 위해 퍼포먼스 마케팅 KPI도 언제든 수정할 수 있음을 명심하기 바랍니다.

7.2 우리 서비스와 잘 맞는 매체 찾기

퍼포먼스 마케팅의 KPI를 구했다면 다음으로 해야 할 일은 목표를 달성하기 위해 어떤 매체에 얼마나 쓸지를 정하는 일입니다. 그런데 매체란 정확히 무엇일까요? 구글 광고를 집행한다면 광고가 정확히 어디에 노출되는지 알고 있나요? 한 매체에 광고를 집행하는 데 최소 얼마의 예산이 필요할까요? 매체에 대한 이해 없이 관성적으로 남들이 다 하는 매체에 광고를 집행하고 있지는 않은가요? 생각보다 디지털 광고는 아주 복잡한 기술을 기반으로 돌아가지만 기본적인 원리와 트렌드를 이해하면 광고 집행이 훨씬 쉬워집니다. 그래서 예산을 편성하기 전에 고려해야 할 매체에 관해 자세히 알아보겠습니다.

먼저 매체란 광고 내용을 소비자에게 전달하는 매개체를 말합니다. 우리가 흔히 광고를 접하는 카카오톡 앱, 인스타그램 앱 등이 모두 광고 매체입니다. 광고 매체에 광고주가 광고를 등록하고 성과를 확인할 수 있도록 마련된 환경을 광고 플랫폼이라고 합니다. 쉽게 말하면 광고 플랫폼인 메타(Meta)를 통해 인스타그램에 광고를 집행할 수 있는 것입니다. 매체에 광고를 올리기 위해 마련된 영역을 광고지면이라고 하며, 광고지면에 게재할 수 있는 광고의 양을 인벤토리(Inventory)라고 합니다.

- **광고 플랫폼**: 광고를 등록하고 성과를 확인할 수 있도록 마련된 환경
- **매체**: 광고를 소비자에게 전달하는 매개체
- **광고지면**: 매체에 광고를 위해 마련된 영역
- **인벤토리**: 광고지면에 게재할 수 있는 광고 개수

다음의 사례 7.5를 통해 용어의 실질적 의미를 알아보겠습니다. 각각의 광고가 게재된 플랫폼과 매체, 지면은 각각 무엇일까요?

사례 7.5 광고 매체에 대한 용어 정의

예시 A   예시 B

먼저 예시 A는 인스타그램의 탐색 탭 지면에 게재된 광고로, 메타를 통해 등록되었습니다. 예시 B는 네이버 웹(PC) 검색 광고의 검색 결과 상단 지면에 게재된 광고로, 네이버를 통해 등록되었습니다. 따라서 다음과 같이 정리할 수 있습니다.

	예시 A	예시 B
광고 플랫폼	메타	네이버
매체	인스타그램	네이버 웹(PC)
광고지면	탐색 탭	검색 결과 상단

국내에서 가장 많이 쓰이는 매체는 대부분 대형 광고 플랫폼에서 운영합니다. 표 7.4는 대표적인 광고 매체의 플랫폼과 지면의 사례입니다.

표 7.4 국내 주요 광고 매체의 플랫폼과 지면 예시

플랫폼	매체	지면
메타 (Meta)	인스타그램, 페이스북, 페이스북 오디언스 네트워크	스토리, 피드 등
네이버 성과형 광고 (네이버GFA)	네이버, 밴드, 네이버카페 등	피드, 홈 배너 등
구글애즈 (Google Ads)	메일 앱, 유튜브, 플레이스토어 등	유튜브 범퍼, 플레이스토어 검색 결과 상단 등
카카오모먼트 (kakaomoment)	카카오톡 등	채팅 목록 상단 배너
틱톡 포 비즈니스 (Tiktok for Business)	틱톡 앱, 팽글	동영상 추천 피드

매체의 개념을 이해했다면 원하는 매체에 광고를 게재하기 위해 지면을 구매하고 계약하는 방식을 알아보겠습니다.

- **지면 구매 방식**: 원하는 지면에 광고를 게재하기 위해 인벤토리를 구매하는 방법
- **계약 방식**: 광고주가 광고 인벤토리를 구매하기 위해 매체사와 거래하는 방식

광고지면을 구매하는 방식은 다양하지만 가장 대표적인 방법 두 가지를 소개합니다. 지면과 기간에 따라 고정된 비용을 지불해서 그 기간 내 인벤토리를 점유하는 **고정 비용 계약 방식**과 인벤토리를 실시간 경매를 통해 낙찰받는 **실시간 입찰 방식**(RTB, Real-Time Bidding)이 있습니다.

고정 비용 계약 방식 광고의 대표적인 예시는 그림 7.4의 네이버 타임보드 광고입니다. 이 광고는 시간 단위로 구매할 수 있어 CPT(Cost Per Time) 광고로도 불립니다. 타기팅이 불가하지만 이 페이지에 방문한 모두에게 특정 시간 동안 자사의 광고를 보여줄 수 있기 때문에 노출량이 보장되고 광고지면이 보통 방문자가 많은 페이지에 자리 잡고 있으므로 주목도가 크다는 장점이 있습니다. 또 그림 7.5와 같이 이 유형의 광고는 지면과 시간대에 따라 광고 비용이 다르게 책정되는 경우가 많습니다.

그림 7.4 네이버 타임보드 광고(출처: 네이버 홈페이지)

디바이스 구	서비스	상품명	판매유닛/유닛그룹 명	노출시간대	기본 공시단가
PC	메인	타임보드	P_메인_타임보드 (신)	평일 00-04시	3,000,000
PC	메인	타임보드	P_메인_타임보드 (신)	평일 04-08시	7,000,000
PC	메인	타임보드	P_메인_타임보드 (신)	평일 08-09시	12,000,000
PC	메인	타임보드	P_메인_타임보드 (신)	평일 09-10시	23,000,000
PC	메인	타임보드	P_메인_타임보드 (신)	평일 10-11시	26,000,000
PC	메인	타임보드	P_메인_타임보드 (신)	평일 11-12시	24,000,000
PC	메인	타임보드	P_메인_타임보드 (신)	평일 12-13시	19,000,000
PC	메인	타임보드	P_메인_타임보드 (신)	평일 13-14시	24,000,000
PC	메인	타임보드	P_메인_타임보드 (신)	평일 14-15시	25,000,000
PC	메인	타임보드	P_메인_타임보드 (신)	평일 15-16시	25,000,000
PC	메인	타임보드	P_메인_타임보드 (신)	평일 16-17시	25,000,000
PC	메인	타임보드	P_메인_타임보드 (신)	평일 17-18시	22,000,000
PC	메인	타임보드	P_메인_타임보드 (신)	평일 18-19시	12,000,000
PC	메인	타임보드	P_메인_타임보드 (신)	평일 19-20시	9,000,000
PC	메인	타임보드	P_메인_타임보드 (신)	평일 20-21시	9,000,000
PC	메인	타임보드	P_메인_타임보드 (신)	평일 21-22시	9,000,000
PC	메인	타임보드	P_메인_타임보드 (신)	평일 22-23시	8,000,000
PC	메인	타임보드	P_메인_타임보드 (신)	평일 23-24시	7,000,000

그림 7.5 네이버 타임보드 광고 단가표(출처: 네이버 디스플레이 광고 홈페이지)

다음으로 실시간 입찰은 자동화된 방식으로 광고지면과 인벤토리를 거래하는 광고이며, 우리가 접하는 대부분의 광고가 이에 해당합니다. 가령 30대 남성을 타깃으로 광고를 집행한다고 가정해 보겠습니다. 이 경우 먼저 30대 남성이 가장 많이 보는 지면의 인벤토리를 구매해야 합니다. 하지만 동시에 그 지면에 광고를 보여주고 싶어 하는 수많은 경쟁자가 있을 것입니다. 광고 매체는 경매 형식으로 광고주들에게 입찰가를 받고, 내부 기준에 가장 부합하는 광고주에게 그 지면을 판매합니다.

여러분에게 광고를 보여주기 위해 수많은 광고주가 이렇게 치열하게 입찰 경쟁을 하고 있다는 사실을 알고 있었나요? 디지털 광고 초창기에는 지면 선정과 입찰이 모두 수동으로 이루어졌습니다. 매일 입찰가를 50원 단위로 조정해 가며 결과를 확인하는 것이 퍼포먼스 마케터의 주요 업무였습니다. 하지만 이제는 광고 플랫폼의 머신러닝 기술이 잠재 고객이 가장 많이 모여 있는 지면을 찾고 실시간으로 입찰 경쟁에 참여해 성과를 냅니다. 그림 7.6은 광고지면 A에 광고를 게재하기 위한 광고주들의 입찰 경쟁을 나타낸 그림입니다. 광고주들은 각각 감당할 수 있을 만한 수준의 입찰가를 설정합니다. 매체마다 낙찰 방식은 다른데, 이 매체가 두 번째로 입찰가가 높은 광고주에게 광고를 낙찰한다고 가정하겠습니다. 그렇게 광고주 3이 해당 지면을 낙찰받고, 광고를 게재하게 됩니다.

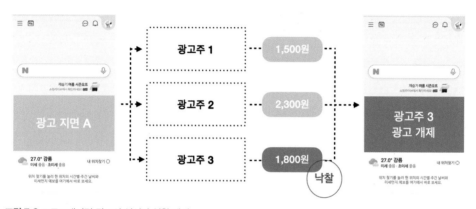

그림 7.6 프로그래머틱 광고의 실시간 입찰 예시

메타의 경우 광고주의 입찰가뿐만 아니라 계정과 광고의 품질이나 브랜드의 가치를 가중치로 반영한다고 명시하고 있고, 실제로 그것이 광고 노출에 상당한 영향을 주고 있는 만큼 집행하고자 하는 매체의 입찰 방식을 반드시 확인해야 합니다. 실시간 입찰 방식을 사용하는 광고 매체는 임의로 입찰가를 올리고 내리기 때문에 광고주는 최대 입찰가나 평균 입찰가를 세팅해 놓기만 하면 됩니다. 네이버 타임보드처럼 플랫폼에서 정한 광고 비용을 지불하는 것이 아니라, 낙찰된 광고에서 얻은 클릭 수나 노출 수에 대해서만 과금됩니다.

다음으로는 광고지면을 거래하는 계약 방식입니다. 우리가 네이버 타임보드 광고 집행을 하려고 한다면, 네이버와 직접 계약을 하고 대금을 지급할 것입니다. 이렇게 매체사나 플랫폼과 계약하는 방식을 직접 계약이라고 합니다.

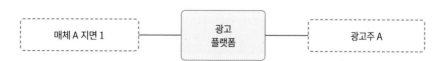

그림 7.7 직접 계약 방식

이번에는 여러분이 게임 앱, 날씨 앱, 만보기 앱 등 10여 개의 매체에 광고를 집행하고 싶다고 가정해 보겠습니다. 그렇다면 각각의 매체에서 지면을 선별해서 광고 계약을 하고 광고를 등록해야 할 것입니다. 반대로 여러분이 개발한 날씨 앱 방문자들에게 광고를 노출해 수익화하고 싶다고 생각해 보겠습니다. 직접 광고 영역을 만들고 광고주를 응대하며 광고를 수주하는 것은 쉬운 일이 아닙니다.

광고 생태계에서는 광고를 집행하고자 하는 사람, 즉 광고주를 광고 수요자(Demand Side)라고 하며, 매체를 보유하고 있고 광고지면을 확보해 인벤토리를 판매하고자 하는 쪽을 공급자(Supply Side)라고 합니다. 수요자와 공급자 모두의 편의를 위해 생겨난 시스템이 애드 네트워크(Ad Network)입니다. 광고 수요자는 애드 네트워크를 통해 수많은 매체와 지면에 광고를 노출할 수 있습니다. 매체(공급자)는 애드 네트워크가 제공하는 소스를 통해 손쉽게 광고지면을 확보하고, 인벤토리를 판매해서 수익화할 수 있습니다. 그림 7.8과 같이 애드 네트워크가 수많은 광고주와 매체 사이에서 실시간으로 인벤토리를 사고 팝니다.

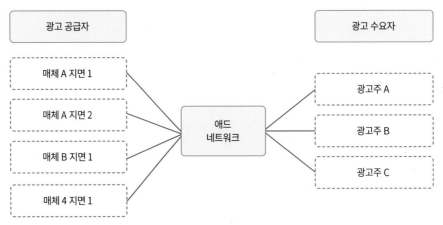

그림 7.8 애드 네트워크를 통한 계약 방식

대표적인 애드 네트워크에는 페이스북 오디언스 네트워크(FAN, Facebook Audience Network)와 구글 애드센스(Ad Sense)가 있습니다. 그림 7.9와 같이 메타 광고 대시보드를 보면 광고주는 메타에서 광고를 집행했지만 실제로 광고는 페이스북, 인스타그램뿐만 아니라 오디언스 네트워크에도 노출되는 것을 확인할 수 있습니다. 그림 7.10과 같이 어떤 매체에서 광고가 게재되는지 보고서 형식으로 확인하고 원치 않는 매체는 제외할 수 있습니다.

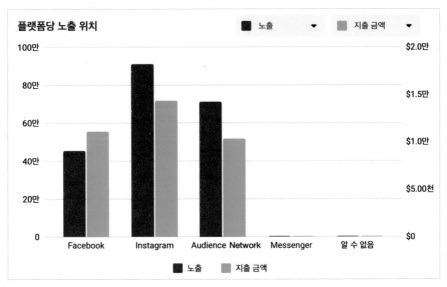

그림 7.9 메타를 통해 집행한 광고의 플랫폼당 노출 위치 데이터 예시

URL	Organization/Brand/Content Creator	Campaign ID	Approximate Impressions
http://play.google.com/store/apps/details?id=com.sta	Block Puzzle - Classic Style	123456789	15873
http://play.google.com/store/apps/details?id=com.cal	CallApp: Caller ID & Block	123456789	10989
https://itunes.apple.com/us/app/id1342763352	FoxFM - Offline Video Player	123456789	7326
http://play.google.com/store/apps/details?id=com.fre	Free Music - music & songs,mp3	123456789	6105
http://play.google.com/store/apps/details?id=com.pla	Ball Sortpuz - Color Puzzle	123456789	4884

그림 7.10 오디언스 네트워크 광고 게재 위치 보고서의 일부

이제 매체에 게재되는 광고에 대해 알아보겠습니다. 시중에 정말 다양한 광고 상품이 존재하지만 크게 디스플레이 광고(Display Ad)와 검색 광고(Search Ad)로 구분할 수 있습니다. 먼저 디스플레이 광고는 메시지, 이미지, 영상 등의 시각적 요소와 콜 투 액션 요소가 결합된 온라인 광고입니다. 그림 7.11과 같이 인스타그램, 페이스북, 네이버 앱에서, 또는 웹 서핑 도중 발견하는 모든 광고가 디스플레이 광고입니다.

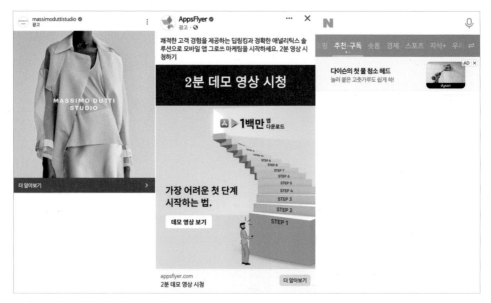

그림 7.11 디스플레이 광고 예시

디스플레이 광고는 네이버 타임보드 광고와 같은 형태로 노출될 수도 있고 사람들의 관심사, 인구통계학 정보, 학력, 구매 패턴 등의 데이터를 기반으로 맞춤형 광고의 형태로 노출될 수도 있습니다. 다음으로 검색 광고는 포털 검색엔진에 입력한 검색어를 기반으로 노출되는 광고입니다. 검색 광고는 크게 세 가지 목적으로 사용합니다.

- 자사 키워드 방어
- 경쟁사 키워드
- 탐색

먼저 자사 키워드 방어 유형은 자사 브랜드 키워드를 검색한 사람들에게 노출하는 광고입니다. 브랜드 키워드를 검색하는 사람들은 우리 서비스나 제품을 이용하려는 의도가 명백한 자연 유입 고객으로 볼 수도 있는데, 왜 군이 비용을 쓰는 걸까요? 우선 자사 키워드를 지키기 위한 경우가 있습니다. 그림 7.12를 보겠습니다. 구글 플레이스토어에 토스를 검색했는데, 핀다 검색 결과가 최상단에 노출됩니다.

그림 7.12 타 브랜드 키워드에 광고를 게재하는 경우

핀다는 왜 토스라는 키워드에 비용을 지출하고 있을까요? 토스를 사용하는 사람이라면 핀다 앱에도 관심이 있을 가능성이 높기 때문입니다. 브랜드 인지도가 높아질수록 브랜드 키워드를 검색하는 사람들을 가로채려는 입찰 경쟁이 심해집니다. 이에 대응하기 위해 기업들은 의도적으로 자사 브랜드 키워드에 많은 비용을 들이기도 합니다. 경쟁사 키워드 유형은 프로모션이나 정보를 의도적으로 보여주기 위한 목적으로 활용합니다. 그림 7.13을 통해 사례를 확인해 보겠습니다.

그림 7.13 프로모션 홍보 목적의 자사 키워드 검색 광고
(출처: 째깍악어, 안다르)

두 가지 사례 모두 우리 브랜드를 검색한 사람들이 다른 길로 새지 않고 무사히 우리 서비스에 도착하도록 하기 위해 자연 유입으로 볼 수 있는 사례인데도 의도적으로 비용을 지출하는 것이라고 볼 수 있습니다.

마지막으로 탐색 유형은 정보를 둘러볼 목적으로 검색하는 사람들에게 광고를 노출하는 검색 광고 유형으로, 그림 7.14를 살펴보겠습니다. 여름 이불을 구매하려고 포털에 '여름 이불'을 검색하면 수많은 이불 판매 사이트의 광고가 노출됩니다. 구글 플레이 스토어에 '메모'를 검색하면 역시 광고가 최상단에 노출됩니다. 최근에는 지도를 기반으로 하는 지역 검색도 활발합니다. '잠실 키즈카페'를 검색하면 광고가 최상단에 노출돼 자연스럽게 많은 사람에게 브랜드를 노출할 수 있습니다.

그림 7.14 탐색을 목적으로 하는 사람들에게 노출되는 검색 광고

광고를 디스플레이 광고와 검색 광고로 나눠서 설명한 이유는 고객의 유입 여정에 따라 쓰임새가 다르기 때문입니다. 디지털 광고를 통해 매출이 발생하기까지는 인지, 고려, 구매의 단계를 거칩니다. 보통 디스플레이 광고는 브랜드나 제품을 인지시키기 위한 목적으로 활용됩니다. 타기팅을 통해 우리 제품을 필요로 할지도 모르는 사람을 대상으로 광고를 보

여주기가 용이하기 때문입니다. 그 외에도 오가닉 콘텐츠나 인플루언서 마케팅도 이 단계에서 자주 활용합니다. 광고를 보고 바로 제품을 구매할 수도 있지만, 대부분은 제품에 대해 알아보기 위해 포털에 검색합니다. 여기에서 잠재 고객이 경쟁사의 제품을 구매하거나 제품에 대해 탐색만 하고 이탈하는 것을 방지하기 위해 검색 광고를 활용합니다. 이 단계는 서비스나 제품의 성격에 따라 다른 형태를 띨 수 있습니다. 따라서 그림 7.15와 같이 우리 서비스에 맞는 고객 여정을 설정하고, 구매를 유도하는 유입 전략을 수립한 후 목적에 맞는 매체를 배치해야 합니다. 광고를 집행한 후에는 우리가 의도한 대로 고객이 행동했는지 점검하는 과정을 꼭 가져야 합니다. 분석에 대해서는 뒤에서 자세히 다루겠습니다.

그림 7.15 소비자의 온라인 구매 여정(출처: Think with Google)

매체를 선정할 때 주의할 점은 어떤 매체를 집행할지 고민하는 것이 아니라, 고객에 초점을 맞춰야 한다는 점입니다. 우리 고객은 어디에 있을까? 어떤 과정을 거쳐 우리 제품을 구매하게 될까? 검색이 가장 중요한 단계가 될 수도 있고, 앱 설치를 유도하는 것이 가장 중요한 목표가 될 수도 있습니다. 한 가지 사례를 통해 고객 구매 여정에 대해 알아보겠습니다. 운동을 좋아하는 김OO 씨는 최근 인스타그램에서 운동 후 마시는 음료 광고를 봤습니다. 디스플레이 광고에 지속적으로 노출되자 김OO 씨는 이 제품에 관심이 생기기 시작했습니다. 그래서 포털에 제품을 검색해 보고 구매를 결심합니다. 이 고객의 여정은 그림 7.16과 같이 정리할 수 있습니다.

그림 7.16 김OO 씨의 구매 여정

한 가지 사례를 살펴봤는데, 사실 서비스나 타깃마다 고객 여정은 다양하게 나타납니다. 그리고 고객 여정 단계마다 적합한 매체도 모두 다릅니다. 먼저 그림 7.17을 통해 고객 여정마다 무엇을 목표로 광고를 집행해야 할지 살펴보겠습니다.

그림 7.17 광고 목표별 카테고리 구분

먼저 인지와 흥미 단계는 타깃 고객에게 브랜드와 서비스를 인지시키는 단계입니다. '이런 제품이 있구나' 혹은 '이런 서비스가 있구나'라는 생각이 들게 하는 단계입니다. 보통 인플루언서 마케팅, 디스플레이 광고, 콘텐츠 마케팅, 그리고 TV 광고가 대표적인 수단입니다. 다음은 행동을 유도하는 단계입니다. 앞서 브랜드와 서비스를 인지시켰다면 이제는 구매, 앱 설치, 앱 방문, 회원 가입, 수강 신청 등 필요한 행동 유도를 목표로 합니다. 이 단계에서는 전환 목표 광고를 집행하는데, 대표적으로 앱 설치 광고나 리마케팅이 있습니다. 마지막으로 브랜드나 서비스를 인지하고 있던 고객이 검색을 통해 탐색하는 단계에서 노출하는 광고입니다. 그렇다면 각 단계에는 어떤 매체를 선택할 수 있을까요? 그림 7.18에서 목표에 맞는 광고 매체를 할당해 보겠습니다.

그림 7.18 광고 목표에 맞는 매체 예시

그림 7.18을 보면 단계별로 광고 매체 구성은 다르지만, 구글애즈의 경우 모든 단계에서 집행이 가능한 것으로 보입니다. 보통 한 광고 플랫폼 내에서는 다양한 목적의 광고를 동시에 집행할 수 있으므로 같은 구글애즈 광고이더라도 무엇을 목표로 하는지에 따라 중복으로 집행할 수 있습니다. 즉, 매체를 하나의 목표로만 사용해야 하는 것은 아닙니다. 실전에서는 서비스마다 고객 여정이 다르고, 같은 서비스 안에서도 타깃에 따라 여정과 매체가 모두 다릅니다. 사례 7.6을 통해 자세히 알아보겠습니다.

사례 7.6 서비스와 타깃별 고객 여정 가설

기업	서비스(타깃)	고객 여정
기업 A	성인 영어 회화 학원(타깃: 직장인)	출퇴근 중 지하철 광고 발견〉 SNS 이용 중 브랜드 인지〉 포털 사이트에 검색〉 등록
기업 B	만보기 앱(타깃: 1020 남녀)	SNS 이용 중 앱 인지〉 앱 설치
기업 C	반려동물 사료 커머스(타깃: 사료를 최저가에 구매하고자 하는 모두)	포털 사이트에 검색〉 가격 비교〉 구매

서비스별 고객 여정에 따라 어떤 광고 매체를 집행하면 좋을지 그림 7.19를 통해 살펴보겠습니다.

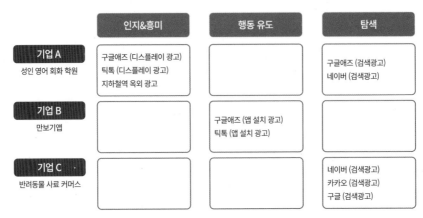

	인지&흥미	행동 유도	탐색
기업 A 성인 영어 회화 학원	구글애즈 (디스플레이 광고) 틱톡 (디스플레이 광고) 지하철역 옥외 광고		구글애즈 (검색광고) 네이버 (검색광고)
기업 B 만보기앱		구글애즈 (앱 설치 광고) 틱톡 (앱 설치 광고)	
기업 C 반려동물 사료 커머스			네이버 (검색광고) 카카오 (검색광고) 구글 (검색광고)

그림 7.19 서비스별 구매 여정을 고려한 매체 전략

기업 A는 수강생 대부분이 포털 사이트에서 학원을 검색해 수강 신청을 하는 것을 확인하고 등록을 유도하던 광고를 모두 종료했습니다. 대신 직장인 유동 인구가 많은 지하철역에 옥외 광고를 게시하고, 노출을 많이 확보할 수 있는 매체에 브랜드 인지도 목적의 광고를 집행합니다. 그리고 학원을 검색하는 사람들이 이탈하지 않도록 검색량이 높은 구글과 네이버에 새로 광고 예산을 편성했습니다.

반면 기업 B의 만보기 앱은 관련 키워드 검색량이 적어 검색 광고를 집행할 필요가 없습니다. 대신 1020 고객 비중이 높은 틱톡과 유튜브(구글애즈)에 앱 설치 광고를 집행합니다.

기업 C의 매출 대부분은 검색을 통한 유입에서 발생합니다. 반려동물 사료를 검색하고 가격이 저렴하거나 사은품 혜택이 많은 제품을 구매하려는 사람들이 메인 타깃입니다. 따라서 기업 C는 검색량이 가장 많은 네이버를 중심으로 검색 광고에 집중합니다.

처음 광고를 시작할 때뿐만 아니라 전략을 재검토할 때나 신규 매체를 고려하는 경우에도 구매 여정을 고려해서 의사결정을 내려야 합니다. 특히 신규 매체를 검토할 때 고객 구매 여정에서 보완이 필요한 단계는 없는지 살펴보고 이에 적합한 매체를 선택해야 합니다. 막상 구매 여정을 살펴보다 보면 신규 매체를 도입할 필요 없이 기존에 운영하던 매체에서 새로운 광고 목표의 캠페인을 추가하는 것만으로 성과를 개편할 수도 있습니다.

지금까지 고객 유입 전략을 세우고 그에 맞는 매체를 선정했습니다. 이제부터는 각 매체에 예산을 할당해 보겠습니다. 가장 먼저 해야 할 일은 엑셀을 켜서 템플릿을 만드는 것입니다. 지난 매체 성과를 기반으로 채널별 목푯값을 설정하고, 전체 KPI를 달성하기 위해 매체마다 예산을 얼마나 써야 할지를 역산하는 과정입니다. 총예산 1억 원으로 신규 고객 7천 명을 달성하기 위해 각 매체에 얼마를 지출할지 다음 표 7.5를 통해 알아보겠습니다.

표 7.5 총 예산 1억 원, KPI 신규 고객 7천 명일 때의 기본 템플릿

예산	앱 설치		신규 고객	
	앱 설치 수	목표 CPI	신규 구매 고객 수	목표 CAC
매체 A		1,450		13,000
매체 B		1,600		14,500
매체 C		1,700		16,000

먼저 매체 A는 가장 오래 집행한 매체이며 노하우가 쌓여 어느 정도 안정적으로 성과를 낼 수 있습니다. 매체 B는 아직 최적화 중인 채널이며 여러 가지 테스트를 활발하게 진행하고 있는 채널입니다. 매체 C는 지난 달부터 집행하기 시작했고 잠재력은 있으나 성과가 들쭉날쭉합니다. 각 매체의 성격을 이해한 다음, 표 7.6과 같이 앱 설치 수와 신규 고객 수를 계산하기 위한 수식을 입력합니다.

표 7.6 총예산 1억 원, KPI 신규 고객 7천 명일 때의 계산을 위한 기본 작업

	A	B	C	D	E	F
1			앱 설치		신규 고객	
2		예산	앱 설치 수	목표 CPI	신규 구매 고객 수	목표 CAC
3	매체 A		=B3/D3	1,450	=B3/F3	13,000
4	매체 B		=B4/D4	1,600	=B4/F4	14,500
5	매체 C		=B5/D5	1,700	=B5/F5	16,000
6	총계		=B6/D6		=B6/F6	

이렇게 하면 매체마다 예산을 입력해 신규 고객 수의 총합을 보며 KPI를 달성하는 매체 예산 조합을 찾을 수 있습니다. 단, 여기에서 예산은 A>B>C 순으로 책정하는 게 좋습니다. 가장 안정적으로 성과를 내는 매체 A만 100% 집행하면 안 될까요? 한 개의 매체를 단독으로 사용하는 것은 위험의 소지가 있습니다. 인벤토리가 충분치 않아 예산을 증액해야 할 때 비용을 100% 소진하기 어려울 수 있으며, 계정이 중단되거나 매체에 문제가 생겨 광고 집행이 불가할 때 대응하기 어렵기 때문입니다. 또한 매체별로 도달할 수 있는 타깃이 다를 수도 있으므로 서로 보완할 수 있는 매체를 함께 집행하는 편이 좋습니다.

표 7.7 총예산 1억 원, KPI 신규 고객 7천 명일 때의 예산 분배 최종안

	예산	앱 설치		신규 고객	
		앱 설치 수	목표 CPI	신규 구매 고객 수	목표 CAC
매체 A	60,000,000	41,379	1,450	4,615	13,000
매체 B	30,000,000	18,750	1,600	2,069	14,500
매체 C	10,000,000	5,882	1,700	625	16,000
총계(평균)	100,000,000	66,012	1,515	7,309	13,681

이렇게 수식이 걸린 템플릿을 만들어 두면 간편하게 매체 집행 계획을 세울 수 있습니다. 하지만 처음 광고를 시작한다면 지난 성과를 기반으로 이렇게 템플릿을 만들기도 어렵고 안정적으로 운영할 수 있는 매체 하나를 발굴하는 것이 생각보다 시간과 리소스가 많이 듭니다. 따라서 대형 플랫폼인 구글애즈, 메타 중 한 개의 매체를 먼저 선택해서 집행을 시작하는 것을 추천합니다. 구글애즈와 메타는 모든 목표의 광고 유형을 집행할 수 있다는 장점도 있습니다.

메타는 디스플레이 지면이 풍부하고 광고 소재별로 즉각적인 성과 분석이 용이해서 경쟁사와 차별화된 우리의 강점이나 고객의 니즈를 파악하고 대응하기에 유리합니다. 구글애즈도 메시지를 테스트할 수 있지만 그보다는 구글이 수집하는 방대한 데이터를 기반으로 어떤 특성을 가진 고객이 우리 서비스를 구매할 가능성이 높고, 어떤 검색 카테고리에서 우리 서비스가 활발하게 노출되고 있는지 등 다방면의 인사이트를 얻을 수 있습니다. 주

기적으로 영상이나 이미지 소재를 제작하기 어려운 환경이라면 구글애즈를 먼저 시작하는 것도 좋은 방법입니다.

Audience segment	Type	Share of clicks	↑ Index
Golf Equipment OPTIMIZED	In-market	48.3%	14.9x
Golf Enthusiasts OPTIMIZED	Affinity	70.8%	12.4x
Baseball Fans OPTIMIZED	Affinity	44.7%	5.9x
Bachelor's Degree OPTIMIZED	Detailed demographics	64.6%	4.3x
Board Games OPTIMIZED	In-market	10.3%	4.2x

그림 7.20 잠재 고객의 관심사와 특징을 제안하는 구글애즈의 인사이트 리포트 예시

- **메타**: 이미지, 동영상, 텍스트 등 많은 메시지 테스트를 집행하고 싶을 경우 추천
- **구글애즈**: 잠재 고객 정보, 검색 카테고리 순위 등 광고를 통한 인사이트를 많이 얻고 싶은 경우 추천

사실 직접 집행해 보기 전에 우리 서비스에 꼭 맞는 매체를 찾기는 어렵습니다. 또 남들이 좋다고 하는 매체가 우리 서비스에서도 성과가 좋다는 보장도 없습니다. 다만 고객 유입 전략을 세우고 이에 적합한 매체 후보부터 시작한다면 시행착오를 줄이고 목표를 달성하는 매체 조합을 찾을 수 있을 것입니다. 다음은 광고 매체와 관련해 실무자들이 자주 묻는 질문 3가지입니다.

Q1. 보상형 매체를 집행해도 될까요?

보상형 매체란 특정 성과나 목표 달성에 따라 광고비를 지불하기로 합의하는 매체 유형으로, 합의된 비용을 주고 전환을 구매하는 개념이기도 합니다. 그림 7.21을 보면 광고주는 앱 설치 1건당 1,000원을 지급하기로 합의합니다. 만약 광고주가 앱 신규 설치 100건이 필요하면 100,000원으로 달성이 가능합니다. 매체 입장에서는 그중 고객에게 지급하는 700원을 제한 후 건당 300원의 매출이 발생하게 됩니다.

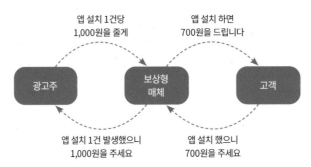

그림 7.21 보상형 광고 매체의 원리

얼핏 들으면 어려운 개념처럼 느껴지지만 보상형 매체는 생각보다 우리 주변에서 흔히 발견할 수 있습니다. 대표적인 사례는 그림 7.22의 네이버 웹툰에서 제공하는 쿠키오븐입니다.

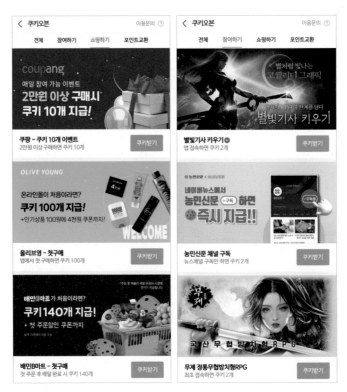

그림 7.22 네이버 웹툰의 쿠키오븐(출처: 네이버 웹툰)

보상을 목적으로 앱을 설치한 고객이 진성 고객이 될 수 있을까요? 아마 보상을 받자마자 앱을 삭제할지도 모릅니다. 이렇게 보상만 취하고 이탈하는 체리 피커(Cherry picker) 고객이 유입된다는 점을 반드시 고려해야 합니다. 그러나 어차피 신규 구매 1건을 만드는 데 마케팅 비용이 투입되기 때문에 보상형 매체를 활용하는 것이 나쁘지 않다고 판단할 수도 있습니다. 만약 일반 광고 매체에서 유료 고객 1명 획득 비용이 1만 5천 원이라면, 이보다 낮은 수준으로 첫 구매 고객을 획득할 수도 있는 것입니다. 관점에 따라 보상형 매체는 아주 효율적인 매체가 될 수도 있지만 가짜 성장으로 이어지는 건강하지 않은 유입 전략이 될 수도 있습니다.

Q2. 전월에 예산을 100% 소진하지 못한 매체는 어떻게 해야 할까요?

월간 광고비가 커질수록 광고비를 100% 소진하는 것이 고민이 될 때도 있습니다. 특히 효율이 좋은 매체에 광고비를 증액했는데, 막상 예산 소진이 안 돼서 다음 달 계획을 세울 때 어떻게 해야 할지 막막할 때가 있습니다. 이때는 먼저 해당 매체가 예산을 더 소화할 수 없는 포화 상태인지 확인해야 합니다. 예산을 늘리면 그만큼 광고 소재와 타깃 규모도 늘어나야 합니다. 확장할 타깃이 있는지, 소재를 더 투입할 여력이 있는지를 점검해 보세요. 만약 타깃과 소재를 늘렸는데도 예산 소진이 되지 않는다면 새로운 매체를 탐색해야 합니다.

Q3. 신규 매체를 추가하고 싶은데 어떤 매체를 추가해야 할까요?

실무자들로부터 가장 많이 받는 질문입니다. 신규 매체를 추가한다는 것은 현재의 광고 성과가 만족스럽지 않거나 퍼포먼스 마케팅 예산이 증가해 새로운 지출처가 필요하다는 뜻입니다.

먼저 광고 성과 개선을 위해 신규 매체를 탐색하는 경우입니다. 하지만 신규 매체를 추가한다고 광고 성과가 달라지는 것은 아니라는 점을 명심하세요. 우선 앞서 살펴본 그림 7.17과 같이 고객 여정에 따라 각 단계에서 무엇을 목표로 광고를 집행해야 할지 확인합니다. 그리고 현재 집행 중인 매체와 비교하며 보완이 필요한 단계가 없는지 검토하세요. 만약 중요도가 낮은 단계에 예산이 너무 많이 배정돼 있다면 예산을 다시 편성해야 합니다.

다음으로 예산 증액에 따른 신규 매체를 고려하는 경우입니다. 우선은 현재 집행 중인 매체의 광고 예산을 늘릴 것을 추천합니다. 신규 매체를 집행하면 초기 세팅에도 시간과 리소스가 들고 비용 최적화가 될 때까지 일시적으로 전체 성과가 저하된다고 느낄 수 있기 때문입니다. 만약 1,000만 원의 예산을 증액한다면 700만 원은 기존 매체에 배정된 예산을 증액하고 300만 원으로 신규 매체 집행을 시작하는 것도 좋은 방법입니다. 요점은 전체 성과를 최대한 해치지 않으면서 신규 매체를 최적화해야 한다는 것입니다.

7.3 진짜 성과 측정하는 법

KPI를 정하고 실행 전략을 세우는 것만큼 성과를 측정하고 분석하는 것 또한 중요한 과정입니다. 퍼포먼스 마케팅은 디지털 광고 기술인 애드테크(Ad-Tech)를 기반으로 성장했다고 할 만큼 광고 성과 측정의 배경에는 복잡한 기술이 있습니다. 지금부터 광고 성과를 분석하는 원리, 채널의 기여도를 분석하는 방법, 퍼포먼스 마케팅의 순증분을 측정하는 방법을 알아보겠습니다. 먼저 사례 7.7을 통해 고객 A의 구매 여정을 살펴보겠습니다.

사례 7.7 **고객 A의 구매 여정**

고객 A의 여정

- 유튜브 광고 시청(2023년 1월 2일 오전 11시)

- 페이스북 광고 클릭(2023년 1월 9일 오후 6시)

- 네이버 검색(2023년 1월 9일 오후 6시 10분)

- 구매(2023년 1월 9일 오후 6시 30분)

사례 7.7에서 유튜브, 페이스북, 네이버 중 어떤 채널이 기여도가 가장 높을까요? 고객에게 브랜드를 처음 알게 해 준 유튜브일까요? 제품을 다시 상기시켜 준 페이스북일까요? 네이버는 마지막에 거들었을 뿐인데 공이 있다고 볼 수 있을까요? 고객 여정에서 고객과의 접점을 터치포인트(Touchpoint)라고 하고, 터치포인트 데이터를 활용해 어떤 채널이 가장 기여도가 높은지 분석하는 과정을 기여 분석이라고 합니다. 그리고 각각의 터치포인트로부터 전환 성과를 인정하는 기간을 기여 기간이라고 합니다. 기여 분석을 통해 어떤 마케팅 채널이 고객의 전환에 영향을 미쳤는지, 각 채널은 어떤 순서로 상호작용하는지를 파악하여 효율적인 매체 조합을 찾을 수 있습니다.

- **터치포인트(Touch Point)**: 고객과 브랜드 간의 상호작용 지점으로 광고 시청, 광고 클릭, 웹사이트 방문, 알림톡 수신 등의 모든 마케팅 접점에 해당

- **기여(Attribution)**: 고객이 제품이나 서비스를 구매 또는 이용하는 과정에서 발생하는 여러 마케팅 채널과의 상호작용을 고려해 어떤 채널이 결정에 얼마나 영향을 미쳤는지를 평가하는 과정

- **기여 기간**: 터치포인트에서 발생한 상호작용이 얼마나 오랜 기간 고객의 행동에 영향을 미치는지를 나타내는 개념으로, 구글애즈는 클릭 및 조회로부터 30일, 메타는 클릭으로부터 7일, 조회로부터 1일의 기여 기간을 인정

다시 사례 7.7로 돌아가 그림 7.23과 같이 터치포인트를 토대로 고객 여정을 그려보겠습니다.

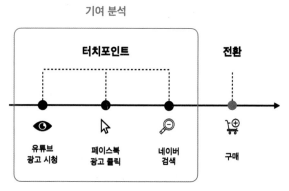

그림 7.23 사례 7.6의 고객 여정 그림

어떤 채널이 가장 기여도가 높은지 결정하는 다양한 방법론이 존재하지만, 가장 마지막 터치포인트에 100%의 기여를 인정하는 라스트 터치 모델(Last-Touch Model)이 가장 지배적으로 사용되고 있습니다. 라스트 터치 모델 외에도 직접 가중치를 조정할 수 있는 커스텀 모델(Custom Model)이나 첫 번째 터치포인트에 100% 기여를 인정하는 퍼스트 터치

모델(First-Touch Model)도 있습니다. 대부분의 마케팅 측정 솔루션에서는 기본적으로 라스트 터치 모델을 제공한다는 점에 유의하기 바랍니다.

표 7.8 사례 7.7의 기여 모델별 기여도 분배

	유튜브	페이스북	네이버
라스트 터치 모델			100%
퍼스트 터치 모델	100%		
커스텀 모델 (4:3:3)	40%	30%	30%

몇 가지 사례를 더 살펴보겠습니다. 고객 B가 앱을 설치하고 회원가입을 하기까지의 고객 여정입니다.

사례 7.8 고객 B의 앱 설치 여정

고객 B의 여정

- **유튜브 광고 시청**: 2023년 3월 1일 오전 10시

- **앱 설치**: 2023년 3월 29일 오후 6시

- **회원 가입**: 2023년 3월 29일 오후 6시 10분

고객 B는 자연 유입 고객일까요, 유료 고객일까요? 우리는 이 고객을 자연 유입으로 정의하고 싶지만 이 고객은 28일 전 노출됐던 유튜브 광고로 인해 유입된 유료 고객으로 측정됩니다. 구글애즈 플랫폼에서 명시된 기여 기간이 광고 클릭 및 노출로부터 30일이기 때문입니다. 이렇게 고객의 의도는 자연 유입 고객으로 분류할 수 있으나, 광고에 노출되거나 한참 전에 발생한 터치포인트로 인해 유료 마케팅의 성과로 집계되는 것을 오가닉 하이재킹(Organic Hijacking)이라고 합니다. 그림 7.24와 같이 말 그대로 유료 마케팅이 성과를 가로채는 현상입니다.

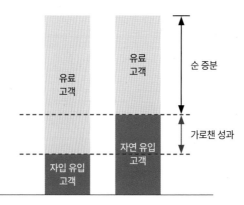

그림 7.24 유료 마케팅 성과가 오가닉 마케팅 성과를 가로채는 경우

그림 7.24와 같이 기여 분석으로 인해 오히려 유료 고객의 성과가 과장되어 측정되고 있을 가능성이 있습니다. 라스트 터치 모델이 지배적이었던 기여 분석 관점에서는 모든 전환은 한 개의 유입 경로를 가질 수밖에 없습니다. 하지만 그림 7.25와 같이 전환 한 건에는 데이터로 보는 것 이상의 다양한 경로가 뒤엉켜 영향을 미칩니다.

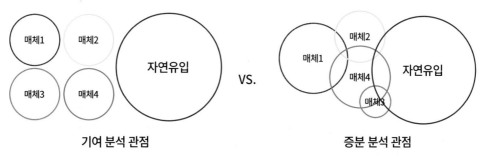

그림 7.25 기여 분석 관점과 증분 분석 관점의 차이

그렇다면 진짜 퍼포먼스 마케팅의 성과, 광고 집행으로 인해 발생한 순증분은 어떻게 측정할 수 있을까요? 이론적으로 컨트롤 그룹에는 실험하고자 하는 매체나 광고를 전혀 보여주지 않고 타깃 그룹에만 광고를 노출해 전환 성과 차이를 비교할 수 있습니다. 예를 들어, A, B, C라는 세 개의 매체를 집행한다고 가정하고 매체 B가 만드는 순증분을 측정해 봅시다. 그림 7.26과 같이 광고 타깃 오디언스를 타깃 그룹과 컨트롤 그룹으로 나누고, 컨트롤 그룹에는 매체 A, C만 집행해서 매체 B의 광고는 절대 노출되지 않는 환경을 만들어야 합니다.

그림 7.26 이상적인 매체 순증분 테스트의 모습

그러나 퍼포먼스 마케팅은 CRM과 달리 테스트 환경을 마련하기가 어렵습니다. 현실적으로 광고 환경에서 컨트롤 그룹에 어떤 광고도 보여주지 않는다는 것이 불가능하기 때문입니다. 타기팅 기능을 통해 의도적으로 컨트롤 그룹을 구분한다고 해도 실제로 광고가 노출되었는지 여부를 검증하기도 어렵습니다. 실무 환경에서 직·간접적으로 순증분을 측정할 수 있는 두 가지 방법을 소개하겠습니다.

첫 번째로 가장 간단한 방법은 광고 집행을 중단하는 것입니다. 매체 B가 정말 전환에 기여하고 있는지 궁금하다면 매체 B 집행을 중단하고 전환 수가 줄어드는지, 그대로인지를 확인해 보는 것입니다. 애드 테크가 그렇게 발전했다더니 너무 원시적인 방법 아니냐고 생각하는 분도 있겠지만 고개를 끄덕이는 분도 있으리라 생각합니다. 아직 터치포인트 데이터가 없거나 기여 분석 환경이 마련되지 않은 경우라면 이 방법이 오히려 가장 간편하고 확실한 방법일 수 있습니다. 만약 광고 중단 후 전체 성과는 그대로인데 자연 유입 고객 비중이 늘어났다면 매체 B는 자연 유입 고객을 가로채고 있었다고 판단할 수 있습니다. 전체 성과가 줄어들었다면 손실분을 기준으로 매체 B가 집행할 만한 가치가 있는지를 판단해야 합니다.

두 번째는 모바일 측정 파트너 솔루션을 활용하는 것입니다. 앞서 몇 번 언급했지만, MMP(Mobile Measurement Partner)라고도 불리는 모바일 측정 파트너는 퍼포먼스 마케팅 성과 분석을 도와주는 솔루션으로 다양한 기여 분석 도구를 제공합니다. 테크 업계 선두에 있는 모바일 측정 파트너사들은 이미 퍼포먼스 마케팅의 순증분을 추정하거나 증분 테스트를 할 수 있는 환경을 제공합니다. 그림 7.27은 에어브릿지에서 제공하는 순증분 추정 대시보드로, 기여 분석을 통해 측정한 전환과 순증분 추정값을 비교할 수 있습니다.

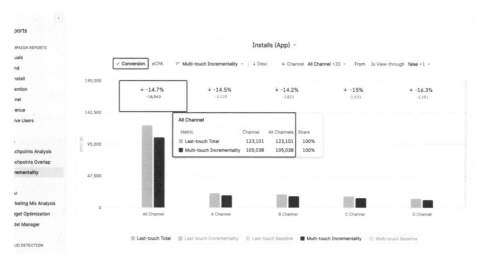

그림 7.27 에어브릿지의 순증분 추정 대시보드

대부분의 모바일 측정 파트너 솔루션을 활용하면 그림 7.28과 같은 매체 간 터치포인트가 얼마나 중첩되고 있는지를 확인할 수 있습니다. 60% 이상 중첩되는 터치포인트가 많은 매체는 그만큼 다른 광고들과 노출이나 성과가 중복 집계되고 있는 것으로, 집행 중단을 고민해 볼 수 있습니다.

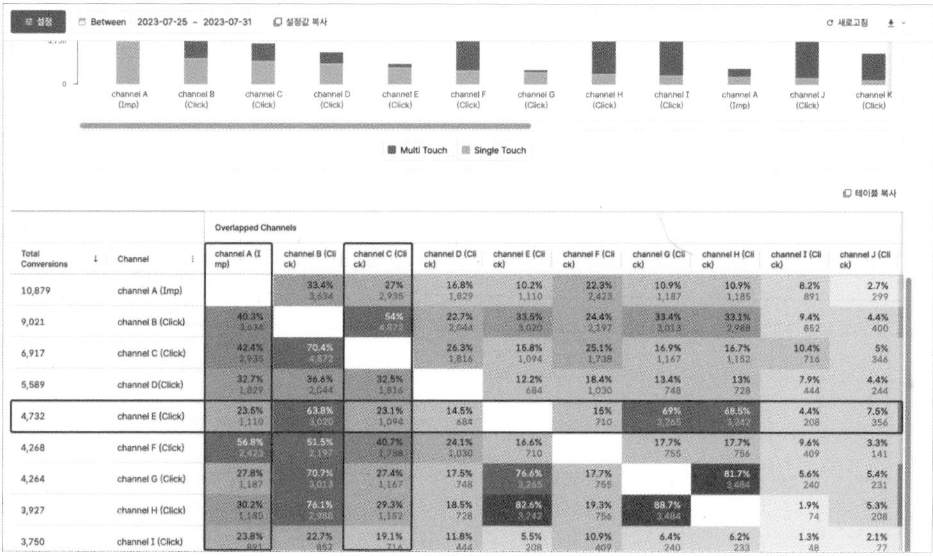

그림 7.28 채널 간 터치포인트 중첩을 보여주는 대시보드

그림 7.29는 앱스플라이어에서 제공하는 성과 증분 측정 대시보드입니다. 앱스플라이어는 60여 개의 매체 파트너사와의 연동을 통해 완전히 통제된 환경에서 증분 테스트가 가능합니다.

성과 증분 측정 대시보드

그림 7.29 앱스플라이어의 성과 증분 측정 대시보드 예시

불과 몇 년 전까지만 해도 진짜 자연 유입 고객을 구분해야 한다는 인식은 있었으나, '어떻게?'가 화두였는데, 지금은 이렇게 솔루션을 통해 손쉽게 증분 테스트를 할 수 있습니다. 그럼에도 불구하고 퍼포먼스 마케팅에서 순증분 측정에 대한 필요성을 느끼지 못하는 사람이 많습니다. 아직 이론에 불과하다고 생각하거나 실무에서 반영하기 어렵고 복잡하다고 생각할 수도 있습니다. 순증분 분석은 유료 마케팅을 보는 새로운 관점이라는 점에서도 흥미롭지만 실제로 비용을 많이 아끼고 진짜 성과를 내는 곳에 예산을 투자할 수 있는 기회이기도 합니다. 군이 비용을 들이지 않아도 구매했을 고객이 있지는 않았을까? 집행하고 있는 채널 중에 중단해도 아무런 문제가 없는 채널은 없을까? 믿고 있던 기여 분석에 속아 자연 유입 고객을 잘못 집계하고 있던 건 아닐까? 이런 식으로 꼭 한 번 의심해 보고 여러분이 집행하는 유료 캠페인의 증분에 대해 고민해 보기를 바랍니다.

08장

매출이 200% 오르는 광고 최적화 노하우

"광고 반응은 좋은데 매출이 오르지 않아요."

현업의 실무자나 대표를 만나며 가장 많이 들은 고민입니다. 남들은 광고로 몇 억씩 매출을 올린다는데, 왜 우리는 광고를 켜도 매출이 제자리 걸음일까요?

앞서 퍼포먼스 마케팅과 매체의 순증분에 대해 알아봤는데, 지금부터는 각 매체와 광고 캠페인을 최적화하고 성과를 낼 수 있는 방법을 알아보겠습니다. 본론에 들어가기에 앞서 광고 구조와 광고의 구성 요소를 간단히 짚어보겠습니다. 일반적으로 광고 캠페인은 그림 8.1과 같이 광고 세트와 여러 광고로 구성됩니다.

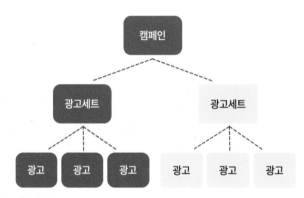

그림 8.1 일반적인 광고 캠페인의 구조

캠페인은 여러 광고 세트의 집합이며 이 단계에서 목표, 지출 한도, 일정 등을 설정합니다. 광고 세트에서는 타기팅 옵션을 설정하고 같은 캠페인에 속한 광고 세트는 같은 캠페인 설정을 공유합니다. 광고 단계에서는 소재, 문구, 랜딩 페이지 등 실제로 노출되는 요소를 설정합니다.

캠페인	광고 세트	광고
▪ 광고 목표 ▪ 입찰 방식 ▪ 광고 게재 기간 ▪ 비용 한도	▪ 타기팅 세부 설정 ▪ 광고 세트 예산 ▪ 게재 지면	▪ 광고 소재 ▪ CTA 문구 ▪ 랜딩 페이지

그림 8.2 광고 캠페인의 구성 요소

캠페인, 광고 세트, 광고의 모든 단계 설정은 광고 성과 개선에 영향을 줄 수 있는 요소로 구성됩니다. 즉, 광고 성과를 개선하려면 운영하는 데 필요한 기술적인 부분부터 소재까지 모든 부분을 검토해야 한다는 뜻입니다. 이번 장에서는 매출이 오르지 않는 이유를 점검하고 성과를 내는 방법에 대해 차근차근 알아보겠습니다.

8.1) 매출이 오르지 않는 이유

퍼포먼스 마케팅을 계획할 때 가장 위험한 것은 '광고를 보여주면 당연히 우리 제품을 구매하겠지?'라는 생각입니다. '이렇게 소재를 많이 만드는데 하나는 터지겠지'와 같은 안일한 생각 역시 주의해야 합니다. 역으로 최근에 여러분이 광고를 보고 무언가를 구매한 경험을 떠올려 보세요. 생각보다 많지 않을 것입니다. 원래 그 제품이 필요했던 경우가 아니라면 광고만으로 소비를 유도하는 것은 결코 쉬운 일이 아닙니다. 그림 8.3은 지난 몇 시간 동안 인스타그램에서 발견한 광고입니다. 모두 흠잡을 데 없이 잘 만든 광고 소재이지만 액세서리도, 운동복도, 매트리스도 구매 의사가 없던 사람들에게는 흥미를 끌지 못하는 광고인 셈입니다.

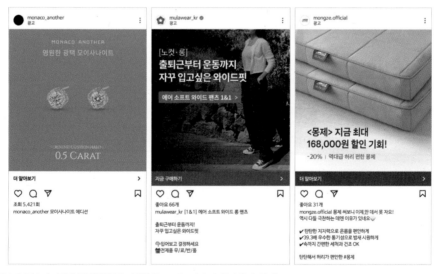

그림 8.3 인스타그램에서 발췌한 광고들(출처: 모나코어나더, 뮬라웨어, 몽제)

아무리 제품의 장점을 소개하고 파격 할인가를 제안해도 제품을 구매할 이유가 마땅치 않다면 그저 흘러가는 광고일 뿐입니다. 이 외에도 광고가 구매로 이어지지 않는 원인은 다양합니다.

- 광고 목표가 잘못된 경우
- 엉뚱한 랜딩 페이지로 연결
- 매력적이지 않은 광고 소재
- 엉뚱한 타깃에게 광고를 노출
- 제품 상세 페이지에서 이탈
- 구매 여정에서 치명적인 오류가 발생
- 이벤트가 제대로 측정되지 않음

광고 담당자도 모르게 기술적인 결함으로 광고가 제대로 노출되지 않거나 잘못 측정되는 경우도 생각보다 빈번히 발생합니다. 그래서 광고와 매출의 상관관계를 분석할 때는 광고 세팅, 메시지와 소재, 서비스, 그리고 데이터 수집까지 모든 부분에서 검토해야 합니다. 특히 기술적인 부분에 문제가 있는지를 반드시 검토하고 넘어가야 하는데, 기술적 결함이 있다면 아무리 메시지와 타깃 테스트를 하더라도 정확히 성과를 파악할 수가 없기 때문입니다. 이번 장에서는 기술적 문제가 없다는 전제 하에 광고 매체를 최적화하는 다양한 방법에 대해 알아보겠습니다.

8.2 구매로 이어지는 셀링 포인트 찾기

광고 성과를 개선한다고 말했을 때 쉽게 떠올리는 방법은 광고 소재 테스트입니다. 실제로 광고 성과에 가장 큰 영향을 주는 요소가 소재임은 확실하지만, 동시에 가장 관성적으로 하게 되는 일 중 하나가 소재 제작입니다. 최근에는 퍼포먼스 마케팅 목표가 단기 성장에 초점이 맞춰지면서 광고가 담는 핵심 메시지에는 크게 관여하지 않고 자극적인 소재를 만들어 내는 트렌드가 나타나고 있습니다. 하지만 건강하게 신규 고객을 모으기 위해서는 우리 제품의 본질에 집중하고 **왜 우리 제품을 구매해야 하는지**에 대한 진지한 고민이 필요합니다.

- 왜 우리 제품인가? 우리 서비스/제품만의 강점 찾기
- 왜 사야 하는가? 구매해야 하는 동기 제공하기

각각을 사례를 통해 알아보겠습니다.

사례 8.1 먹는 콜라겐 광고 사례

30대 직장인 여성 A씨는 직장 동료로부터 먹는 콜라겐에 대해 듣고 몇 가지 제품을 둘러보았습니다. 그리고 A씨의 인스타그램 피드에 그림 8.4와 같은 다양한 광고가 노출되기 시작했습니다. 여러분이 A씨라면 다음의 여섯 가지 브랜드 중 어떤 제품을 구매해 보고 싶은가요? A씨는 어떤 제품을 살지 고민하다가 지쳐 결국 아무것도 구매하지 않기로 결정합니다.

그림 8.4 인스타그램에서 발췌한 먹는 콜라겐 광고(출처: 퓨리카뮤신, 라디메리, 아일로, 마마논마마, 레놉티, 오니스트)

사례 8.2 매트리스(토퍼) 광고 사례

사회 초년생 B씨는 가성비 좋은 매트리스를 구매하려고 합니다. 처음에 염두에 둔 제품이 있었지만 최근 유사한 제품의 광고들을 접하면서 더 저렴한 제품을 구매하기로 생각을 바꿨습니다.

그림 8.5 인스타그램에서 발췌한 토퍼 광고(출처: 센스맘, 프로젝트슬립, 슬립슬러, 슬로우베드)

사례 8.1, 8.2에서 고객은 몇 가지 제품 사이에서 고민하다 취향에 맞거나 할인을 제일 많이 하는 제품을 구매할 확률이 높습니다. 광고로 소비자에게 제품의 필요성만 상기시켜 주고 구매는 우리 회사가 아닌 경쟁사에서 이루어진다면 얼마나 억울한 일일까요? 하지만 우리가 모르는 사이에 이런 고객 이탈은 아주 빈번하게 발생합니다. 이탈을 100% 막을 수는 없지만, 최종적으로 우리 제품을 구매하게 하는 전략이 필요합니다.

- 기억하기 쉬운 키워드나 카피를 지속적으로 노출하기(각인)

- 경쟁사와의 차별점을 직관적으로 보여주기(비교)

- 우리 제품을 구매해야 할 이유 알려주기(동기)

첫 번째로, 기억하기 쉬운 간결하고 임팩트 있는 문구를 노출하는 것입니다. 앞선 사례 8.1 과 8.2의 광고를 떠올려보면 수많은 광고를 접하지만 브랜드명이나 제품의 이름이 기억에 남는 경우는 드뭅니다. 그렇게 되면 '먹는 콜라겐', '토퍼'와 같은 일반 키워드만 기억에 남아 고객이 이탈할 가능성이 높아질 수 있습니다. 슬림나인의 사례를 함께 살펴보겠습니다.

사례 8.3 슬림나인 여성용 드로즈

여성용 드로즈를 판매하는 슬림나인은 초기부터 지금까지 제품에 '네모팬티'라는 별명을 붙이고 지속적으로 노출해오고 있습니다. 그림 8.6은 페이스북과 인스타그램에서 발췌한 슬림나인의 대표 제품 네모팬티를 홍보하는 소재입니다.

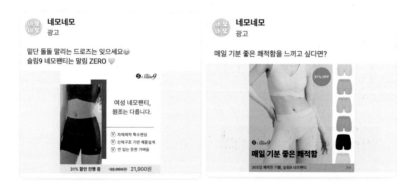

그림 8.6 슬림나인 광고(출처: 슬림나인)

여성용 사각팬티, 드로즈 등의 키워드를 검색하는 것과 네모팬티를 검색하는 경우의 결과는 어떻게 다를까요? 여성용 사각팬티와 같은 일반적인 키워드를 검색하면 슬림나인 제품을 찾기 어렵지만 '네모팬티'를 검색하면 쇼핑 페이지부터 블로그 후기까지 정확하게 해당 제품을 보여줍니다.

그림 8.7 네이버에서 네모팬티를 검색한 결과

이는 브랜드를 확실히 각인시켜 검색 중 방황하지 않고 해당 제품을 구매할 수 있는 키워드를 제공해서 구매까지 매끄럽게 이어지는 좋은 사례라고 볼 수 있습니다.

두 번째, 타사가 아니라 우리 제품이나 서비스를 통해 고객이 얻을 수 있는 바를 명확하고 간결하고 임팩트 있게 보여줘야 합니다. 그림 8.8은 경쟁사의 제품이 아니라 우리 제품이나 서비스를 선택해야 하는 이유를 직접적으로 보여주는 사례입니다.

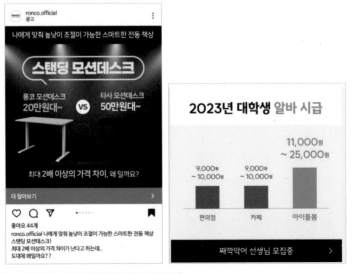

그림 8.8 타사와 비교하는 광고 사례 예시(출처: 롱코, 째깍악어)

하지만 이때 타사를 폄하하거나 잘못된 정보를 전달하면 안됩니다. 핵심은 타사 제품 대비 자사 제품의 강점을 보여주는 것이라는 점을 꼭 기억해야 합니다. 노골적으로 경쟁사를 비난하거나 깎아내리는 소재는 타깃 고객에게 호감을 사기 어렵고, 광고 매체에서도 저품질 소재로 분류될 수도 있습니다.

세 번째, 해당 제품을 구매해야 하는 이유를 만들어 주는 것 역시 중요합니다. 대부분 광고가 실패하는 이유는 '사야 할 이유'가 충분하지 않기 때문입니다. 아무리 좋은 제품이고 파격적인 할인을 제공하더라도 지금 당장 나에게 필요 없거나 쓸 일이 없다면 무용지물입니다. 그래서 당장 필요 없더라도 구매 동기를 상기시켜 주는 것도 좋은 전략입니다. 차량용 소화기 광고를 예로 들어보겠습니다.

사례 8.4 차량용 소화기 광고 비교

다음은 차량용 소화기를 홍보하는 광고입니다. 그림 8.9의 1번 광고와 2번 광고 중 어떤 소재에서 구매가 더 많이 일어났을까요?

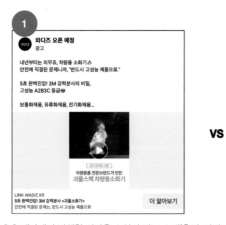

그림 8.9 메타에서 발췌한 차량용 소화기 광고 소재(출처: 와디즈)

아마도 1번 소재일 것입니다. 차량용 소화기는 휴지나 샴푸 같은 생활필수품이 아니라 일상에서 구매 동기가 거의 없는 제품입니다. 하지만 1번 소재와 같이 내년부터 차량용 소화기 비치가 의무라는 정보를 습득하고 나면 동기가 생길 수가 있습니다. 없던 구매 동기를 만들어주는 좋은 수단 중 하나는 선물입니다. 그림 8.10을 살펴보겠습니다.

그림 8.10 선물을 유도하는 광고 소재(출처: 몽제, 클럭, 오호라)

토퍼, 허리 마사지기, 셀프 젤네일 용품 역시 모두 구매 동기를 가지고 있기 어려운 품목입니다. 하지만 선물하기 좋은 제품이라는 점을 어필하고 선물 받는 사람이 누릴 장점을 강조하는 소재를 본다면 어떨까요? 설령 광고를 본 당사자가 구매 동기가 없다고 하더라도 이 소재를 보고 '우리 부모님도 허리 아프다고 종종 말씀하시지'와 같이 공감하는 마음이 들 수 있습니다.

이렇게 다양한 사례를 살펴봤는데, 여러분의 광고 소재는 어떤가요? 광고는 잘 돌아가는 것 같은데 구매로 이어지지 않는다는 느낌이 든다면 해당 제품을 써야 할 충분한 이유와 동기를 제공하고 있는지, 고객에게 제품을 임팩트 있게 보여주고 있는지를 점검해 보기 바랍니다. 그렇지 않다면 '이런 게 있구나'하고 그냥 넘기게 되는 수많은 광고 중 하나로 남게 될 것입니다.

8.3 | 소재가 많다고 좋은 게 아니다

소재를 만들 때 한 장만 제작하는 것이 아니라 보통은 한 묶음의 소재를 만들어서 광고 테스트를 합니다. 여러분은 어떻게 한 세트를 만드나요? 다음의 셀프 체크리스트를 통해 소재를 잘 만들고 있는지 확인해 보겠습니다.

셀프 체크리스트

✓ 매주 기계적으로 새로운 소재를 만들고 있다.

✓ 경쟁사의 사례를 참고해 만드는 소재가 절반 이상을 차지한다.

✓ 소재를 많이 만들면 하나쯤은 성과가 좋을 것이라고 생각한다.

✓ 어떤 소재를 만들어야 할지 몰라 고민하는 시간이 길다.

✓ 만들어야 하는 수량을 채우기 위해 의미 없는 변형 소재를 만든다.

✓ 과거에 제작했던 소재의 성과를 참고하지 않는다.

만약 이 가운데 하나라도 체크했거나 자신 있게 답변하기 어렵다면 이번에 다룰 내용에 집중하시길 바랍니다. 한 세트의 광고 소재를 만들 때 몇 개를 만들어야 적당한지, 그리고 어떻게 효율적으로 한 세트를 구성할지 등에 대해 차근차근 알아보겠습니다.

먼저 소재의 개수는 예산, 홍보하고자 하는 제품 수, 매체 특징, 소재 타입에 따라 다릅니다. 예를 들어, 일 예산이 10만 원인데 소재가 50개라고 가정해 봅시다. 그러면 50개 소재가 각각 잠재력을 확인할 만큼의 예산을 할당받지 못할 수 있습니다. 그러니까 성과가 날 소재라고 하더라도 충분히 노출될 기회조차 갖지 못할 수 있다는 뜻입니다. 반면 일 예산이 10만 원인데 소재가 2개라고 생각해 보겠습니다. 광고 캠페인 입장에서는 소재 2개 모두 좋은 성과가 나지 않는데, 예산을 소진하기 위해 울며 겨자 먹기로 두 소재에 예산을 쓸 수밖에 없을 것입니다. 다음의 표 8.1은 메타에서 제공하는 광고 예산 규모별 광고 한도 지침입니다.

표 8.1 메타(페이스북)의 광고 한도 지침(출처: http://bit.ly/MGBOOK_8_metaguide)

광고주 규모	광고 지출이 가장 많은 달의 지출	광고 한도 지침
소형~중형 페이지	10만 달러 미만	광고 250개
중형~준대형 페이지	10만 달러~100만 달러	광고 1,000개
대형 페이지	100만 달러~1,000만 달러	광고 5,000개
초대형 페이지	1,000만 달러 이상	광고 20,000개

이 가이드에 따르면 일평균 예산 1만 7천 원당 광고 소재 1개를 제안하는 셈입니다. 모든 케이스에 정확한 수치는 아니지만 참고할 만한 지표입니다. 만약 메타에서 일 10만 원으로 광고를 집행하고 있다면 광고 소재는 5~6개가 적당할 것입니다

예산과 상황에 맞는 소재 개수를 어떻게 파악하는지 알아봤는데, 그렇다면 어떤 소재들로 구성해야 할까요? 앞서 언급한 개인정보 보호 조치로 인한 변화가 최근에는 소재를 테스트하는 방법에도 영향을 주고 있습니다. 지금까지는 위닝 소재(Winning ads), 즉 성과가 매우 우수한 하나의 소재를 찾기 위해 다수의 광고 묶음을 제작하는 것이 흔한 규칙이었습니다. 5~10개 정도의 소재 세트를 제작해 광고를 집행하고, 우수한 성과를 내는 소재가 나오기를 바라며 이 과정을 매주 반복하는 경우가 많을 것이라 예상합니다. 사실 이런 방식으로도 성과를 낼 수 있기는 합니다. 핀 타기팅이 가능했기에 누구에게 광고를 보여줄지를 어느 정도 통제할 수 있으므로 소재 테스트가 비교적 수월하기 때문입니다. 그러나 타기팅의 정확도가 현저히 떨어질 것이 예상되는 앞으로는 다른 전략이 필요합니다. 기존 방식으로는 위닝 소재를 가려내기 위해 더 많은 비용이 필요하기 때문에 새로운 소재 제작 시스템, 테스트 기법, 성과 분석 방법을 찾아야 합니다. 효율적으로 소재를 운영하기 위해 지난 광고 캠페인 성과를 토대로 새로운 소재를 제작해야 합니다. 또, 불특정 다수의 광고 오디언스 사이에서 잠재 고객을 낚아 채기 위해 메시지를 더 뾰족하게 갈고닦아야 합니다.

이런 배경으로 새롭게 주목받는 방법은 소재를 모듈화하는 것입니다. 과거에는 위닝 소재를 찾기 위해 수많은 소재를 제작했다면 이제는 위닝 소재를 만들기 위한 애셋 조합을 찾는 것을 광고 테스트의 목표로 삼습니다. 여기에서 애셋이란 광고를 구성하는 모든 요소로 콜 투 액션, 색상, 이미지, 일러스트 스타일, 메시지, 강조 문구 등을 모두 포함합니다. 과

거에는 소재 자체를 하나의 단위로 봤다면 그림 8.11과 같이 소재 하나를 소재를 구성하는
애셋으로 쪼갭니다.

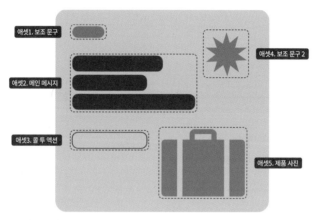

그림 8.11 광고 소재를 구성하는 애셋 조합

그림 8.11에서 소재를 구성하는 다섯 가지 애셋은 각각 보조 문구 2개, 메인 메시지, 콜 투
액션, 제품 사진입니다. 예를 들어, 모든 애셋1에 2가지 보조 문구 후보를, 애셋 5에 2가지
제품 사진 후보를 가지고 있다면 두 애셋 조합을 활용해 4개의 소재를 만드는 것입니다.
그림 8.12와 같이 테스트하게 될 애셋은 변수로, 테스트에 포함되지 않은 애셋은 고정값으
로 둡니다.

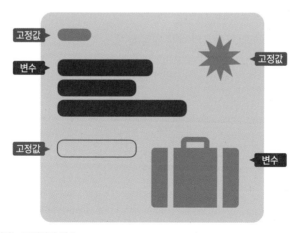

그림 8.12 소재를 구성하는 고정값과 변수

몇 년 전부터 게임, 여행, 커머스의 일부 업계에서는 이 방법을 이용해 광고 운영을 효율화하고 있었습니다. 특히 호텔 예약 서비스와 같은 경우 호텔 정보, 할인율, 지역 등 테스트에 활용할 변수가 많으므로 이 방식을 오래 전부터 활용해 왔습니다. 사실 일반 브랜드의 경우 굳이 이렇게까지 할 필요가 없다고 생각했던 것 같습니다. 하지만 이제는 광고 소재 테스트도 효율적으로 운영해야 한다는 인식이 퍼졌습니다. 소재를 모듈화한다는 개념이 생소할 수 있지만 다음의 소재 테스트를 위한 5단계를 따르면 누구나 손쉽게 테스트를 운영할 수 있습니다.

1. 테스트 목표 설정: 무엇을 검증할 것인가?

2. 변수 설정: 어떤 애셋을 실험할 것인가?

3. 소재 제작

4. 결과 확인 및 인사이트 도출

5. 다음 테스트 기획

지금부터 가상의 앱을 홍보하기 위한 소재 테스트를 진행하며 각각의 단계가 어떻게 실행되는지 알아보겠습니다. 앱A는 투두 리스트(To-do List)를 관리해서 목표를 달성하고 건강한 루틴을 만들도록 도와주는 앱입니다. 사례 8.5를 통해 테스트를 통해 무엇을 검증할지, 어떤 변수로 테스트를 구성할지 알아보겠습니다.

사례 8.5 투두리스트 앱의 테스트 목표와 애셋 설정 단계

- **타깃**
  출근 전이나 퇴근 후를 알차게 보내고 싶은 직장인

- **검증하고자 하는 것**
  (1) 목표 달성, 습관 형성 중 직장인이 더 관심 가질 키워드는 무엇일까?
  (2) 사람 얼굴이 포함된 광고 이미지가 성과가 더 좋을까?

- **사용 애셋**
  메시지, 이미지, 보조 문구

위와 같이 타깃과 검증하고자 하는 것, 이에 따라 어떤 애셋을 실험할지를 결정했습니다. 여기서 검증하고자 하는 것은 거창한 가설이 아니어도 됩니다. 소재를 애셋화하는 이유는 어떤 요소가 위닝 소재를 만들 확률이 높은지를 알아내는 것입니다. 따라서 '사람이 등장하는 소재가 성과가 더 좋을까?'와 같은 수준의 목표여도 됩니다. 이어서 실험에 맞게 각 애셋의 변수를 설정해 보겠습니다.

- **메시지**

  퇴근 후 하루를 알차게 보내는 법

  새해 다짐 작심삼일은 그만

- **그림**

  운동하는 남성

  웃고 있는 직장인 여성

  퇴근 후 공부하는 남성

- **보조 문구**

  습관 형성 필수 앱

  목표 달성 필수 앱

CTA 문구: 앱 다운받기

보조문구 2: 수백 가지 템플릿으로 건강한 습관 만들기

총 메시지 2종, 그림 3종, 보조 문구 2종의 애셋 묶음을 생성했습니다. 이렇게 실험 내용을 모두 설계하고 나서 그림 8.13과 같이 애셋을 활용해 소재 템플릿을 만들었습니다.

그림 8.13 소재 템플릿 예시

다음으로는 이 템플릿에 맞게 모든 애셋을 조합해서 그림 8.14와 같이 총 12종의 광고 묶음을 제작합니다.

그림 8.14 애셋 조합으로 만든 소재 12종

이렇게 광고를 집행하면 결과를 바탕으로 (1)사람 얼굴이 나오는 소재가 위닝 소재를 만들 확률을 높여주는지, (2)직장인들은 목표 달성에 더 관심이 있는지, 아니면 좋은 습관을 만들고 싶어 하는지, (3)연말 연초와 같은 시즈널 이슈의 영향을 받는지 등을 확인할 수 있습니다.

가상의 사례로 알아봤는데 실제로도 많은 기업이 이러한 방식으로 소재를 제작하고 있습니다. 그림 8.15는 넛세린의 광고 묶음 중 일부입니다. 다른 요소는 동일하지만, 전체적인 애셋 배치와 배경 사진에 변화를 주고 있습니다.

그림 8.15 넛세린 광고 소재(출처: 넛세린)

그림 8.16은 챌린저스의 체험단 모집 광고 묶음 중 일부입니다. 메인 메시지, 서브 문구, 이미지를 조합해서 소재 세트를 구성했습니다. 만약 오른쪽의 상금을 강조한 소재가 성과가 좋지 않았다면 앞으로 챌린저스는 위닝 소재를 발굴하기 위해 상금을 강조하는 애셋은 사용하지 않을 것입니다.

그림 8.16 챌린저스 광고 소재(출처: 챌린저스)

그림 8.17은 챌린저스의 또 다른 광고 묶음입니다. 여기에서 변수는 키워드인 '무료 체험', '협찬'과 색상입니다. 색상도 성과에 영향을 주는 대표적인 애셋 중 하나입니다. 성별에 따라 전환율이 달라지기도 하고 어떤 매체에 어떤 색상을 사용하는지에 따라 성과가 다르게 나오기도 합니다.

그림 8.17 챌린저스 광고 소재(출처: 챌린저스)

다음 8.18은 링글의 광고 소재 묶음 중 일부입니다. 메인 메시지와 보조 문구를 변수로 테스트를 하는 경우로 그 외 다른 모든 애셋은 동일합니다. 이렇게 문구 중심으로 소재 테스트를 할 때는 주요한 키워드를 강조해서 보여주는 것이 좋습니다. 다만 이 사례에서는 각각 '아이비리그 튜터', '계속 링글만', '영어에 진심인 사람들'을 강조했으면 어땠을까요? 확실히 '무료로', '링글만 할까?', '궁금하다면?'이 광고 성과에 영향을 줄 만한 요소로 작용하지는 않을 것 같습니다.

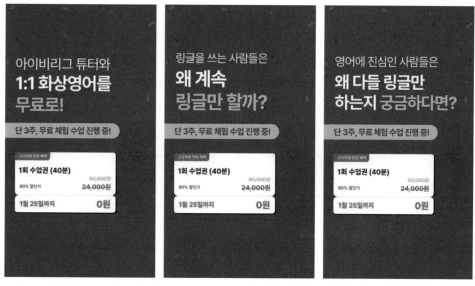

그림 8.18 링글의 광고 소재(출처: 링글)

지금까지 다양한 사례를 살펴봤는데, 여러분은 어떻게 느끼셨나요? 여기에서 제안한 사례는 모두 사후 분석을 하는 것이기 때문에 실무자들이 어떤 의도를 가지고 이 소재를 만들었는지, 실제 성과가 어땠는지는 알 수 없습니다.

광고 소재를 많이 제작해 본 노하우가 있는 사람이라면 소재 한 묶음을 만들어 내는 데 어려움이 많지는 않을 것입니다. 하지만 아직 소재 제작 경험이 많지 않은 사람이라면 타사에서 만든 소재 묶음을 보면서 의도를 짐작해 보고 나라면 어떻게 했을까, 라고 생각하며 연습해 보는 것이 많은 도움이 됩니다. 메타 광고 라이브러리(https://www.facebook.com/ads/library/)에 접속해서 사람들이 어떤 소재들을 만드는지, 동시에 얼마나 많은 소재를 실험하고 있는지를 확인해 보기를 권장합니다.

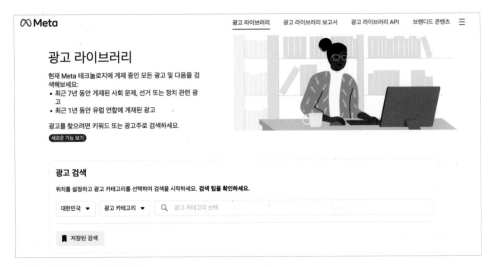

그림 8.19 메타 광고 라이브러리

그런데 간혹 "광고 소재 고민은 디자이너를 뽑으면 본격적으로 해보려고요"라거나 "아직은 디자이너가 없어서"라고 말하는 대표도 종종 있습니다. 물론 아주 고퀄리티의 소재를 만들 수는 없겠지만 이번 절에서 이야기 나눈 인사이트를 얻기 위한 간단한 실험은 디자이너가 없더라도 충분히 진행할 수 있을 뿐만 아니라 AI를 활용해 메시지를 개발할 수도 있으니 꼭 실행해 보기 바랍니다. 최근 실무자들이 많이 사용하는 소재 제작 툴 몇 가지를 소개합니다.

스마틀리(https://www.smartly.io/)

스마틀리는 광고 캠페인 관리, 광고 콘텐츠 생성, 자동화, 분석 등 다양한 퍼포먼스 마케팅 활동을 지원하는 솔루션입니다. 그중 광고 콘텐츠 기능은 영상이나 이미지 템플릿을 활용해 소재 제작이 가능한데, 애셋을 등록해 수많은 애셋 조합을 자동으로 생성할 수 있습니다. 또 이렇게 제작한 소재를 각 매체에서 필요한 크기에 맞게 클릭 한 번으로 모두 조정이 가능합니다. 소재 제작에 들이는 리소스를 대폭 줄여 소재 테스트의 효율을 높일 수 있습니다. 또, 스마틀리와 연동된 매체에 한해서는 소재 세팅까지 지원합니다.

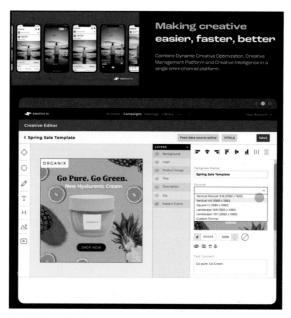

그림 8.20 스마틀리 홈페이지(출처: 스마틀리)

브이캣(https://vcat.ai/)

브이캣은 상품 상세 페이지 주소를 입력하면 콘텐츠를 기반으로 메시지와 소재를 추천해
주는 툴입니다. 이미지와 영상 소재 모두 제작할 수 있어 편리하고 AI 제작 외에도 한글 소
재를 만들기에 최적화된 이미지와 영상 템플릿을 제공합니다.

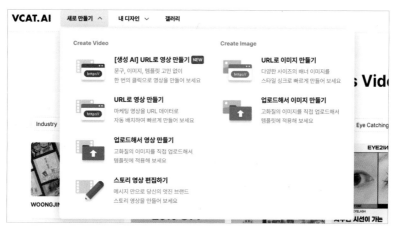

그림 8.21 브이캣 홈페이지(출처: 브이캣)

특히 브이캣은 AI 기술을 기반으로 이미지나 영상 소재를 자동으로 제작해 주는 솔루션을 제공합니다. 이러한 기술을 생성형 AI라고 하는데, 풍부한 템플릿과 소스로 고객 맞춤 소재를 자동으로 만들 뿐만 아니라 생산량까지 높일 수 있어 주목받는 솔루션입니다.

그림 8.22 브이캣의 생성형 AI 활용 소재 제작 기술(출처: 브이캣)

그림 8.23 브이캣에서 제공하는 영상 광고 템플릿(출처: 브이캣)

캔바(https://www.canva.com/)

캔바는 글로벌 솔루션으로, 다양한 크기와 타입의 영상 및 이미지 템플릿을 제공합니다. 편리한 편집 툴과 고품질의 무료 소스를 제공하기 때문에 아직 광고에 쓸 사진이나 일러스트가 충분하지 않은 초기 단계에서도 유용하게 활용할 수 있습니다. 아직 생성형 AI와 같은 기술이 낯설거나 비용이 부담스럽다면 캔바 또한 좋은 솔루션이 될 수 있습니다. 그림 8.24는 캔바에서 제공하는 인스타그램 소재 템플릿의 예시인데, 필터를 통해 소재 크기와 용도, 색상, 스타일을 선택할 수 있습니다. 앞서 살펴본 그림 8.14의 소재 12종도 캔바를 통해 제작했습니다.

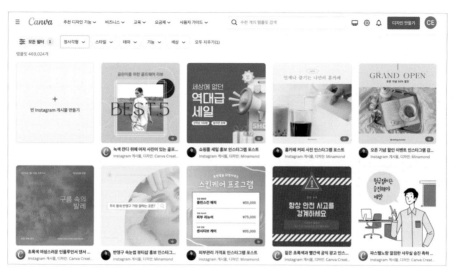

그림 8.24 캔바에서 제공하는 인스타그램 광고 템플릿(출처: 캔바)

그중에서도 그림 8.25와 같이 동영상 광고를 위한 템플릿의 활용도가 높습니다. 또한 그림 8.26과 같이 전문 영상 편집 도구를 사용하지 않아도 간단하게 영상을 제작하고 편집할 수 있기 때문에 팀 내에 영상 디자이너가 없어도 성과를 내는 영상 소재를 제작할 수 있습니다.

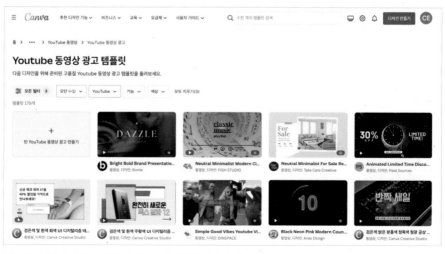

그림 8.25 캔바에서 제공하는 동영상 광고 소재 템플릿(출처: 캔바)

그림 8.26 캔바의 동영상 편집 툴(출처: 캔바)

지금까지 소개한 생성형 AI 툴은 모두 좋은 툴이지만 한계는 있습니다. 이렇게 템플릿 베이스로 작업하면 소재가 다 비슷해 보일 수밖에 없고 우리 브랜드만의 아이덴티티를 시각적으로 표현하기가 어렵습니다. 다만 광고 소재 제작을 위한 디자이너를 채용하기 어렵거나 마케터 혼자 빠르게 여러 가지 메시지를 테스트해 보고 싶은 경우에는 이러한 툴을 이용하는 것으로도 충분합니다.

광고 소재는 예쁘게 보이는 것도 중요하지만 핵심은 어떤 메시지를 담느냐입니다. 광고를 통해 확인하고자 하는 바를 명확히 해서 소재를 만드는 데 쓰는 시간과 리소스를 효율적으로 관리하기를 바랍니다.

8.4 | 실전에서 유용한 캠페인 구성 스킬

광고를 운영하면서 소재만큼이나 중요한 설정이 예산, 최적화 옵션, 세트 구성입니다. 실제로 많은 사람이 광고를 세팅하는 과정에서 어려움을 겪고 있습니다. 여기서는 실무자들이 가장 많이 하는 질문을 중심으로 하나씩 알아보겠습니다.

질문1 광고 A/B 테스트는 어떻게 해야 하나요?

디지털 광고에서 A/B 테스트를 할 수 있는 요소는 그래픽, 색상, CTA, 랜딩 페이지 등 광고를 구성하는 모든 것입니다. 그러나 7장에서도 언급했듯이 광고에서 A/B 테스트는 컨트롤 그룹을 완벽하게 통제할 수 없다 보니 전혀 하지 않는 경우가 많습니다. 이럴 때는 그림 8.27과 같이 매체에서 제공하는 A/B 테스트 기능을 적극적으로 활용하기를 권장합니다.

A/B 테스트   A/B 테스트 만들기

광고 성과를 개선하려면 다양한 이미지, 텍스트, 타겟 또는 노출 위치로 버전을 테스트하세요. 정확성을 높이기 위해 각 광고 버전이 서로 다른 타겟 그룹에 표시됩니다.

그림 8.27 메타에서 제공하는 A/B 테스트 옵션

질문2 비용 최적화는 캠페인 단위에서 해야 하나요, 광고 세트 단위에서 해야 하나요?

광고를 세팅하다 보면 비용을 캠페인 단위에서 최적화할 것인지, 아니면 광고 세트 단위에서 할 것인지를 선택해야 합니다. 이는 어떤 목적으로 광고를 운영하는지에 따라 다를 수 있습니다. 먼저 캠페인 예산 최적화는 전체 예산을 캠페인 레벨에서 관장하며, 그림 8.28과 같이 속한 광고 세트 중 더 성과를 잘 내는 광고 세트에 예산을 몰아주게 됩니다. 따라서 한 광고 세트는 예산을 전혀 못 받을 수도 있으며, 이 광고 세트에 속해 있는 광고들도 노출될 기회를 박탈당합니다. 만약 광고 세트 레벨에서 설정하는 타기팅 테스트를 진행한다면 캠페인 예산 최적화를 통해 더 성과가 좋은 타깃을 찾을 수 있습니다. 단, 각 세트에 속해 있는 광고는 모두 동일해야 합니다.

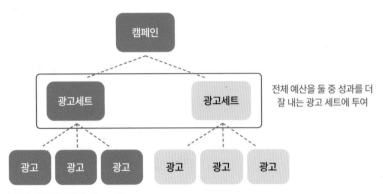

그림 8.28 캠페인 예산 최적화를 하는 경우

광고 세트 단위에서 예산을 최적화한다면 캠페인은 예산을 조정할 권한이 없습니다. 그림 8.29와 같이 각각의 광고 세트에 예산을 부여하며 광고 세트는 가장 성과가 좋은 광고에 예산을 몰아주게 됩니다.

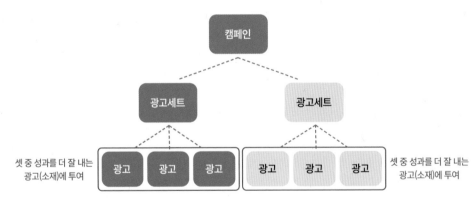

그림 8.29 광고 세트 예산 최적화를 하는 경우

어떤 최적화 옵션을 선택하는지에 따라 결과가 완전히 달라집니다. 광고 캠페인의 목적이 타기팅에 있다면 캠페인 단위에서 예산 최적화를 하면 좋고, 목적이 타기팅보다는 각각의 소재에 있다면 광고 세트 레벨에서 예산 최적화를 하는 게 좋습니다.

질문 3 **비용 최적화? 결과 최대화? 어떤 최적화 옵션을 선택해야 하나요?**

광고를 세팅하는 과정에서 반드시 선택해야 하는 항목 중 하나는 그림 8.30과 같이 어떤
입찰 전략으로 광고를 최적화할 것이냐의 옵션입니다. 크게 타깃 CPA, 전환 수 최대화, 전
환 가치 극대화의 세 가지 사이에서 고민하는 경우가 많습니다.

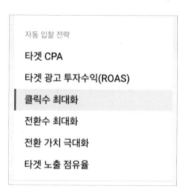

그림 8.30 메타에서 제공하는 최적화 옵션

어떤 옵션을 선택할지 고민된다면 어떤 점에 주목해서 광고를 집행하려는지를 먼저 고민
해 봐야 합니다. 목표한 CPA를 준수하는 게 중요한지, 구매 건수가 중요한지 등에 따라 다
음과 같이 선택하기를 권장합니다.

- 타깃 CPA 이상의 전환은 원치 않는다. → 타깃 CPA
- 타깃 CPA를 넘더라도 전환이 발생하면 좋겠다. → 전환 수 최대화
- 구매 건수보다도 구매 단가 및 ROAS가 중요하다. → 전환 가치 극대화

메타의 경우로 예시를 들었지만 모든 광고 매체가 비슷한 로직을 따릅니다. 그림 8.31은
구글애즈의 스마트 입찰 전략 로직을 도식화한 그림입니다. 목표나 목적에 따라 어떤 입찰
전략을 사용하면 좋을지에 대한 가이드를 제공합니다.

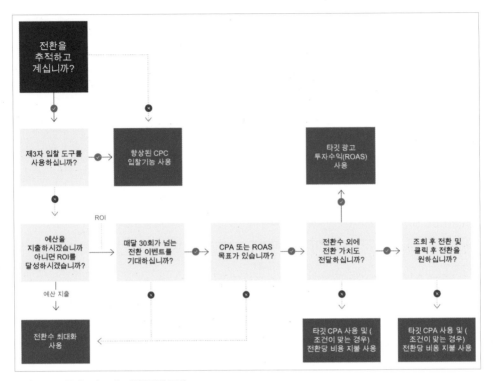

그림 8.31 구글애즈의 스마트 입찰 전략 로직

실제로 광고를 집행하면 선택한 전략에 따라 성과가 크게 다르다는 점을 실감할 수 있습니다. 한번 설정한 입찰 전략은 수정할 수 없고 새로운 캠페인을 생성해야 하기 때문에 주의가 필요합니다. 타깃 CPA를 선택하면 목표하는 수치를 기입하는 단계가 가장 중요합니다. 너무 낮은 CPA 목표를 입력하면 입찰 경쟁에서 밀려 광고가 전혀 노출되지 않을 수 있습니다. 약간 상승한 CPA를 기입해야 하는데, 정해진 규칙이 없기 때문에 어느 수준이 적정한지는 집행하면서 감을 익혀야 합니다. 목표 CPA에서 조금 높은 수준을 세팅하고 천천히 높여가는 방법을 추천하는데, 처음부터 너무 높은 CPA 목표를 입력하면 초반에 예산이 너무 빠르게 소진될 수 있기 때문입니다.

질문 4 구글애즈는 목표 CPA의 50배의 예산을 캠페인 일 예산으로 설정하라고 하는데, 반드시 따라야 하나요?

실무자에게 가장 많이 받는 질문 중 하나가 이것입니다. 매체에서 제안하는 일 예산에 따르면 생각보다 너무 큰 예산을 설정하게 되는데, 현실적으로 이렇게 큰 예산을 테스트에 쓰는 것은 불가능합니다. 만약 타깃 CPA가 2만 원이라면 한 캠페인에 매일 100만 원을 지출해야 하는 셈입니다. 이 규칙은 참고만 하되, 가용할 수 있는 예산 범위 내에서 현실적인 일 예산을 분배하기를 권장합니다. 단, 일 예산이 30만 원 미만인 경우 너무 많은 캠페인이나 광고 세트 레벨로 예산을 쪼개면 효율이 떨어집니다. 반대로 일 예산이 500만 원 이상으로 클 경우에는 그림 8.32와 같이 캠페인을 구분하고, 예산 분배 규칙을 세우기를 추천합니다. 기준은 안정화된 캠페인, 최적화 캠페인, 테스트 캠페인으로 나눌 수도 있지만 브랜드 인지도 그룹, 전환 최적화 그룹 등 내부 기준에 맞게 변경해도 좋습니다.

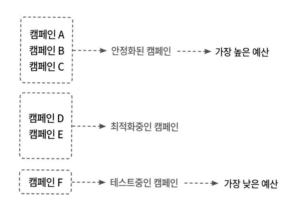

그림 8.32 캠페인 그룹별 예산 분배 예시

질문 5 노출 빈도가 높아지는 소재는 어떻게 해야 하나요?

광고 빈도는 말 그대로 한 명에게 광고가 몇 번 노출됐는지를 알려주는 지표입니다. 빈도 자체로 무엇을 판단하기보다는 빈도가 아무리 높아도 광고 성과가 저하되지 않았다면 상관없습니다. 하지만 대부분 높은 빈도는 성과 저하를 뜻합니다.

그림 8.33은 실제 메타 광고 대시보드의 일부입니다.

해제/설정	광고 세트	도달수	노출	빈도
⬤	(1) 전국_2030여성_A관심사_앱설치유도	5,223	84,295	16.14
⬤	(2) 전국_4050여성_B관심사_앱설치유도	4,695	87,373	18.61
⬤	(3) 전국_4050남성_앱설치유도	31,050	51,771	1.67

그림 8.33 노출 빈도를 확인할 수 있는 메타 대시보드

그림 8.33의 케이스에서 광고 세트 (1)과 (2)는 도달 수가 너무 작아 빈도가 비정상적으로 높습니다. 다시 말하면 예산과 광고 개수에 비해 타깃이 너무 좁게 설정됐다고 볼 수 있습니다. 광고 세트 (1)의 타깃 1명이 이 광고 세트에 포함된 광고를 16번이나 봤다는 뜻입니다. 이 경우에는 광고 세트가 도달할 수 있는 고객 규모에 맞게 예산과 광고 수를 줄이거나 타깃 범위를 넓혀 빈도 수를 조정해 주는 것이 좋습니다.

8.5 우리도 인플루언서 마케팅해도 될까?

몇 년 전 마켓컬리가 빅 모델 전지현을, 지그재그가 한예슬을 내세워 인지도를 높이고 폭발적인 성장을 하며 빅 모델이 스타트업의 성공 공식처럼 보이던 때가 있었습니다. 마켓컬리, 지그재그의 연예인 광고가 버스정류장, TV, 지하철, 유튜브 모든 곳에서 노출됐고 아마 여러분 머릿속에도 떠오르는 광고가 있을 것입니다. 하지만 빅 모델을 섭외하는 데 들어가는 천문학적인 마케팅비에 대해 부정적인 인식이 들면서 인플루언서로 시선을 돌렸습니다. 인플루언서를 통해 크게 성장하는 브랜드가 보이기 시작하면서 최근에는 인플루언서를 통해 한 방 성장을 노리는 사람도 많이 보게 됩니다.

나노 인플루언서부터 메가 인플루언서까지, 수많은 인플루언서 협업 콘텐츠를 제작해 본 경험을 바탕으로 단언할 수 있는 것은 '절대 한 방을 기대하지 말라'는 것입니다. 이는 인플루언서 마케팅을 시도하는 사람들이 가장 흔히 하는 실수이기도 합니다. 하지만 실패할 확률을 줄일 수 있는 방법은 있습니다. 인플루언서 마케팅을 할 때 가장 중요한 것은 어떻게 인플루언서를 선정할지, 어떤 콘텐츠를 만들지, 성과를 어떻게 측정할지입니다. 지금부터 각 단계별로 이야기해 보겠습니다.

스텝 1 어떤 인플루언서를 고를 것인가?

사실 인플루언서 마케팅의 핵심은 인플루언서 자체가 아니라 그들의 팔로워입니다. 팔로워가 얼마나 인플루언서에 충성하는지, 광고 콘텐츠에 적극적으로 참여하는지, 상호 호감도가 높은지 등을 반드시 살펴봐야 합니다. 실제로 팔로워 수가 비슷하더라도 팔로워와의 관계가 끈끈할수록 광고 효과가 좋습니다. 인플루언서를 선정할 때 다음과 같이 주요 맞춤 지표를 나열하고, 번거롭더라도 수치화하는 것을 추천합니다. 회를 거듭하고 데이터가 쌓이면서 이것이 다음에 협업할 크리에이터를 정하는 기준이 되기도 합니다.

- 팔로워 수
- 1주일 이내 업로드 된 콘텐츠 조회 수
- 1달 이내 콘텐츠의 평균 조회 수
- 1달 이내 광고 콘텐츠 평균 조회 수
- 1달 이내 광고 콘텐츠 수
- 1달 이내 광고 콘텐츠 빈도
- 1달 이내 콘텐츠 댓글 수
- 1달 이내 광고 콘텐츠 댓글 수

인플루언서는 표 8.2와 같이 팔로워 규모에 따라 메가 인플루언서부터 나노 인플루언서까지 구분됩니다. 인플루언서 시장이 커지면서 기준은 조금씩 달라지므로 숫자에 너무 집중하기보다는 영향력에 따른 명칭을 기억해 두기를 바랍니다.

표 8.2 인플루언서 구분표

인플루언서 종류	팔로워 규모
메가(Mega) 인플루언서	100만 명 이상
매크로(Macro) 인플루언서	10만~100만 명
마이크로(Micro) 인플루언서	1만~10만 명
나노(Nano) 인플루언서	~1만 명

많은 실무자가 예산을 가늠하기 어렵거나 너무 많은 비용이 들까 봐 인플루언서 마케팅을 망설입니다. 먼저 틱톡의 경우 크리에이터 마켓플레이스에서 다음과 같은 통계를 대시보드 형태로 제공하고 있어 크리에이터를 선정할 때 참고할 수 있습니다.

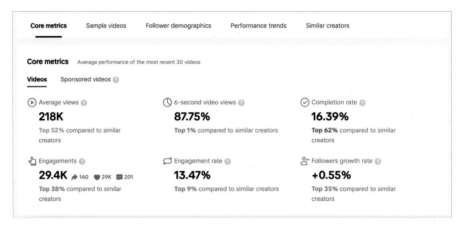

그림 8.34 틱톡 마켓플레이스

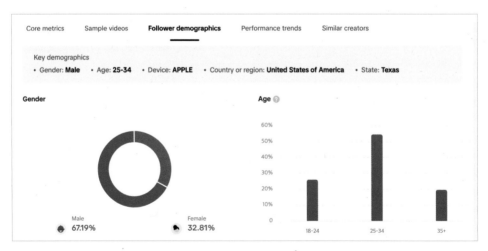

그림 8.35 틱톡 크리에이터 마켓플레이스에서 확인한 frankmichaelsmith[1]의 대시보드

---

1 https://www.tiktok.com/@frankmichaelsmith

인스타그램이나 유튜브는 플랫폼 내에서 공식적으로 크리에이터의 광고 비용을 공개하지 않습니다. 대신 데이터를 기반으로 예상 광고비를 측정해 주는 사이트를 활용할 수 있습니다. 먼저 녹스 인플루언서(https://kr.noxinfluencer.com/)입니다. 그림 8.36과 같이 녹스 인플루언서는 국내뿐만 아니라 전 세계 인플루언서의 정보와 예상 광고 단가를 제공하고 주요 플랫폼인 유튜브, 틱톡, 인스타그램의 데이터를 제공합니다.

그림 8.36 녹스인플루언서 플랫폼

그림 8.37 녹스인플루언서 플랫폼에서 제공하는 인플루언서 A의 데이터

한편 유하(https://www.youha.info/)는 국내 유튜버에 최적화된 섭외 플랫폼입니다. 녹스 인플루언서와 달리 유튜브로 제한돼 있지만 섭외와 계약까지 한 번에 가능한 플랫폼이며, 광고 영상 호감도와 같은 자체 평가 지표를 제공합니다.

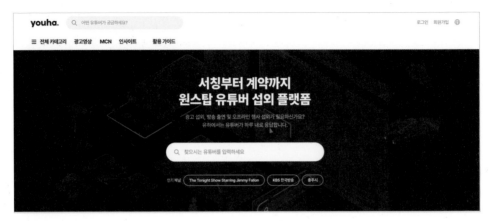

그림 8.38 유하 홈페이지

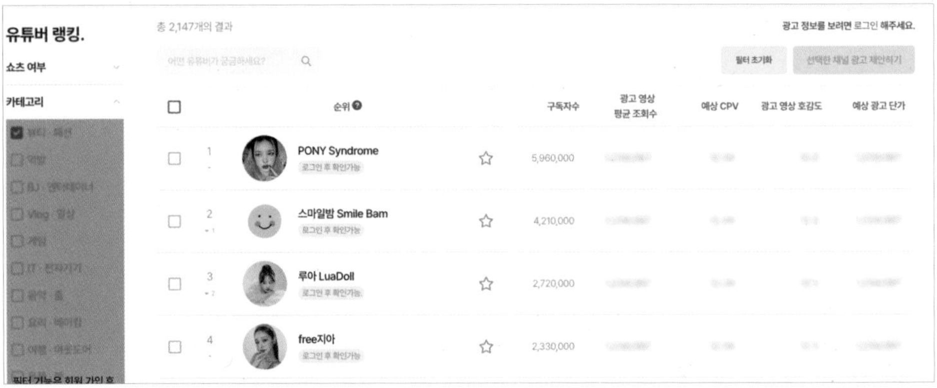

그림 8.39 유하에서 제공하는 카테고리별 유튜버 랭킹과 지표

상투적인 표현일 수 있으나, 팔로워와의 관계가 돈독하고 광고 콘텐츠를 제작할 때도 진정성이 있는 크리에이터와 협업해야 합니다. 그렇다면 팔로워 수가 적은 인플루언서 여러 명과 협업해야 할까요, 메가 인플루언서 1명과 협업하는 게 나을까요? 확률적으로는 팔로워 수가 많은 인플루언서 1명과 협업하는 것이 성공할 가능성이 높습니다. 하지만 팔로워 수가 곧 성공을 보장하는 것은 아닙니다. 어떤 인플루언서를 선택하더라도 실패할 확률을 제거해 나가고, 성과를 높이기 위한 요소들로 캠페인을 구성하는 것이 중요합니다. 이어서 계속 이야기를 나눠보겠습니다.

스텝2 **어떤 콘텐츠를 만들 것인가?**

인플루언서와 협업할 때 너무 많은 것에 간섭하지 말라고 말씀드립니다. 여러분이 고민해야 할 것은 '콘텐츠' 자체가 아니라 '우리 제품 중 어떤 제품을 노출할지', '우리 서비스의 어떤 장점을 강조할지'입니다. 보통 큰마음 먹고 인플루언서 마케팅 예산을 편성하다 보니 한 콘텐츠에 너무 많은 내용을 담기를 원하는 경우가 많습니다. 하지만 크리에이터와 팔로워의 특성에 맞는 하나의 제품을 광고하거나 하나의 장점만 강조해서 노출하는 것을 추천합니다.

사례 8.6 **레오제이 X 비플레인**

비플레인은 레오제이와의 협업에서 '클렌징폼' 하나만을 집중적으로 노출했습니다. 대표 제품의 인지도를 높이면 다른 제품의 구매도 파생되어 따라올 것이라고 믿었다고 합니다. 실제로 해당 제품 판매량이 크게 늘어 크리에이터와 협업해서 새로운 제품을 출시하는 등 지속적으로 협업을 이어가고 있습니다.

그림 8.40 비플레인의 인플루언서 협업 사례
(출처: 비플레인)

사례 8.7 **여기어때의 해외 호텔 예약 서비스 X 빠니보틀**

여기어때는 해외 호텔 예약 서비스를 시작하면서 여행 크리에이터 빠니보틀과 협업해서 콘텐츠를 제작하고 있습니다. 여기어때를 통해 다양한 여행 서비스를 이용할 수 있지만 해외여행 콘텐츠를 주력으로 하는 크리에이터 특성에 맞게 여기어때를 통해 해외 호텔 예약을 얼마나 편리하게 할 수 있는지를 보여줍니다. 그리고 크리에이터의 이름을 활용한 이벤트를 진행해서 구독자들의 참여도를 높이고 호응을 이끌어냅니다.

그림 8.41 여기어때의 인플루언서 협업 사례
(출처: 여기어때)

스텝3 **어떻게 성과를 측정할 것인가?**

최근 인플루언서 마케팅의 화두는 '어떻게 성과를 측정할 것인가'입니다. 앞서 잠시 소개한 틱톡 크리에이터 마켓플레이스와 같이 크리에이터의 역량과 성과를 수치화하려는 추세인데, 이를 '성과형 인플루언서 마케팅'이라고 부르기도 합니다.

우선 가장 쉬운 방법은 크리에이터별로 개별 트래킹 링크를 발급하거나, 그림 8.42와 같이 쿠폰을 받기 위해 크리에이터별 코드를 입력하게 하는 방식이 있습니다.

그림 8.42 인플루언서의 쿠폰 코드

크리에이터의 콘텐츠 조회 수, 링크 클릭, 쿠폰 발급 수, 그리고 실제 사용된 쿠폰 수를 기반으로 전환 성과를 측정하는 방법입니다. 이 데이터를 기반으로 그림 8.43과 같이 자체적으로 대시보드를 구축해서 모니터링할 수 있습니다.

채널명	팔로워	비용	2차계약비용	카테고리	업로드일	1일 누적				3일 누적	
						조회수	링크클릭	구매	CPA	조회수	링크클릭
채널1	359,600	14,850,000		일상	2023/1/2	166,067	4,982	149	99,357	186,659	5,231
채널2	241,000	13,750,000		패션/뷰티	2023/1/11	523,600	15,708	471	29,178	588,526	16,493
채널3	1,800,000	13,200,000		육아	2023/1/29	467,200	14,016	420	31,393	525,133	14,717
채널4	479,000	12,650,000	1,000,000	패션/뷰티	2023/2/1	450,900	13,527	406	31,172	506,812	14,203
채널5	250,500	9,020,000		일상	2023/2/8	300,600	9,018	271	33,341	337,874	9,469
채널6	30,500	7,150,000		육아	2023/2/22	229,000	6,870	206	34,692	257,396	7,214
채널7	63,400	5,830,000	1,000,000	일상	2023/3/2	180,300	5,409	162	35,928	202,657	5,679
채널8	165,300	16,351,500		일상	2023/3/11	169,300	5,079	152	107,314	190,293	5,333
채널9	84,300	11,451,000		패션/뷰티	2023/3/27	159,000	4,770	143	80,021	178,716	5,009
채널10	53,000	9,817,500		일상	2023/4/3	147,000	4,410	132	74,206	165,228	4,631
채널11	49,000	8,184,000	1,000,000	육아	2023/4/12	133,100	3,993	120	68,320	149,604	4,193
채널12	320,200	6,550,500		Creator	2023/4/24	133,000	3,990	120	54,724	149,492	4,190
채널13	153,700	5,500,000	1,000,000	Reviewer	2023/5/1	112,900	3,387	102	54,129	126,900	3,556

그림 8.43 가상의 인플루언서 성과 측정 대시보드 예시

직접 이렇게 대시보드를 구축하고 모니터링하기 어렵다면 솔루션을 활용하는 방법도 추천합니다. 마켓잇(https://www.marketit.asia/)과 같은 인플루언서 마케팅 플랫폼은 자체

모듈을 활용해 성과가 좋은 콘텐츠를 제작하기 위한 가이드부터 ROAS까지 올인원으로 분석할 수 있게 도와줍니다.

그림 8.44 마켓잇에서 제공하는 '극단값 콘텐츠' 선별 기능(출처: 마켓잇)

그림 8.45 인플루언서 플랫폼인 마켓잇의 대시보드(출처: 마켓잇)

하지만 대부분 인플루언서 마케팅의 성과는 자연 유입 고객이 증가하거나 퍼포먼스 광고 성과가 좋아지는 형식으로 나타납니다. 예를 들면, 평소 관심 있던 인플루언서의 광고를 보고 제품을 인지하고 있다가 광고를 보고 다시 한번 떠올려 구매하게 되는 경우입니다. 이런 간접적인 영향은 어떻게 측정할까요?

우선 콘텐츠 업로드 주기에 따른 증분 추이를 파악해야 합니다. 그림 8.46과 같이 콘텐츠를 업로드하면 유입이 증가하는 구간이 있고, 콘텐츠의 여파로 유입에 영향을 받는 기간이 있습니다.

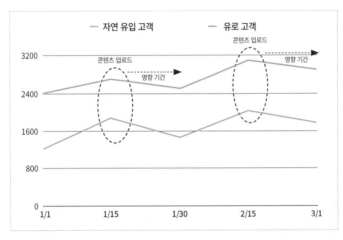

그림 8.46 콘텐츠 업로드에 따른 유입 추이

콘텐츠의 영향 기간을 데이터를 보고 대략 7일~14일로 설정하고, 이 기간을 고려해 콘텐츠 업로드 주기를 설정합니다. 예를 들어, 콘텐츠 영향 기간이 7일 이하라면 10~14일 주기로 콘텐츠를 업로드해도 좋고, 한 달이라면 45일 주기로 콘텐츠를 제작하면 좋습니다.

여기에서도 알 수 있듯이 콘텐츠가 영향을 주는 기간이 길어야 인플루언서 마케팅에 들어가는 리소스를 효율적으로 쓴다고 말할 수 있습니다. 하나의 콘텐츠가 주는 영향 기간을 지속시킬 수 있는 방법은 몇 가지가 있습니다.

- 인플루언서가 제작한 콘텐츠를 2차 가공해서 광고 소재로 활용
- 인플루언서와 함께 협업하여 할인 프로모션 등 후속 이벤트 진행
- 콘텐츠를 시리즈물로 제작하여 나눠서 업로드

인플루언서 마케팅을 계획하고 있다면 성공 사례보다는 실패 사례를 많이 공부해야 합니다. 다시 한번 강조하지만, 인플루언서 마케팅은 치밀하게 계획을 세워서 실패할 가능성을 줄여 나가는 것이 중요하기 때문입니다. 브랜드 인지도를 높이면서 동시에 매출 견인을 기대할 수 있는 좋은 수단이므로 브랜드가 성숙해 가는 과정에서 시도해 보기를 권합니다.

부록
용어 정리

이 책에서 다룬 CRM과 퍼포먼스 마케팅의 다양한 개념을 더 깊게 이해하기 위해 주요 용어를 정리했습니다.

- 검색광고(SA, Search Ads): 검색 엔진 결과 페이지에서 키워드 검색 관련 광고를 표시하는 광고 형태
- 광고 인벤토리: 광고 지면에 게재할 수 있는 광고와 자원의 양
- 광고지면: 광고가 게재되는 미디어 공간
- 구글 애드센스: 구글의 광고 플랫폼으로, 웹사이트 소유자가 광고 수익을 얻을 수 있도록 함
- 구글 프라이버시 샌드박스(Google privacy sandbox): 구글의 개인정보 보호 기술로 사용자 개인정보 보호를 위한 환경
- 구매 빈도(Order Frequency): 특정 기간에 한 명의 고객이 구매한 횟수
- 기여도(Incrementality): 마케팅 활동을 통해 발생한 순증분 효과
- 디스플레이 애즈(DA, Display Ads): 이미지 또는 비디오 형태로 게재되는 디지털 광고
- 라스트터치 모델(LTM, Last Touch Model): 마케팅 성과를 평가할 때 마지막으로 상호작용한 채널 또는 광고를 주요한 기여 요인으로 고려하는 모델
- 리텐션(Retention): 고객 잔존, 유지를 의미하며, 얼마나 많은 고객이 다시 서비스를 사용하는지 측정하는 지표
- 머신러닝: 컴퓨터가 데이터에서 학습하여 패턴을 인식하고 예측 모델을 생성하는 기술
- 세그먼트(Segment): 세그멘테이션된 그룹을 지칭함
- 세그멘테이션(Segmentation): 고객을 유사한 특성을 기준으로 그루핑하는 것
- 순증분 전환율(Incremental CVR): 오가닉 구매 전환율을 제외하고 캠페인의 실질적인 효과로 인한 증분 전환율
- 실시간 입찰 방식(RTB, Real-time Bidding): 광고주가 광고 인벤토리에 대해 실시간으로 입찰하여 노출 기회를 얻는 광고 방식

- 애드 네트워크: 광고 인벤토리를 제공하고 광고주와 게재자를 연결하는 네트워크

- 오가닉 마케팅(Organic Marketing): 유기적인 방법을 통해 고객을 유치하는 마케팅 전략

- 오가닉 하이재킹(Organic Hijacking): 디지털 마케팅에서 유기적으로 유입된 고객이 유료 마케팅 캠페인의 영향을 받는 현상. 이로 인해 유료 마케팅의 성과가 유기적인 유입에 부분적으로 흡수되는 경우가 발생

- 유료 고객(Paid Customer): 광고 비용을 지불하고 앱을 다운로드하거나 제품을 구매한 고객

- 유료 마케팅(Paid Marketing): 광고 비용을 지불하여 제품 또는 서비스를 홍보하는 전략

- 이벤트(Event): 특정 액션 또는 상황을 나타내는 사용자 활동

- 인플루언서: 소셜 미디어에서 많은 팔로워를 가진 개인이나 엔터테이너로서 브랜드와 협력하여 마케팅을 진행하는 사람

- 자연유입 고객(Organic Customer): 유료 광고가 아닌 유기적인 방법으로 유입된 고객

- 콜 투 액션(CTA, Call-to-Action): 사용자에게 원하는 행동을 취하도록 유도하는 광고 또는 캠페인

- 쿠키리스(Cookieless): 쿠키를 사용하지 않고 광고 성과 추적을 하는 방법

- 터치포인트(Touchpoint): 고객 여정에서 발생하는 다양한 상호작용 지점

- 퍼널(Funnel): 고객이 유입되고 전환되기까지 고객 여정 각 단계를 지칭함

- 페이스북 오디언스 네트워크(FAN, Facebook Audience Network): 페이스북 광고를 외부 앱과 웹사이트에서 게재하는 네트워크

- 포스트백: 서버 간 데이터 전송을 위한 요청

- 프로그래머틱 광고: 자동화된 소프트웨어 시스템을 사용하여 광고를 구매하고 게재하는 방식

- AARRR: 데이브 맥클루어(Dave McClure)가 개발한 프레임워크로, Awareness(인지), Acquisition(획득), Revenue(수익), Retention(잔존), Referral(추천)의 5단계로 구성된 퍼널 분석 기법

- A/B 테스트(A/B test): 두 가지 또는 그 이상의 안을 실험하여 비즈니스에 도움이 되는 활동을 식별하는 방법

- ADID(Android Advertising ID): 안드로이드 기기에서 광고 추적을 위해 사용되는 고유 식별자

- Apple ITP(Intelligent Tracking Prevention): 사파리(Safari) 브라우저의 광고 추적 방지 기술

- ARPU(Average Revenue Per User): 평균 사용자당 수익. 사용자들의 총매출을 총 고객 수로 나눈 값

- ATT(App Tracking Transparency): Apple의 앱 추적 투명성 정책으로, 사용자 동의 없는 광고 추적을 제한

- CAC(Customer Acquisition Cost): 고객 획득에 드는 비용

- CLV(Customer Lifetime Value): 고객 생애 가치. 1명의 고객이 비즈니스에서 발생시킬 것으로 예상되는 총수익

- CPA(Cost Per Acquisition): 전환 1건당 획득 비용

- CPI(Cost Per Install): 설치당 비용

- CPT(Cost Per Thousand): 천 단위 노출당 비용

- CTR(Click-Through-Rate): 클릭률

- CVR(Conversion Rate): 전환율

- DAU(Daily Active Users): 1일 동안 서비스를 사용하는 순 유저 수

- GMV(Gross Merchandise Volume): 총매출액

- IDFA(Identifier for Advertisers): iOS 기기에서 광고 추적을 위해 사용되는 고유 식별자

- KPI(Key Performance Indicator): 성과 측정을 위한 주요 지표

- LTV(Lifetime Value): 고객 생애 가치. 1명의 고객이 비즈니스에서 발생시킬 것으로 예상되는 총수익

- MAU(Monthly Active Users): 1개월 동안 서비스를 사용하는 순 유저 수

- MMP(Mobile Measurement Partner): 모바일 측정 파트너로 모바일 광고 캠페인 성과를 측정하고 분석하는 회사. 대표적으로 앱스플라이어, 에어브릿지 등이 있음

- MoM(Month on Month): 전월 대비 증감률

- MOV(Minimum Order Value): 최소 주문 금액

- Offer: 제공되는 혜택 금액

- RFM: 고객의 가치 분석 방식 중 가장 범용적으로 활용되는 분석 기법으로, 최근성(Recency), 구매 빈도(Frequency), 구매 금액(Monetary)의 3가지 요인으로 고객을 세분화함

- ROAS(Return on Advertising Spend): 광고비 대비 수익률. ROAS = (광고 수익 / 광고 비용) × 100

- SDK(Software Development Kit): 앱 개발을 위한 소프트웨어 도구 모음

- SKAN(SKAdNetwork): 애플의 스키마 레지스트리 광고 네트워크. iOS 14 이후의 광고 성과 추적 방법

- Traffic: 서비스 접속 횟수 혹은 이용자의 수

- YoY(Year on Year): 전년 대비 증감률